들뢰즈 이해하기
Understanding Deleuze

Understanding Deleuze by Claire Colebrook

Copyright © Claire Colebrook, 2002
All rights reserved
Korean translation copyright © 2007 by Greenbee Publishing Company
This translation of Understanding Deleuze is published by arrangement with
Allen & Unwin through Shin Won Agency Co.

들뢰즈 이해하기 —차이생성과 생명의 철학

초판1쇄 펴냄 2007년 12월 20일
초판11쇄 펴냄 2024년 04월 16일

지은이 클레어 콜브룩
옮긴이 한정헌
펴낸이 유재건
펴낸곳 (주)그린비출판사
주소 서울시 마포구 와우산로 180, 4층
대표전화 02-702-2717 | **팩스** 02-703-0272
홈페이지 www.greenbee.co.kr
원고투고 및 문의 editor@greenbee.co.kr

편집 이진희, 구세주, 송예진 | **디자인** 이은솔, 박예은
마케팅 육소연 | **물류유통** 류경희 | **경영관리** 이선희

이 책의 한국어판 저작권은 신원에이전시를 통해 저작권자와 독점 계약한 (주)그린비출판사에 있습니다.
저작권법에 의하여 한국 내에서 보호를 받는 저작물이므로 무단전재와 무단복제를 금합니다.
책값은 뒤표지에 있습니다. 잘못 만들어진 책은 구입처에서 바꿔 드립니다.
ISBN 978-89-7682-306-9 04100 | 978-89-7682-302-1 (세트)

독자의 학문사변행學問思辨行을 돕는 든든한 가이드 _(주)그린비출판사

**차이생성과
생명의
철학**

들뢰즈
이해하기

클레어 콜브룩 지음 | 한정헌 옮김

그린비

• 감사의 글 •

이 원고를 읽고 논평해준 앨런 니컬슨, 수 루코미티스, 루비카 우크니크, 렌카 우크니크, 리 스핑스에게 감사한다. 레이첼 펜샴과 엘리자베스 바이스에게는 각별한 고마움을 느낀다. 이들은 내가 이 책을 쓰는 마지막 단계에서 지적이고 유익한 비평을 해줬을 뿐 아니라, 이 기획을 맡도록 내게 기회를 제공해줬다. 나는 늘 이언 부캐넌에게 커다란 마음의 빚을 지고 있다. 그는 내게 동료 들뢰즈주의자 그 이상의 의미를 가지고 있다.

| 일러두기 |

1 본문의 각주는 모두 옮긴이 주이며 *, ** 식으로 표시했다. 또 옮긴이가 본문에 첨가한 내용은 대괄호([ ])로 묶어 표시했다.

2 본문 가운데 지은이가 영어판 원서에서 강조를 위해 이탤릭체로 표기한 부분은 고딕으로, 대문자로 표기한 부분은 굵은 글씨를 사용하여 표시했다.

3 본문에 인용된 원서 가운데 국역본이 있는 경우에는 그 책명을 그대로 사용하였다. 단 『앙띠 오이디푸스』와 『천 개의 고원』은 각각 『안티 오이디푸스』와 『천의 고원』으로 표기했다.

4 단행본에는 겹낫표(『 』)를, 영화·단편·시 등에는 낫표(「 」)를 사용했다.

5 외국 인명이나 지명, 작품명은 2002년에 〈국립국어원〉에서 펴낸 '외래어 표기법'을 따라 표기했다. 다만 영화 제목은 국내 개봉명을 따라 표기했다.

6 '들뢰즈 핵심용어 가이드'는 읽는 이가 찾아보기 쉽도록 원서의 ABC 순을 우리말 가나다 순으로 바꾸어 배치했다.

7 본문에서 저자가 인용한 들뢰즈 혹은 들뢰즈·가타리의 저서는 모두 영역본으로서 인용문 뒤에 '(약어, 쪽수)'로 표기했다——예: (LS, 40). 인용된 영역본의 약어는 아래와 같다. 영역본의 자세한 서지사항과 프랑스어 원서의 제목은 책 뒤의 참고문헌에 따로 정리했다. 또 들뢰즈·가타리 저서 외의 인용한 저서들 역시 전부 영역본이며, 인용문 뒤에 '(저자명, 영역본 발간년도, 쪽수)'로 표기했다. 자세한 서지사항은 역시 참고문헌에 정리했다.

AO *Anti-Oedipus: Capitalism and Schizophrenia 1* **B** *Bergsonism* **D** *Dialogues*
DR *Difference and Repetition* **ECC** *Essays Critical and Clinical*
EH *Empiricism and Subjectivity: An Essay on Hume's Theory of Human Nature*
ES *Expressionism in Philosophy: Spinoza* **F** *Foucault* **K** *Kafka: Toward a Minor Literature*
KCP *Kant: Critical Philosophy* **LS** *The Logic of Sense* **MI** *Cinema 1: The Movement-Image*
N *Negotiation: 1972~1990* **NP** *Nietzsche and Philosophy* **PS** *Proust and Signs*
TI *Cinema 2: The Time-Image* **TP** *A Thousand Plateaus: Capitalism and Schizophrenia 2*
WP *What is Philosophy?*

한국의 독자들에게

1995년 질 들뢰즈의 죽음 이후, 그의 저작에 대한 관심은 다방면에 걸쳐 점점 더 강렬하고 폭넓게 확산되었다. 비록 전통적인 철학 분과에서는 서양 '사유의 이미지'의 정초에 도전한 들뢰즈에게 여전히 반감을 가지고 있지만, 그의 저작은 문화이론, 문학, 건축, 예술, 사회과학 분야에서 '사건'을 구성해왔다. 들뢰즈에게 과학의 과업이 '사태'——현실 세계 내의 물리적 신체들의 배치와 관계들——를 취급하는 것인데 반해, 철학은 개념을 창조함으로써 사건을 생산하는 일에 종사하는 것이다. '사건'은 들뢰즈에게 비非물체적이다. 가령 우리가 월드 트레이드 센터로 돌진한 비행기를 아무리 신체들(물체들)의 관계로 이해하려 해도 '9·11'이라는 말〔언표〕은 하나의 사건이다. '9·11'은 단지 우리가 물질적 사건에 붙이는 이름에 불과한 것이 아니다. 오히려 '9·11'이라는 사건은 의미 혹은 비물체적 표면을 창조한다(LS). 이제 우리는 불안, 무방비, 수치심, 의심, 분노(어쩌면 '테러와의 전쟁'이라는 생각에 대한 분노 또는 자유주의의 실패에 따른 분노)를 느끼면서 물질적 신체 전체와 〔이전과는〕 다르게 관계하게 되는 것이다. 물질적 세계와 의미의 비물체적인 면面 사이의 관계는 인과적인 관계가 아닌 상호적 관계를 맺는다. 사건들은 우리로 하여금 일정한 방식으로 사고하고 움직이고 반응하고 몸짓하게 함으로써 현실적 세계에 일관성을 부여하지만, 그런 사건들은 오직 가능적일 뿐이며 신체들의 관계에 의해 변형될 것이다.

아마도 2000년대 이후에 들뢰즈라는 고유명사는 하나의 사건을 창조했다고 해도 좋을 것이다. 오랫동안 함께 작업한 펠릭스 가타리와의 공저 『철학이란 무엇인가?』에서, 그는 철학과 과학에서 고유명사의 역할에 대해 논하고 있다. 과학에서 고유명사들은 기능들과 결부될 수 있고, 그에 따라 우리는 '맥스웰의 도깨비' Maxwell's Demon──현실적 인물이나 주체에 의해 점유되지 않고, 우리로 하여금 물질적 세계의 작용에 대한 어떤 일정한 형태와 양태를 사고하도록 하는 관점──에 대해 말할 수 있다. 철학적 고유명사는 우리가 사유를 시작하도록 허용한다. 데카르트는 개념적 인격체이고, 우리가 의심에서 사유를 시작해 주체적 경험에 기반한 확실성을 향해 나아가도록 이끈다. 들뢰즈에게 철학의 핵심 문제는 사유가 어떻게 출발하는지──그것의 전제와 욕망──에 대한 이런 물음에 있다. 오늘날 '들뢰즈'가 사건으로 작동하는 고유명사라면, 이는 그가 다음과 같은 문제problem를 제기했기 때문이다. 즉 우리가 예술, 철학, 과학 안에서 사유할 때 대체 어떤 방향, 욕망, 전제, 개념, 감정을 전제하는가? 고유명사로서의 '들뢰즈'는 우리가 언제나 언어에 제한된다고, 철학이 과학을 뒤따라야 한다고, 진리를 향한 본능적인 욕망을 갖고 있는 '인간성'이 실존한다고 전제하지 않고 사유할 수 있도록 하는 사건이다. 그래서 철학, 예술, 과학은 이들의 목적과 해답에 의해 규정되기보다 오히려 문제에 의해 규정된다. 왜냐하면 사유가 하나의 사건이 될 수 있는 것은 동일한 낡은 물음들에 답하는 것이 아니라, 오직 새로운 문제를 구성함으로써만 가능하기 때문이다. 오늘날 철학과 비평이 들뢰즈를 통해 하나의 사건이 된다면, 그것은 문제들의 본성에 힘을 부여함으로써 가능한 일이다. 이해를 돕기 위해 간단한 예를 들어보자. 9·11 이후에 우리는 어떤 지배적인 문화적 물음들questions을 제기할 수 있게 되었다. 즉 테러리스트란 무엇인가? 테러와의 전쟁은 가능한가? 서양은 스스로를 지킬 수 있는 능력을 갖추었는가? '우리'는 방어적인 반反테러주의적 노력 속에서 자유주의와 민주주의를 손상시키고 있지는 않은가? 이런 물음들은 다양하게 논의될 수 있지만, 들뢰즈가 말하는 '사유의 이미지'를 전제한다. 즉 우리는 테러주의적 타자들과의 대립관계에 놓인 '우리'를, 이 자명한 '우리'가 진리와 정의에 정향되어 있음을, 그리고 역사가 정의와 불의 가운데서 상연되고 있음을 전제하고 있다. 들뢰즈는 우리가 오직 새로운 문제들을 제기함으로써만—철학, 예술, 과학을 하기 위한—사유를 시작할 수 있다고 말한다. 물음은 이미 해답의 유형을 규정하지만, 문제는 우리가 다르게 사유하도록 요구한다. 들뢰즈가 제기한 문제는 그에게 하나의 완전한 용어로 구성되었는데, 그것이 바로 사유의 이미지다(DR).

사유가 출발할 수 있는 그 어떤 초월적(외적, 초-역사적, 불변적) 바탕ground도 존재하지 않는다는 것이 사실이라면, 우리는 어떻게 내재적으로 사유하고 문제를 제기할 수 있을까? '사유의 이미지'라는 문제는 내재성에 대한 들뢰즈의 천착과 직접적으로 결부된다. 즉 우리가 어떻게 선先-구성된 규범, 형상形狀, 이미지, 물음에 의존하지 않고도 사유할 수 있는가 하는 것이다. 이러한 문제는 들뢰즈의 사유가 이제 비-영어권과 비-불어권 세계에서 번역되고 알려지고 있다는 점에서 특별한 중요성을 갖는다. 들뢰즈는 서양의 사유의 이미지가 그 출발을 항상 이데아적 진리, 신, 주체, 올바른 삶proper life과 같은 어떤 선-재先-在하는 규범 위에서 정초했다고 보았다. 들뢰즈는 그의 사유의 중요한 계기에서 내재적 사유함thinking의 스타일 — 선-재하는 토대들로부터 해방된 사유함의 방식 — 에 호소하였고, 서양을 넘어서서 조망함으로써 이를 수행하였다. 들뢰즈·가타리는 리좀rhizome에 대해 정의를 내리고 이를 상찬하면서, 스스로를 모든 위계에서 해방시키고 부단히 새로운 방향과 출발을 설정하면서 진행하는 사유와 글쓰기의 방식에 대해 논했다.

서양은 수많은 개인들을 포함하는 선별된 혈통에 기반한 농업이다. 동양은 광범위한 '분지군' 分枝群으로부터 유래한 소수의 개인들에 의한 원예이다. 동양, 특히 오세아니아는 서양의 수목적 모델과 모든 면에서 대립되는 리좀적 모델과 유사한 어떤 것을 나타내는 것이 아닐까? 오드리쿠르 André Haudricourt조차 이를 서양에 친숙한 초월성의 도덕/철학과 동양의 내재적 도덕/철학의 대립의 근거로 본다. 이를테면 씨 뿌리고 수확하는 신은 옮겨 심고 땅을 파는 신과 대립한다(파종 대 모종). 초월성은 유럽의 특별한 질병이다(TP, 18).

반면 우리는 사유의 비-서양적 방식에 대한 이런 태도를 오리엔탈리즘의 진부한 몸짓 — 어떤 지배적인 규범 없이 삶의 완전한 직접성[무매개성]을 실행할 수 있는 타문화라는 노스탤지어를 자아내는 이미지화 — 으로 읽을 수 있다. 다른 한편으로 우리는 이 관념을 21세기의 도전으로 받아들일 수도 있다. 20세기 후반의 비판이론은 — 우리가 오직 언어를 통해 매개된 세계만을 알 수 있음을 제시하면서 — 언어에 갇힌 개념에 열중한 반면, 들뢰즈는 언어 혹은 기표작용이 단지 수많은 기호 체계들 가운데 하나라고 지적하면서 몸짓, 살아 있는 신체, 유전 코드, 시각 기법, 사회 체계가 상대적으로 자율적이고 상호작용하는 체계들을 구성한다는 점을 강조한다. 사유의 과업은 비판적인 — 단지 우리의 사유함이 어떻게 조건 지어졌는지 묻는 — 것이 아니라 창조적인 것이다. 예컨대 들뢰즈는 우리가 기호 체계에 의한 사유 주체 개념에서 벗어날 때, 새로운 개념들과 새로운 사유의 이미지들을 창조해낼 수 있다고 주장했다. 어쩌면 우리는 이미지 없는 사유를 생각할 수 있을지 모른다. 이는 내재성의 철학으로 귀착될 것이다. 사유는 단순히 이미 실존하는 물음들과 체계들을 다루는 대신에, 그와 같은 사유함이 어째서 가능한지를 알고자 힘쓸 것이다. 들뢰즈는 이것〔사유함〕이 — 예를 들어 — 철학이 문제들을 재창조 할 수 있는지를 알고자 예술 및 과학과 조우하는 곳에서, 혹은 — 더욱 중요하게 — 서양이 재인이 아닌 재창조의 형식으로 〔서양의〕 타자들과 만날 수 있는 곳에서 조우〔마주침〕를 요구한다고 본다. 그러므로 들뢰즈의 비판적 사유가 유럽의 바깥에서 사용되는 것은 시기적절하다. 왜냐하면 이때 비로소 새로운 문제들, 즉 비판의 현재 영토에 응답하기보다는 새로운 영토를 재창조하는 문제들이 출현할 것이기 때문이다. 이것이 들뢰즈가 '보다 높은 탈영토화' higher deterritorialisation라고 부르고 싶었던 것이다. 만일 우리의 작업을 상이한 맥락들에서 바꾸어 말한다면, 맥락과 개념의 본성 자체도 재정의할 수 있을 것이다.

2007년 가을
클레어 콜브룩

UNDERSTANDING DELEUZE
C · O · N · T · E · N · T · S

- 감사의 글 5   • 한국의 독자들에게 7
- 프롤로그_들뢰즈의 영향 15   • 들뢰즈 핵심용어 가이드 25

서론 47

철학, 예술, 과학을 통해 사유하기 47 | 문제 49 | 실존주의, 현상학, 인간주의: 현실적인 것에서 잠재적인 것으로 54 | 탈인간적 차이 60 | 차이의 기획 64

1_ 재현과 구조를 넘어서 69

어리석음과 상-식 69 | 무차별적 차이 76 | 구조적 차이 80 | 헤겔과 구조주의를 넘어서: 발생과 구조 85

2_ 생명과 현동적 차이의 정치학 89

부정적 차이 89 | 부정적 차이와 정신분석 91 | 기표: 구조주의 95 | 자본주의와 오이디푸스 103 | 현동적 차이 107 | 곡선과 변곡 110 | 초월성: 초월면 113 | 지각의 정치학: 일의성 117 | 강도 높은 배아적 유입과 영토화 121 | 종합과 차이의 억압 123 | 성차 127 | 강도 131 | 미시정치학 134 | 자본주의와 코드화 137

3_ 스타일과 내재성 143

스타일과 내재적 생성 143 | 주름 147 | 내재성과 잠재적 차이 152 | 다양체 154 | 주체 집단/종속 집단 157 | 소수자-되기 160 | 지속 163 | 재현에 반해 167

4_ '철학하기' : 학제성 173

'철학하기' 174 | 리좀학 179 | 철학과 다른 생산의 힘들 181 | 주체성 185 | 강도적 차이와 차이 자체 187 | 다르게 되기: 강도 193 | 예술과 기호 198 | 차이 읽기 205

5_ 욕망의 역사 213

생산으로서의 욕망 213 | 탈인간-되기 217 | 욕망하는 기계 220 | 안티 오이디푸스 222 | 종합 225 | 세 가지 역사적 종합: 연접, 이접, 통접 227 | 잔혹에서 공포로 229 | 종합의 내재적이고 초월적인 작동 233 | 내재성과 수동적 종합 237 | 잉여가치 242 | 초코드화 244 | 욕망의 역사 247 | 연접 248 | 이접 250 | 통접 252 | 자본주의와 분열분석 253 | 공리와 유토피아 258 | 분열분석 262 | 분열분석을 통해 읽기 267

6_ 지각작용, 시간, 영화 275

코드와 배치 276 | 눈과 기표 281 | 인간의 지각작용 283 | 지각과 감정 287 | 영화: 운동-이미지 288 | 영화: 시간-이미지 291 | 시간과 잠재적인 것 296 | 영화의 잠재적 차이 301

결론_ 잠재적 자유 305

계열과 시퀀스 305 | 이미지와 시뮬라크르 308 | 뇌와 자유 311 | 가능적인 것과 잠재적인 것 316 | 선악 너머의 계열성 318 | 현동성과 잠재적인 것 321 | 영원회귀 325 | 예술과 윤리학 329

• 옮긴이 후기 341   • 참고문헌 345   • 찾아보기 354

프롤로그_ 들뢰즈의 영향

우리는 종종 철학을 순수한 학문적 활동, 즉 추상적 개념들과 난해한 논증들로 진입하는 것이라고 생각한다. 그러나 철학에는 그와 같은 경계를 거부하는 철학의 한 전통이 있다. 질 들뢰즈Gilles Deleuze(1925~95)는 자기 자신을 삶에 도전하고 삶을 붕괴시킴으로써 새로운 개념과 관념이 행동과 실천을 위한 새로운 가능성을 촉발하도록 하는 철학 전통의 일부로 보았다. 우리가 '실천철학'이라 지칭할 수 있는 이런 전통의 핵심 인물 중 하나가 바로 칼 맑스Karl Marx이다. 그는 관념들, '이론', 혹은 지성intellect이라는 관념 자체가 삶의 특유한 양태를 징후적으로 드러낸다고 주장한다. 우리의 관념들이 삶을 강화하기보다 그것에 가면을 씌우기 시작할 때, 우리는 세계와 실천으로부터 '이론'을 분리하게 된다. 오로지 우리가 세계와의 접촉을 상실했을 때에만 우리의 정신은 그 자체의 '관념적인' ideal 영역 내에서 작동하는 듯이 보인다. 이런 이유로, 맑스는 진정으로 성공적인 철학은 세계에 대한 해석의 관념을 단지 하나 더 첨가하는 데 있지 않고, 세계와 우리의 관계 자체를 변화시키는 데 있다고 주장했다. 맑스의 이름으로 행해진 수많은 혁명들이 맑스주의의 정신에 충실하지 못했다는 사실에도 불구하고, 그의 사유는 우리에게 다르게 사고하고 행동하도록 요청한다는 점에서 혁명적이다. 만일 우리의 관념들이 삶과 행동에 결부된다면, 우리는 언제나 어떠한 관념에 대해서든 이렇게 질문할 수 있다. 이 관념은 어떤 삶의 유형에 종사하는가?

우리가 우리의 정치적이고 사회적인 실존을 통해 세계를 창조하고 변형〔변혁〕시킨다는 맑스주의적 이념을 수용하고 나면, 더 이상 무시간적이고 불변하는 가치들에 호소할 수가 없게 된다. 삶과 행동으로 이뤄진 우리의 실천적 세계는 우리가 구성하는 관념들과 우리를 구성하는 관념들을 통해 존속된다. 우리는 이론을 통해 우리와 세계의 관계, 그리고 상호간의 관계에 문제를 제기하고 변화시킬 수 있다. 철학과 이론은 단순히 삶과 실천에 관련된 것이 아니다. 오히려 그것들은 삶의 국면들이다. 질 들뢰즈 또한 사유의 특유한 혁명적 포텐셜〔잠재력〕potential에 대해 언급했다. 요컨대 어떤 것이 혁명적인 까닭은 그것이 이러저러한 정치적 내용이나 '전언'을 가지고 있기 때문이 아니라, 우리가 불변하는 것으로 여기는 데 대한 외관상의 당위성과 필연성을 파괴하기 때문이다. 만일 우리가 '인간'이라는 이름으로 혁명을 시작한다면, 사실상 반동적인 양식으로 움직이는 것이다. 왜냐하면 그것은 결국 우리 스스로 겉으로 보기에 무시간적이고 의심할 바 없는 어떤 가치에 의해 인도되도록 하면서 작동하기 때문이다(AO, 105). 그러나 만일 우리가 열려 있고 잠정적이며 유동적인 어떤 목적 — 이를테면 아직 주어지지 않은 민중의 동일성〔정체성〕— 을 위해 행동한다면, 이때 사건은 진정으로 혁명적이다. 예컨대 '퀴어' queer라는 소수성의 이름으로 벌어지는 정치적 붕괴는 이미 형성된 개념, 동일성[정체성], 가치에 호소하지 않는다. 오히려 그것은 우리가 정치적 동일성이라고 여기는 것을 재고하고 재개념화할 것을 요청한다. 들뢰즈 철학의 힘은 우리의 수많은 기초 개념들이 얼마나 반동적 성격을 지니는지, 그래서 우리가 대부분의 경우 실제적으로 사유하는 데 실패하고 대신 상-식[공통감]common sense의 관성에 단순히 안주하게 되고 마는지 증명하는 데 있다. 반대로, 우리가 철학을 한다면——우리가 어렵고 제어하기 어려우며 파괴적인 개념들을 창조한다면——이때 우리의 삶을 문제화하고 자극하며 도전하게 될 것이다.

들뢰즈 저작이 갖는 난해함과 외관상의 추상성에도 불구하고, 그는 자신의 주장대로 실천적 철학자이다. 그는 개념들의 창조를 믿고 수행한다. 그러나 그가 이와 같이 하는 것은 삶의 강화라는 단 하나의 이유 때문이다. 우리의 개념들이 어렵고 도전적일수록, 그것들은 우리로 하여금 삶을 변화시키고 확장하게 할 것이다. 단순히 세계에 대한 정밀한 그림을 제시하는 이론이나 철학은 스스로를 삶에 대한 보충[첨가]으로서 나타내고자 한다. 그러나 사유함thinking의 형식과 구조에 도전했던 철학은 삶의 사건이 될 것이다. 들뢰즈는 맑스와 함께, 프로이트, 니체, 스피노자와 같이 다양한 사상가들을 실천적 사유함——세계를 수동적으로 비추거나 재현하지 않고, 새로운 사건들과 가능성들을 허용함으로써 하나의 세계를 창조하도록 하는 사유함——의 전통에 공헌했다고 보았다.

아마도 20세기 들어 이런 실천적 전통에서 가장 중요한 인물은 프랑스 사상가 미셸 푸코Michel Foucault일 것이다. 그는 들뢰즈와 동시대인이면서도 들뢰즈의 후기 저작인 『푸코』*Foucault*(1986; 영역판 1988)의 주인공이기도 하다. 맑스는 우리의 관념들이나 이론들——우리가 세계의 의미를 만들어내기 위해 사용하는 개념들——이 무구하지 않다고 주장함으로써, 즉 우리가 세계에 대해 사유하거나 재현하는 방식이 우리가 어떻게 행동하는지, 그리고 우리가 무엇을 욕망하는지에 긴밀하게 결부되어 있다고 주장하면서 이론과 실천의 관계를 변형했다. 예컨대 맑스는 '이데올로기'라는 개념을 창안했다(이 말은 맑스 이전에도 쓰였을지 모르지만, 이데올로기라는 말에 근본적인 의미를 부여한 사람은 바로 그였다). 이데올로기는 관념들과 개념들을 통해 우리가 세계를 살아가는 방식을 기술한다. 가령 '여성'이라는 개념은 이데올로기적이다. 나는 이 개념을 소유하고 있기 때문에 (혹은 이 개념을 통해서 나 자신에 대해 사유하기 때문에) 특정한 방식으로 행동하고 욕망하고 믿는다. 이는 개념이 거짓이라는 의미가 아니다. 이데올로기는 오류가 아니기 때문이다. 이데올로기는 우리의 관계와 신념이——그리고 이를 통해 우리가 무엇을 해야 하는지가——어떠한 개별적 행위자도 초월하는 힘들에 의해 미리 구조화되어 있는 방식을 기술한다. 내가 '여성'이라는 개념을 창안하거나 결정하지는 않았지만, 그것은 나의 존재를 적분積分하고 구성한다. 더욱이 내가 이 개념을 체험하는 방식은 정치적이다. 다시 말해 그것은 나를 타자와의 특정한 관계들에 결부시키고, 내가 특정한 권리, 본분, 의무를 가정하도록 이끈다. 정치에 대한 이데올로기적 이해는 우리 모두가 개별적 행위자들로서 권력관계들을 교섭한다고 전제하지 않는다. 이데올로기는 매우 특수한 권력의 입장들을 가지고 우리를 개인들로 구성한다. 이때 우리는 맑스가 권력에 대한 이해를 통해 이론이나 관념들을 실천과 삶에 결부시켰다고 말할 수 있다. 우리의 개념과 신념은 단지 세계를 재현하는 것이 아니라, 오히려 계급관계, 성性적 관계, 인종관계를 포함한 권력관계들과 힘들을 생산한다. '여성'이라는 개념은 긍정적이거나 부정적인 권력관계들을 생산할 수 있다. 여성이라는 개념은 '남성'과 관련해 나를 탈권력화할 수도 있지만, 만일 내가 '여성의 권리'나 '여성운동'에 대해 생각할 때, 그것은 내게 권력을 부여할 수도 있다.

푸코는 관념들과 삶의 관계에 대해 이미 급진적이었던 맑스주의적 전통을 변형하여 권력의 개념을 생산했다. 이데올로기에 대한 맑스주의적 개념들은 우리의 관념, 이론 혹은 언어가 어떻게 권력관계들을 생산하는지에 초점을 맞춘다. 푸코는 그와 같은 이해가 여전히 너무 부정적이라고 주장한다. 그것은 마치 우리가 한편에는 삶을, 다른 한편에는 이데올로기나 권력관계들을 가지고 있다는 식이기 때문이다. 또한 그것은 권력이 '위로부터' 삶을 구조화하고 규정하는 것과 마찬가지가 된다. 이에 반해 푸코는 권력을 현동적現動的, positive*인 것으로 새롭게 개념화했다. 여기서, 권력 바깥에 존재하는 삶이란 있을 수 없다. 이것을 이데올로기와 대조해보자. 만일 내가 인간, 개인 혹은 존재이고, 그 이후에 나 자신을 여성이라고 생각한다고 할 때, 나

---

* 'positive'는 통상 '적극적', '긍정적', '실증적' 등으로 번역되지만, 여기서는 그 자체로 적극적이고 능동적인 현시를 의미한다는 점에서 '현동적現動的'으로 옮겼다. 다시 말해 즉자적으로 '나타나現' '작동하는動' 사태를 가리킨다. 따라서 이런 맥락에서는 '현동적'으로, 구조주의 언어학 등과 관련해서는 '독립적'으로, 그 이외의 나머지는 '적극적'으로 옮겼다.

는 여성이라는 개념을 이데올로기적이라고 생각할 수 있을 것이다——마치 여성이라는 개념이 강제〔부과〕됐고, 또한 나 자신이 이데올로기, 권력 혹은 정형화들로부터 자유로워질 수 있다는 듯이 말이다. 그러나 푸코는 먼저 존재들이 있어서 권력관계들이 성립한다고 보지 않는다. 어떤 것이 있다is는 것은 권력이나 삶의 힘들을 통해 생산되는 것이다. 내가 나 자신을 인간 혹은 개인이라고 생각할 수 있는 까닭은 오로지 '여성'과 같은 개념들이 〔먼저〕 있기 때문이다.

푸코의 가장 유명한 생각은 '억압의 가설'repressive hypothesis ——우리가 어떤 존재나 성욕sexuality을 가지고 있고, 그것이 이후에 사회적 규범들과 문화적 기대들에 의해 은폐되고 억압된다는 관념——에 대한 비판이었다. 이런 비판의 골자는 우리가 이데올로기나 억압의 이면에 놓인 인간성이나 성욕을 갖고 있지 않다는 것이다. 즉 우리는 오직 그런 관계들의 생산적인 효과 이후에야 이데올로기, 개념들, 관계들에 앞선, 혹은 그 근원에 있는 것에 대해 사유한다. 우리의 실재적 혹은 근원적 성욕은 권력의 효과이지, 권력에 의해 억압된 어떤 것이 아니다. 또한 정신분석가에게 가서 나의 성욕을 조사함으로써만 나는 온전히 하나의 성욕을 갖게 된다(Foucault, 1981). 이는 권력관계——환자와 〔정신〕분석가, 범죄자와 검찰관, 혹은 인간 신체와 사회과학자의 관계 같은——가 권력의 위치를 생산한다는 의미다. 주인과 노예가 〔먼저〕 있어서, 그런 관계를 정당화하고 가면을 씌우는 개념과 이론이 있는 것이 아니다. 지배와 예속은 모두 권력의 심급으로, 서로를 통해 생산된다.

푸코에게 이론과 행동은 권력의 양태들이다. 어떤 신체를 '백인',

'남성' 혹은 '동성애자'라고 지칭하는 것은 권력관계를 생산하는 것이다. 그러므로 푸코는 이론과 실천의 관계를 사유함에 있어 완전히 새로운 방식을 창안했다. 우리의 이론은 단지 권력관계들을 정당화하거나 유지하는 가면이 아니라, 오히려 권력관계들을 생산하고 권력관계들에 의해 생산된다. 즉 신체들 사이, 말[언표]들 사이, 말[언표]들과 신체들 사이의 관계들이 생산되는 것이다. 맑스가 권력을 부정적으로—삶의 실재적 관계들을 숨기거나 왜곡할 수 있는 이데올로기와 같이—생각했다면, 푸코는 권력에 대해 현동現動적으로, 즉 구별되는 항들을 생산하는 생명의 힘 자체로 생각했다. 들뢰즈는 '욕망'desire이라는 개념을 창안해서 이 전통을 한 걸음 더 밀고 나아갔다. 만일 우리가 생명을 욕망으로 사유한다면, 사유가 복종해야 할 어떠한 정초나 바탕도 가질 수 없게 된다. 들뢰즈는 욕망을 현동적으로 사유하고자 했다. 즉 누군가가 원하거나 결여한 어떤 것을 위해 품는 욕망이 아니라 바로 생산적이고 창조적인 에너지, 흐름과 힘과 차이의 욕망, 상-식과 일상의 삶을 전복하는 방식으로 사유해야 하는 혁명적인 욕망을 사유하려 한 것이다.

    들뢰즈는 무엇보다 펠릭스 가타리Félix Guattari와 공저한 『안티 오이디푸스』L'Anti-Œdipe의 번역을 통해 영어권에 잘 알려졌다. 이 책은 1972년에 쓰여졌으나 1977년이 되어서야 영역됐다. 비록 들뢰즈가 1950년대 이후 좀더 전통적인 철학적 저작을 상당량 써왔지만, 사유와 행동의 관계에 대한 변형은 바로 『안티 오이디푸스』의 욕망 개념에서 드러났다. 푸코와 마찬가지로 들뢰즈·가타리는 내재적이고 현동적인 철학을 주장했다. 관념, 이론, 개념은 삶을 그리거나 재현하기 위해 삶에 더해진 것이 아니다. 또한 이론은 삶과 다른 것 혹은 삶의 부정이 아니다. 삶은 다양한 방식들로 생성하며, 그런 방식들 중 하나가 사유를 통한 (말, 개념, 관념, 이론을 통한) 생성이다. 푸코의 권력 개념과 마찬가지로 들뢰즈·가타리의 욕망 개념은 우리로 하여금 삶의 사건들과 관계들을 생산으로서 사유하도록 이끈다. 이때 욕망은 삶이 관계들을 생성하거나 생산하는 상이한 방식들을 의미한다는 점에서 [권력과] 핵심적인 차이를 보인다. 신체나 사물이 [먼저] 있고 그것이 권력관계를 통해 질서 지어지는 것이 아니다. 또한 언어나 문화와 같은 일반적인 체계가 있어서 그것들이 상이한 존재들을 생산하는 것도 아니다. 어떤 것이 있다is는 것은 곧 그것이 지닌 욕망의 흐름이고, 그런 힘들은 분기하며 복수적인 관계들을 산출한다. 가령 나의 신체는 다른 신체들을 향한 내 신체의 욕망을 통해 '여성'이 된다. 다시 말해 사람들은 욕망을 통해 그들의 성욕[性]을 생산한다(욕망은 결여나 우리가 갖지 않은 것에 기반하지 않는다. 욕망은 생산적이다). 여성의 신체는 특정하게 욕망하는 관계들을 통해 생산되지만, 다른 관계들은 상이한 신체를 생산한다. 말하자면 하나의 동일한 신체가 '여성', '레즈비언', '어머니', '인간', '시민' 등이 될 수 있는 것이다. 이런 호칭들은 신체에 강제된 용어들이 아니다. 신체는 오직 이런 관계들을 통해서만 무엇인가가 [결정]된다. 또한 인간 존재의 관계조차 욕망의 한 관계일 뿐이다. 즉 나는 다른 신체들을 '나와 같은' 신체들로 지각하고 어떤 공통의 바탕을 욕망하거나 상상하면서 인간이 된다. 들뢰즈에게 중요한 점은, 욕망은 우리가 사회에 진입하기 위해 억압하거나 길들여야 하는 어떤 것이 아니라는 것이다. 욕망은 언제나 생산적이며, 실제로 그것은 사회라는 관념 자체를 생산한다.

『안티 오이디푸스』에서 들뢰즈·가타리는 자신들의 개념이 '반反-오이디푸스적'이라고 주장한다. 프로이트가 정의한 바와 같이, 오이디푸스적 욕망은 부정적이고 억압적이다. 즉 우리는 사회에 진입하기 위해 시원적이고 혼돈되고 본질적인 욕망들을 포기해야 함을 느낀다. 우리는 어린 시절 어머니와의 연결을 끊고 아버지와 동일화해야 한다. 들뢰즈·가타리는 오이디푸스적 욕망이 억압적이고 초월적transcendent 사유함이라는 오랜 전통의 일부라고 주장한다. 우리는 —'공통의 인간 common man과 같이 되고자 각자의 욕망들을 포기해온 바람직한 사회적 개인의 가치와 같은— 어떤 우선적 (혹은 초월적) 가치로 삶을 예속한다. 그에 반해, 반-오이디푸스적 욕망은 현동적이고 내재적immanent이다. 욕망은 문명화되기 위해 우리가 억압해야 할 어떤 것이 아니다. 사회, 문화, 개인의 이미지, '인간'은 모두 욕망의 효과들이자 생산물들이다. 관념은 생명〔삶〕을 질서 짓고 억압하기 위해 외부로부터 온 것이 아니라 오히려 생명의 일부(또는 생명에 내재적)이다. 생명은 욕망이다. 어떤 식물이 빛과 수분을 취할 때, 그것은 이런 다른 힘들과의 관계를 통해 비로소 하나의 식물이 된다. 말하자면 이것은 욕망의 한 흐름이다. 어떤 인간의 신체가 또 다른 신체와 접속〔연접〕될 때, 그 신체는 부모와 관련한 아이가 되거나, 또는 아이와 관련한 어머니가 된다. 이것은 욕망의 또 다른 흐름이다. 신체들이 접속되어 부족, 사회 혹은 민족이 될 때, 이들은 또한 욕망의 새로운 관계와 흐름을 생산한다. 그러므로 동일성과 이미지는 생명과 욕망에 덧붙여진 추상적 개념들이 아니라, 욕망의 흐름 내에 있는 사건인 것이다.

이 욕망의 개념을 통해서 들뢰즈·가타리는 이론과 삶의 관계에 대한 도전을 보여줬다. '우리가' 고착된 동일성이나 존재를 [먼저] 가지고 있어서 관념들을 통해 개입한다는 생각을 피하기 위해 우리는 어떻게 다르게 사유할 수 있을까? 어떤 미리-주어진 (또는 초월적인) 원형을 가정하지 않고도 사유하는 것이 가능한가? 만일 우리가 생명이 곧 욕망 — 관계들을 생산하는 힘들의 흐름 — 이라는 것을 받아들인다면, 더 이상 사유함의 정초를 제공하는 단일한 관계나 존재에 의존할 수 없게 된다. 더는 인간성, 언어 또는 문화를 삶의 바탕으로 생각할 수 없다. 왜냐하면 인간의 삶과 사유함은 다른 여러 욕망들 가운데 한 흐름이기 때문이다. 『안티 오이디푸스』는 프랑스어판과 영어판 모두 매우 영향력 있는 저작이다. 그러나 그것은 훨씬 더 큰 기획의 핵심적인 일부였다. 『안티 오이디푸스』는 욕망의 고착된 이미지들로부터 욕망의 해방을 겨냥하는 가운데, 어떤 미리-주어진 (부모와 아이의 관계에 대한 오이디푸스적 묘사와 같은) 인간의 규범에 결부되지 않은 욕망을 상상한다. 들뢰즈의 다른 저작들은 매우 상이한 방식들을 통해 합리적 주체의 이미지, '인간'의 이미지, 심지어 정보와 소통으로서의 사유함의 관념들과 같은 고정되고 고착된 원형들로부터 삶의 해방을 모색했다. 들뢰즈에게 철학은 삶의 올바른 그림들이나 이론들을 창안하는 것이 아니라 삶의 변형[변혁]에 관한 것이다. 다르게 사유할 때, 우리는 더는 이미 창안되고 수용된 가치들과 가정들을 받아들이지 않고 자신을 새롭게 창조하게 된다. 우리는 **생성하기 위해 상-식과 우리가 누구인지**[고정된 정체성]**를 파괴한다.**

들뢰즈 핵심용어 가이드

질 들뢰즈는 1950년대 파리의 매우 경쟁적이고 엄격한 지적 환경에서 철학자로 출발했다. 1970년대에 들어 그는 프랑스의 정신분석학자 펠릭스 가타리와 접속해 보다 전통에서 탈피한 방식의 (수학, 생물학, 지질학, 사회학, 심리학, 문학, 음악을 포괄하는) 철학적 글쓰기로 그 영역을 확장했다. 이 시대 어느 사상가들보다도 들뢰즈의 저작은 일련의 자기-충족적 논증들이 아닌 전혀 새로운 방식의 구성으로서의 사유함과 글쓰기를 보여준다. 이런 이유로 그는 수많은 새로운 용어들을 창안했으며 이전의 철학자들로부터 전문적 용어들을 가져왔다. 스피노자Benedict de Spinoza(1632~1677)와 마찬가지로 들뢰즈의 용어법도 단순하고 자기-충족적이며 규정 가능한 주요 용어들로 이뤄져 있지 않다. 스피노자의 철학은 일단의 공리들과 명제들로 뒤섞여 구성됐는데, 그는 우리의 외부에서 판단되는 대상으로서의 세계가 아니라, 우리가 거주하고 있는 힘들의 역동적인 면面으로서의 세계를 반영하는 철학의 스타일을 취했다(ES). 들뢰즈와 스피노자 모두에게 철학은 판명한 정초 내지는 시작[기원]을 가질 수 없다. 이유인즉슨, 철학이 연구 대상으로 삼는 생명은 언제나 이미 출발한 것이고 생명에 대해 기술하는 철학자, 과학자 혹은 예술가 또한 삶의 흐름의 일부이기 때문이다. 삶의 이동성을 긍정하려 하는 철학이나 글쓰기는 스스로 모든 종류의 접속들을 창조하고 새로운 경로들을 뒤따르는 이동적인 구성을 가져야 한다. 이런 이유로 들뢰즈의 저작은 대부분 원환적圓環的 성격을 띤다. 즉 우리가 일단 하나의 용어를 이해하게 되면 그 전체를 이해할 수 있다. 그러나 우리는 또한 단 하나를 이해하려 할 때에도 그 용어를 모두 이해해야만 한다.

들뢰즈는 개념이 바로 '사유함의 새로운 접속'들을 창조하고 전혀 새로운 '사유면'들을 열어젖히는 방식으로 복잡화됐다고 주장했다(DR, 139). 들뢰즈·가타리는 또한 고정된 중심이나 질서가 아니라 연장되고 이중화되는 접속들의 다양체로서 사유함의 '리좀적' rhizomic 스타일들에 대해 논했다(TP, 3~26). 들뢰즈를 읽기 위해 우리는 그의 저작들을 올바로 읽는 방식이 결코 하나의 명제를 또 다른 명제에 더하는 문제가 아님을 받아들여야 한다. 반대로 우리가 어떤 단일한 단면이라도 전적으로 이해하기 위해서는 전체에 대한 의미를 필요로 한다. 그러나 그 전체는 또한 각각 새로운 단면의 해석으로 변형되는 듯이 보인다. 이런 이유로 나는 이 용어집을 이 책의 끝이 아닌 처음에 싣는다. 물론 어떤 용어의 이해도 들뢰즈 저작을 전반적으로 숙지한 이후에나 가능하겠지만 말이다. 이 용어들 및 정의들과 아울러 이 책 전반은 들뢰즈에 접근하는 하나의 가이드 역할을 수행할 것이다. 독자들은 한번 이 책의 끝까지 도달한 후에야 이 책의 첫 부분을 제대로 이해할 수 있을 것이다. 하지만 이는 들뢰즈가 의도한——그의 의도는 우리가 사유하는 방식들의 용이한 수용과 인식에 도전한다——본질적인 특징이기도 하다. 들뢰즈는 사유함을 삶과 유리되거나 삶에 반하는 자기-충족적인 판단 행위가 아니라 삶의 역동적 흐름의 일부로 보았다. 위대한 사유함은 그것이 예술, 과학 혹은 철학의 그 어떤 형태를 취하든 고정된 체계나 정초 위에 세워지지 않는다. 우리는 마치 라벨을 붙이듯 삶에 이름 붙이고 우리의 관념들을 정돈하기 위해서가 아니라, 삶을 변형[변혁]하고 우리의 관념들을 복잡화하기 위해서 개념들을 창안한다.

감정Affect 가장 일반적인 의미로 '감정'[감응태]은 우리가 어떤 사건을 느낄 때 일어난다. 예컨대 공포, 우울, 우스움, 지루함 등은 예술의 모든 가능한 '감정'들이다. 감정은 어떤 경험의 의미가 아니라, 경험이 촉발하는 반응response이다. 들뢰즈는 예술이 '감정'과 '지각' percept의 창조[행위]임을 주장하기 위해 이 개념을 세밀하게 구별한다(WP). 감응affection*과 지각작용perception은 지각하는 자들 내에 위치하는——말하자면 우리는, 내가 빨강에 대한 '지각'을 가지고 있다거나 나는 두려움을 '느낀다'라고 말할 수 있는——데 반해, 들뢰즈

---

* 이 책에서 affection은 '감응'(感應)으로, affect는 '감정'(感情)으로 옮겼다. 일반적으로 affection은 '변용'이나 '정동' 등으로 번역돼 왔다. 그러나 '변용'은 단지 용모나 외관만이 변한다는 오해를 줄 수 있고, '정동'은 affect의 번역어로 더 많이 사용되어 왔다. '감응'이라는 말은 어떤 대상과의 마주침을 통해 촉발되고 변환되는 (지각과 행동 사이의) 감정의 운동을 표현하기 위한 번역어이다. 또한 이런 점에서 감정의 운동인 감응은 그것의 효과로서 '감응태'(感應態) 또는 '감정'을 산출한다.

는 예술이 하나의 관점에 정박되지 않는 감정들과 지각들을 창조한다고 주장한다(가령 두렵게 하거나 기분을 저하시키는 어떤 그림이 있다고 상상해보자. 우리가 그 그림을 볼 때 기분이 저하되거나 두렵지 않을 수도 있지만, 그것〔그림〕은 기분의 저하나 공포의 '감정'을 현시한다. 또한 어떤 특정한 빛을 묘사하는 소설을 상상해보자. 이때 우리는 빛을 보지는 않지만, 그런 빛을 지각한다고 혹은 누가 지각하는지에 상관없이 그런 지각작용이 존재하는 것으로 우리에게 현시된다. 이것이 바로 지각이다).

개념Concept 들뢰즈에게 개념이란 일반화, 혹은 우리가 세계를 명명할 때 사용하는 이름표 따위가 아니다. 개념은 사유함의 현동적 힘을 삶의 사건으로 입증하는 창조〔행위〕이다. 우리는 삶을 변형〔변혁〕하기 위해 개념들을 창안한다. 가령 물질적 수준에서 눈은 하나의 사건에 잇따르는 또 다른 사건을 볼 수 있지만, '원인'이라는 개념은 비물질적 사건을 창조한다. 우리는 지금 주어지지 않은 사건을 예견하거나 기대할 수 있고, 또 일어날 법한 일을 상상할 수 있다. 왜냐하면 우리는 우리가 지각하는 현실적 세계를 초과하는 (원인) 개념을 창안했기 때문이다. 개념의 창조는 철학 고유의 기예인데, 이는 우리에게 물질적 지각작용으로 주어지지 않은 바를 사유하도록 한다. 우리는 어떤 사물이나 존재를 지각하지만, 철학자는 존재의 개념을 구성하고 존재가 일반적으로 무엇인지를 물을 수 있다. 존재하는 것은 무엇인가? 이 경우에 철학자는 존재의 개념을 통해 잠재적 전체를 창조할 것이다── 왜냐하면 철학자는 단지 주어지고 현시되는 것만이 아니라 모든 존재를 상상하기 때문이다.

계보학Genealogy/지질학Geology 들뢰즈는 19세기 말의 사상가 니체 Friedrich Nietzsche(1844~1900)로부터 계보학이라는 개념을 취해 왔다. 니체는 발전의 목적을 처음으로 소급해서 읽어내는 역사의 보편적 개념에 도전했다. 계보학은 혼돈되고 복수적이며 우발적인 현재의 출현을 관찰한다. 니체의 『도덕의 계보학』 Zur Genealogie der Moral은 모든 역사를 도덕적 개인에 이르는 과정으로 보는 대신, 도덕성과 비인간성에 대한 우리의 현재적 이상이 자의적이고 비인간적인 원인들에서 발생한 것임을 주장했다(Nietzsche, 1967, 67). 예컨대 '형벌'은 '축제의 잔혹'에서, 즉 누군가의 권력을 긍정하기 위해 고통을 부과하는 순수한 폭력과 향락에서 출발한다. 그러나 이어서 우리는 이 독단적 폭력의 쾌락을 정당화하고 조직화하는 법과 도덕을 상상하게 된다. 이런 과정 가운데 우리는 인간과 도덕성을 '발명한다'.

계보학은 현재에 대한 일상적인[현재적] 이유와 이해를 수용하지 않는다. 다시 말해 계보학은 현재의 경첩을 풀어놓기 위해, 현재를 정당화할 근거가 있지 않다는 것을 보여주기 위해 과거로 눈길을 돌린다. 들뢰즈·가타리의 두 주요 저작 『안티 오이디푸스』와 『천의 고원』 Mille Plateaux은 자본주의와 인간주의에 대한 계보학이다. 이 책들에서 그들은 어떻게 '인간'과 '자본'이 힘들 및 상호작용하는 신체들의 놀이로부터 출현하게 되는지를 보여주고자 한다. 들뢰즈·가타리는 또한 도덕의 지질학을 명시적으로 기술했다(TP, 39~74). 이는 하나의 역사 혹은 발전의 단일한 선線은 없으며, 덧입혀진 층들 혹은 고원들, 즉 인간 내에서 차이화하는 역사들을 넘어 탈인간적inhuman[*]이고 비유기적인 생명의 역사가 존재한다는 생각으로 확장되었다.

내재성Immanence 이 용어는 들뢰즈 철학의 핵심용어들 중 하나(이자 목표들 가운데 하나)이다. 서구 사유의 결정적인 실수는 바로 초월성에 있다. 우리는 **신**의 정초, 주체성, 물질과 같은 삶에 반하거나 삶의 외부에 있는 어떤 항項에서 출발한다. 우리는 삶과, 삶을 판단하고 재현하는 사유를 생각한다. 초월성은 우리가 외부에 놓여 있다고 상상하는 바로 그것이다(외부의 사유, 외부의 지각작용). 하지만 내재성에는 외부가 없으며, 그 자신 이외에 어떤 것도 갖지 않는다. 들뢰즈는 **신**이 있어서 초월적 세계를 창조했다거나 주체가 있어서 초월적 세계를 인식한다고 생각하는 대신에 삶의 내재성을 주장했다. 창조의 힘은 어떤 독립적이고 판단[심판]하는 **신**과 같이 세계의 외부에 놓여 있지 않다. 오히려 삶 자체가 창조적 힘의 과정이다. 사유란 세계를 마주보고 재현하는 것이 아니라 세계라는 흐름의 일부이다. 사유한다는 것은 삶을 재현하는 것이 아니라, 삶을 변형[변혁]하고 삶에 작용하는 것이다.

노마돌로지Nomadology 대부분의 서구 사유는 고정된 혹은 정초된 자리, 말하자면 인간의 자리 혹은 인간 주체에서 작동하는 경향을 띠어 왔다. 인간의 영역을 넘어서도 생명은 지각하는 것과 지각되는 것, 내부와 외부를 생산하는 고정된 지각작용들을 통해 작동한다. 노마돌로

---

* 영어 'inhuman'은 1차적으로 '비非인간적'이라는 의미를 지닌다. 그러나 니체를 계승한 들뢰즈의 '긍정의 윤리학'의 맥락상, 단지 인간을 배제하는 부정적인 뉘앙스는 부적절해 보인다. 오히려 인간적 조건을 넘어서는 능동적이고 긍정적인 의미로서 '탈脫인간적'이라는 의미가 더욱 타당할 듯싶다. 따라서 'inhuman'은 단순히 인간과 구별하는 의미로 쓰일 때만 '비인간적'으로, 그리고 나머지는 모두 '탈인간적'으로 옮겼다.

지〔유목론〕의 목적은 고정된 관점이나 판단의 자리로부터 사유를 해방시키는 것이다. 노마돌로지는 사유로 하여금 이리저리 유목하고, 어떤 재인된 바탕이나 본거지를 넘어 이동하며, 새로운 영토들을 창조하도록 한다.

다양체 Multiplicity 가장 단순하게 말해서, 다양체란 부분들의 집합 혹은 접속이다. 들뢰즈는 이 말을 여러 방식으로 사용하지만, 가장 중요한 것 중 하나가 강도적 다양체와 외연적 다양체의 구별에 있다. 이는 또한 강도적 차이와 외연적 차이의 구별에 의존한다. 외연적 차이는 공간적으로 구별되고 경계 지어진 지점들에서 출발하는 것으로 볼 수 있다. 가령 가계도에서 재현된 가족의 모든 구성원들을 생각해보자. 예컨대 성姓이 '스미스'인 가족 구성원 각각이 바로 외연적 다양체에 해당된다. 이런 유형의 다양체는 언제나 어떤 구별되고 일반화되고 경계 지어진 신체로 구성된 다양체이다(그런 다양체들은 사물, 신체, 수數, 질質, 종種의 집합으로 생각해볼 수 있다). 대신 우리는 이런 신체들을 가로지르는 미시유전학적이고 사회적이며 역사적인 돌연변이들 및 점진적 변화들을 살펴볼 수 있다. 그러므로 하나의 유전형질은 두 신체들을 접속하고 또 다른 두 개〔상동염색체〕를 분화하며, 제3의 것으로 바뀐다. 강도적 차이는 명료하고 구별되는 점들로 그려질 수 없다. 또한 강도적 차이가 시간을 통해 스스로를 표현할 때 그것은 상이하게 〔변이〕된다. 강도적 차이는 공간화되고 구조화되며 기관화된 연장의 차이가 아니라 진정한 차이의 다이너미즘, 생성, 유동성에 가깝다. 강도적 다양체는 동일화할 수 있는 척도로 이뤄진 다양체가 아니라 실체적 다양체이다. 무엇으로 존재한다는 것은 접속들(혹은 다양체-되기)의 한 효과이다.

리좀Rhizome/리좀학Rhizomatics 들뢰즈·가타리는 '리좀적인' 것과 '수목적인' 것의 최초의 구별을 통해 이 용어들을 설명한다(TP). 전통적 사유와 글쓰기에는 하나의 중심이나 주체가 자신의 관념들을 표현한다. 예컨대 언어에는 기본적인 구조나 문법이 존재하고, 그것이 프랑스어, 독일어, 인도어와 같이 상이한 방식으로 표현된다고 본다. 이런 사유와 글쓰기의 스타일은 판명한 질서와 방향을 생산하기 때문에 수목적인(나무-같은) 것이다. 대조적으로, 리좀학은 임의적이고 탈중심화되며 증식하는 접속들을 만들어낸다. 언어의 경우에 우리는 근원적인 구조나 문법이 있다는 생각을 포기하고 단지 상이한 발화 체계들과 스타일들이 있다는 것, 이런 모든 차이들에 대한 '나무' 혹은 '뿌리'를 찾는 시도가 사후적 발명일 뿐이라는 사실을 인정한다. 그러므로 리좀적 방법은 근거와 결론, 원인과 결과, 주체와 표현 사이의 구별이나 위계에서 출발하지 않는다. 즉 어떤 지점도 뭔가 다른 것을 위한 시작 내지는 접속점[연접점]을 구성할 수 있다(이는 전형적인 들뢰즈·가타리의 방법이다. 그들은 생물학을 해석하기 위해서 철학을 이용하거나 철학을 설명하기 위해서 생물학을 이용하지 않는다. 다시 말해 그들은 사유함의 두 스타일들이 상호 맞물려 돌아가고, 변형하며, 덧입히게 하는 것이다). 더욱이 그들의 사유에서 이항 대립과 같이 보이는 것은 ─ 리좀과 나무 사이의 구별과 같이 ─ 대립이 아니라 하나의 다원주의를 창조하는 방식이란 점을 그들은 강조한다. 우리가 리좀적인 것과 수

목적인 것 사이의 구별에서 출발하는 것은 오직 모든 구별들과 위계들이 능동적 창조들이며, 이는 차례로 구별들과 분절들을 촉진할 수 있다는 점을 보여주기 위한 것이다.

모나드Monad 들뢰즈가 독일의 철학자 고트프리트 빌헬름 폰 라이프니츠Gottfried Wilhelm von Leibniz(1646~1716)로부터 가져온 말이다. 우리는 우리의 세계를 관계된 항들의 계열들로, 이를테면 분자들이 모여서 식물이나 신체들을 이루고 신체들은 사회를 구성한다고 지각한다. 그러나 지각된 각 관계들의 집합은 모나드로 구성되는데, 이는 모든 관계들에 우선하는 자기-충족적인 실체들이다. 각 모나드는 그 자신의 지각된 관계들을 창조함으로써 그 자신의 관점으로 세계 전체를 지각한다. 그러므로 모나드가 존재하는 만큼의 수많은 세계들이 존재하게 된다. 생명 전체는 다만 각 모나드에 의해 열린 모든 무한한 지각작용들 혹은 세계들의 총합인 것이다.

들뢰즈에게 이 관념의 중요성은 두 가지 요점으로 집약된다. 첫째로 생명 전체가 모나드들로 구성되었다면, 이때 생명 전체는 오직 지각작용들의 면面이 된다(식물은 온도, 햇볕, 습도의 지각작용이다). 하나의 세계를 허용하는 공통의 관점 혹은 **신의**-눈 관점은 없으며, 오로지 모든 인간, 비인간, 유기체, 비유기체의 모나드들로 이뤄진 세계들만이 있는 것이다. 둘째로 우리는 세계를 우리의 관점에서 비롯한 관계들의 측면에서 지각하지만——우리는 빛을 언제나 우리의 시각기관들과의 관계에서 지각한다——그런 관계들은 본유적이지 않다. 단순히 우리가 빛과 맺는 관계만이 아니라 빛 자체의 힘이 있는 것이다.

들뢰즈에게 진정한 사유함이란 우리 관점의 질서를 넘어서는 모든 탈인간적 지각작용들과 힘들을 파악하고자 하는 것이다.

배치Assemblage 모든 삶은 접속과 상호작용의 과정이다. 어떤 신체나 사물도 접속 과정의 결과인 것이다. 인간의 신체는 유전적 물질, 관념들, 행동의 힘들, 다른 신체들과 맺은 관계의 배치다. 또한 한 부족은 신체들의 배치다. 들뢰즈·가타리는 통일체들이 접속들에 선-재한다는 생각에서 벗어나기 위해 유기체나 기계장치보다는 '기계적' machinic* 배치에 대해 언급한다(TP, 73). 배치를 전체적으로 지배하는 궁극성〔합목적성〕이나 목적 또는 질서는 존재하지 않는다. 다시 말해 어떠한 배치의 법도 접속들로부터 창조된다(정치적 **국가**는 사회질서나 개인의 정체성을 창조하지 않는다. 오히려 **국가**가 신체들의 배치를 통해 산출된 효과다. 또한 인간 신체들의 발생적 생산을 지배하는, 인간에 대한 진화론적 관념이나 목표도 존재하지 않는다. 오히려 인간은 일련의 배치들, 즉 발생적·사회적·역사적 배치들의 효과다).

분열분석Schizoanalysis 들뢰즈·가타리가 보기에, 대부분의 서구 사유는 편집증적 구조 위에 세워졌다. 그들은 심지어 '편집증적 사회기계'에 대해 언급한다(AO). 편집증은 자신 외부의 목소리들을 탄압하는 가

---

* 들뢰즈·가타리가 새롭게 만들어낸 'machinic' (machinique)이라는 조어는 우리가 흔히 '기계적'이라고 말할 때의 'mechanical' (mécanique)과는 정반대의 용어이다. 미리 주어진 어떤 코드에 의해 조직화되지 않고 부분과 부분이 탈구되어 있다는 의미로서 두 용어를 잘 구분해서 이해할 필요가 있다.

운데 투영projection 및 지각함(듣기)과 관련된다. 전형적으로 우리는 법, 사회, 양심, 아버지(혹은 심지어 자본주의 내에서 시장의 법칙들)의 목소리를 듣는다. 편집증은 해석학적이다. 가령 우리는 언제나 기호들 뒤에 있는 법, 바탕, 권위를 찾고자 하면서 사물들이 의미하는 것이 무엇인지 묻는다. 전통적인 정신분석〔학〕은 우리의 꿈과 욕망을 단지 우리의 죄책감을 느끼는 양심에서 나온 전언들로 해석함으로 이런 경향을 강화시킨다. 이에 반해 들뢰즈·가타리는 '분열'과 '분열분석'을 찬미한다. 분열분석은 우리 모두의 이미지들과 욕망들을 (법, 신, 주체, '나'와 같은) 하나의 숨겨진 바탕으로 회귀시키는 대신, 이미지들을 단절하고 분쇄하여 분자적 강도들을 살펴본다. 예컨대 법은 특정한 고압적인 목소리의 어조, 고양된 표현, 남성의 신체, 단일한 판사의 법복法服 등으로 구성될 것이다. 분열분석은――정신분석〔학〕과 달리――심리를 살펴보거나 발화하는 심리를 발견하기 위해 욕망들을 해석하지 않는다. 분열분석은 심리, 자아, 인물의 이미지가 어떻게 특정한 신체 부분들에서 특권화되고 투여되는 방식(예컨대 사고하는 뇌, 판단하는 눈, 자기-충족적이고 이성적인 신체, 판결하는 입)으로 배치되는지를 살펴본다.

분화Differenciation / 차이생성〔미분화〕Differentiation 우리가 지각하는 세계는 분화된 사물들, 구별되는 항들이나 대상들로 구성되어 있다. 하지만 우리가 분화된 세계를 지각하기 위해서는 또한 차이생성의 힘이 있어야 한다. 우리는 바로 유전적 창조의 차이생성 때문에 구별되거나 분화된 종種들을 갖는다(DR, 206~207). 상이한 소리나 의미를 창조하는 언어의 힘을 지니기 때문에 언어의 분화된 용어들을 갖게 된다. 또한 우리는 백광白光의 차이생성 때문에 상이한 색들의 스펙트럼을 볼 수 있다.

소수자적Minoritarian/다수자적Majoritarian 들뢰즈·가타리는 '소수자' 와 '다수자' 라는 용어를 수數적인 측면에서가 아니라 구성의 양태적인 측면에서 무리들을 기술하기 위해 사용한다. 예를 들어 여성은 하나의 소수성에 해당한다. 이는 여성의 수가 적기 때문이 아니라, 표준적인 항이 '남성' 이기 때문이다. 더욱이 다수성은 하나의 고정된 표준을 가진다. 인간이나 남성이라는 이미지 혹은 이상이 [먼저] 있어서, 누가 수용될 수 있는지 혹은 그럴 수 없는지를 지배하는 것이다. 예컨대 우리는 '비인간' inhuman으로 간주되는 자들을 배제한다. 이와 달리 소수자 집단들은 정초하는 표준을 갖고 있지 않다. 말하자면 그 집단의 정체성은 각각 새로운 구성원에 의해 변화한다. 예컨대 여성운동은 '여성' 과 같은 어떤 것이 [정말로] 있는지 계속해서 물음을 던졌다. 소수문학 역시 표준에 호소하지 않고 표준에 대한 여하한 개념을 창조하고 변형시킨다. 만일 내가 대중적으로나 금전적으로 성공한 (미국 공상과학소설의 정신과 전통에 호소하는) 「스타워즈」 같은 영화 시나리오를 쓰고자 한다면, 이때 그것은 다수자 작품이 된다. 그러나 비평가들이 영화로 인식할 수조차 없는, 또는 영화의 재정의를 요하는 영화를 만들어내고자 한다면, 이때 나는 소수자 작품을 생산하는 것이다. 들뢰즈·가타리에게 모든 위대한 문학은 소수자 문학인데, 그것은 이미 주어진 어떤 재인再認, recognition이나 성공의 표준을 거부하기 때문이다. 이와 비슷하게 모든 효과적인 정치학은 우리가 누구인지가 아니라, 우리가 무엇이 될 수 있는지에 호소하는 소수자-되기다.

여성-되기 Becoming-woman '동물-되기', '강도 높게-되기', '지각 불가능하게-되기'와 결부된 말이다(TP, 232~309).

  서양 사유의 문제는 존재에서 출발하는 데 있다. 서양의 사유는 존재가 [먼저 있어서] 생성 혹은 운동을 겪는 것으로 보고, 더욱이 인간을 정초자定礎者로 특권화하는 경향이 있다. 이때 정초자는 변화와 생성의 세계를 바라보는 안정적인 인식자 혹은 주체이다. 그러나 들뢰즈는 모든 생명은 생성면이라는 것, 그리고 고정된 존재들 ― 인간과 같은 ― 의 지각작용은 생성의 효과라는 점을 강조한다. 실재적으로 생명을 사유하고 조우하기 위해서 우리는 더 이상 생명을 고정된 부동의 항들로 보아서는 안 된다. 이는 사유함 자체가 이동적이어야 하고, 사유함 그 자체를 주체인 인간의 고정된 정초들로부터 해방시켜야 함을 의미한다. 인간 이외의 것이 된다는 것은 여성-되기나 동물-되기를 요한다. 그리고 만일 지각작용이 세계를 고정되고 연장된 대상의 측면에서 보는 경향이 있다면, 우리는 또한 지각 불가능하게 되거나 강도 높게 될 (더 이상 세계 내에 고정되고 정박되지 않으며 생명의 강도에로 열릴) 필요가 있다.

오이디푸스적Oedipal 프로이트의 오이디푸스 콤플렉스 이론은 정신분석학적 방법의 핵심을 이룬다. 여기서 삶과 인간성으로의 진입은 어린아이가 어머니를 포기할 때 일어난다. 어린아이는 처음에 어머니의 신체를 욕망하는데, 왜냐하면 그녀가 삶의 생물학적 욕구들과 일치하기 때문이다. 하지만 곧이어 어린아이는 어머니가 모든 욕망을 해결해주는 것으로 환상화한다. 어린아이는 오직 거세의 위협을 통해서만 어머니로부터 욕망을 벗어나게 할 수 있다. 어머니를 〔욕망하지 못하도록〕 금지하는 자는 바로 사회 권력의 상징으로서 처벌하는 법을 표상하는 아버지다. 그래서 어린아이는 어머니를 포기하고 사회적이고 팔루스적인 (또는 비-모성적인) 아버지의 권력과 동일화해야 한다. 들뢰즈·가타리에게 이 오이디푸스적 구조는 결핍으로 이뤄진 서구 정치 전통의 정점에 해당한다. 우리는 금지되고 불가능한 대상(어머니)을 포기했기 때문에 사회와 법—아버지 혹은 팔루스의 영역—에 진입하는 것이라고 생각한다. 우리의 욕망이 상실된 대상의 기표나 대체물이라고 상상할 때, 우리의 욕망은 오이디푸스적이다. 또한 우리가 어떤 보편적 법이나 죄의식을 위해 스스로를 자기-처벌화 혹은 자기-금지화하는 것으로 상상할 때, 우리는 오이디푸스적 주체들인 것이다.

욕망Desire과 욕망하는 기계Desiring machines 생명을 말 그대로 하나의 기계로 보는 관념(AO)은 우리가 어떤 생산된 질서, 의도, 전체, 목적을 상상하기 전에 기능과 접속에서 출발하도록 해준다. 그러므로 욕망하는 기계는 접속들이 계열화된 결과이다. 예컨대 가슴과 접속한 입, 양란과 접속한 말벌, 한 떼의 새들을 지각하는 눈, 장난감 기차와 접속한 아이의 신체 등이 그러하다. 이런 방식으로 욕망을 사유하면 근본적인 결여로서의 욕망을 극복하게 된다. 들뢰즈·가타리에게 욕망은 삶에서 독립되거나 분리된 신체들에 의해 추동[욕동]된 것이 아니니다. 그들은 모든 생명이 태생적 상실과 외상trauma을 극복하고 정지靜止[무기물]의 상태로 되돌아가기를 소망하는 죽음-욕동 개념에 반대한다. 욕망은 상실이나 분리가 아니라 접속이다. 다시 말해 우리는 결여하거나 욕구해서가 아니라, 삶이 투쟁과 자기-강화의 과정이기 때문에 욕망하는 것이다. 욕망은 증대하는 연장, 접속, 창조이다. 욕망은 닫힌 유기체나 자아에서 기원하지 않는다. 그것은 욕망이 유기체와 자아를 생산하는 생산적인 생명의 과정이기 때문에 '기계적' machinic이다.

잠재적 차이|Virtual difference 차이를 이미 구별된 점들이나 실체들과 관련된 것으로 생각해서는 안 된다. 차이는 잠재적 경향들에서 강도들이 생산되는 것으로 출발한다. 인간의 생명과 동물의 생명은 그들의 기원을 유전적 물질의 흐름에 두는데, 이는 다양한 종種들로 자신을 현실화하는 경향[성]을 가진다. 들뢰즈·가타리는 이를 '강도 높은 배아적 유입' intense germinal influx이라 부르는데, 이것은 이후에 연장된 신체들로 현실화되어야 한다(AO, 162). 어떤 경향들은 현실화되지 않을 것이다. 또한 모든 종류의 유전적 불발[실패], 현실화되지 않은 비실행된 경로들과 잠세성potentiality들*이 존재한다. 하지만 서구의

---

* 'potentiality' (potentialité)는 의미상 'virtuality' (virtualité)와 거의 같은 개념어이나 이들을 변별하기 위해 각각 잠세성과 잠재성으로 옮겼다. 또한 'potential' (potentiel) 역시 잠재적 힘을 의미하는 개념어로서 '잠재력'으로 옮길 수도 있으나, 이미 친숙한 용어이기에 그냥 '포텐셜'로 번역하였다.

사유는 언제나 포텐셜potential을 넘어서는 현실적인 것의 정치를 특권화해왔으며, 인간의 삶을 이미 표현되고 구성된 것으로 강조함으로써 이것[현실성의 정치]을 실행한다. 우리는 **국가**를 생산하는 힘을 고려하기보다는, 오히려 정치의 기초를 인간 혹은 **국가**에 둔다. 오직 그런 잠재적이거나 실현되지 않은 잠세성들을 고려할 때만 우리의 현재를 진정으로 새로운 미래로 변형[변혁]시킬 수 있다. 잠세성의 정치 혹은 생명의 잠재적 힘들은 우리가 할 수 있는 것[역량]을 묻기 위해서 그런 모든 비-현실화된 경향들에 시선을 둔다(Hardt & Negri, 1994). 우리는 우리가 누구인지[정체성]에 대한 능동적인 표현으로서의 **국가**의 이미지에서 눈길을 돌려 미시정치적 힘들을 살필 것이다. 요컨대 인간 생명에 대한 이런 특정한 이미지를 생산해온 우발적 사건들은 무엇인가? 그리고 자신들을 인간의 본질로 현실화하지 않은 그런 모든 삶의 표현들은 어떤가? 들뢰즈는 악의malevolence, 악evil, 어리석음stupidity*이라는 특정한 문학적 표현들을 우리의 일상적 상-식의 진정한 붕괴로 생각한다. 일반적으로 문학, 철학, 생명을 통해 본질적으로 인간적인 것으로 인식되지 않았던 온갖 종류의 표현들이 있다. 어째서 우리는 합리적인 정치 행위자의 현재적 이미지를 인간 생명이 존재하는 것의 표현으로 보는 것인가? 만일 우리가 인간 생명의 기괴하고 변종적이며 상이한 표현들을 모두 살펴본다면, 현실적으로 존재하는 것을 넘어 무엇이 될 수 있는 것[역량]으로 삶을 변형[변혁]시키는

---

* 'stupidity'의 1차적 어의는 '어리석음'이지만, 내용상 의미는 '기괴함'이나 '괴이함'에 가깝다. 이는 격자화된 동일성의 사유로부터 벗어났을 때 소위 '비정상성' 등으로 (동일성에 의해) 규정되는 괴물스러운 차이의 산출과 관련된다.

잠재적 힘을 직관적으로 알게 될 것이다.

초험적 경험론 Transcendental empiricism 들뢰즈의 [철학적] 방법은 질료, 실재, 인간, 의식, '세계'와 같이 이미 주어진 (혹은 초월적인) 어떤 것에서 출발하는 것을 거부하며 바로 이 때문에 [초월적인 것이 아니라] 초험적이다. 하지만 그것은 '경험된 것'이나 '소여'所與에서 출발하는 것을 강조하기 때문에 초험적 경험론인 것이다(경험론은 관념이나 개념이 아닌 경험을 연구의 출발점으로 삼는다). 경험론은 초험적인데, 왜냐하면 들뢰즈가 경험에서 시작할 때 그는 인간의 경험에서 출발하지 않기 때문이다. 말하자면 들뢰즈에게 경험은 식물, 동물, 미생물 그리고 모든 종류의 기계를 포괄하는 것이다.

초월성Transcendence/**초험적**Transcendental* 들뢰즈는 이런 구별을 독일의 철학 전통, 특히 임마누엘 칸트Immanuel Kant(1724~1804)와 에드문트 후설Edmund Husserl(1859~1938)에게서 물려받았다. 칸트와 후설 모두 들뢰즈와 마찬가지로 자신들을 초험적 철학자로 생각했다. 초월성 혹은 초월적인 것은 의식이나 경험의 외부에서 우리가 경험하는 것을 말한다. 우리는 실재적 세계를 초월적인 것으로, 즉 우리를 벗어난 혹은 외부적인 것으로 경험한다. 초험적 철학이나 방법은 어떻게 초월성이 가능한 것인지 묻는다. 예를 들어 만일 내가 나에게 나타

---

* 이 책에서 transcendental은 '경험적'(empirical)과 대립적인 개념이므로 (경험을 넘어선다는 의미에서) '초험적'으로, transcendant는 '내재적'(immanent)과 대립되는 개념이므로 '초월적'으로 옮겼다.

나는 것(지각작용과 출현)과 나타나는 세계(지각되는 것 혹은 출현하는 것)를 구별할 때, 나는 오직 실재적 세계 또는 외부 세계를 가질 수 있을 뿐이다. 칸트와 후설 모두 '나의 외부'에 있는 초월적 혹은 실재적 세계가 있기 이전에, 실재적 세계를 구별하는 '나'(혹은 주체)라는 어떤 개념이 [먼저] 있어야 한다고 주장했다. 들뢰즈 또한 우리가 단순히 초월성이나 외부 세계(실재성)를 우리의 출발점으로 수용해서는 안 되며 우리가 내부와 외부(혹은 주체와 객체)의 구별 같은 것이 어떻게 출현하는지 물어볼 필요가 있다고 주장했다. 서양 사유의 오류는 이미 실존하는 사물, 초월성, 주어진 실재성의 지점(질료, 주체, **신**, 존재)에서 출발했다는 데 있다. 들뢰즈는 어떻게 우리가 실재적이고 외부적인 세계로서 세계를 경험하는 일이 가능한지 이해해야 한다고 강조한다. 바로 이것이 초험적 접근이다.

탈기관체Body without organs 우리는 세계가 마치 기관화된 물체들[신체들]로 구성된 것인 양 지각하고 살아간다. 예컨대 인간에 대한 우리 관념은 특정한 기관들을 특권화한다. 이를테면 사고하는 뇌, 판단하는 눈, 사회 권력을 유지하는 팔루스 등이 그것이다. 그러나 우리는 또한 필연적으로 상이한 신체들이 출현하는 어떤 비기관화된 '생명'이나 '바탕'을 전제한다. 탈기관체는 유기화의 근원적 형식들로 상상되는 생명이며, 따라서 역사적으로 변이한다. 예컨대 자본주의 내에서 우리는 어떤 기본적 자본의 흐름이 있어서, 우리가 우리 자신을 사회적이고 정치적인 개인들로 생산하기 위해 이를 교환하고 관리한다고 생각한다. 자본주의 이전에 사회들은 삶의 기본적 실체나 기질基質을 형성하는 것은 바로 대지라고 상상했고, 그래서 원시부족들은 그들의 판명한 질서들을 대지의 전체 혹은 총체의 구별들로 보았다. 탈기관체는 우리가 생명의 변별화된 혹은 기관화된 신체들의 밑바탕에 놓여 있다고 상상하는 비변별화된 것을 의미한다.

탈영토화Deterritorialisation 생명은 접속과 영토를 구성하는 가운데 스스로를 창조하고 조성한다. 빛과 식물들이 접속해 광합성이 일어난다. 신체에서 사회에 이르기까지 모든 것은 영토화의 구성 혹은 구별되는 통일체들을 생산하는 힘들의 접속이다. 그러나 모든 영토화와 함께 탈영토화의 힘 또한 존재한다. 빛은 식물과 접속해 그것을 성장하게도 하지만, 때론 식물 스스로 변형되게 하기도 한다. 예컨대 너무 많은 빛은 식물을 죽이거나, 어쩌면 식물을 다른 어떤 것으로 (잎이 말라서 담배가 되거나 포도가 말라서 건포도가 되듯이) 변형시킨다. 연접적〔접속적〕connective 힘들은 어떤 형태의 생명이든 그것이 무엇이 되도록(영토화) 할 수도, 무엇이 되지 않도록(탈영토화) 할 수도 있다. 부족이나 집단을 구성하기 위해 배치되는 인간의 신체들(영토화)은 〔먼저〕 하나의 전체를 생산하고 나서, 족장이나 전제군주에게 지배를 받을 수도 있다(탈영토화, 배치하는 권력은 집단적인 탈권력화를 산출해왔다). 또한 재영토화도 있을 수 있다. 부족은 (지배자 혹은 전제군주와 같은) 탈영토화된 항을 취해 그것을 집단에게 되돌려줄 수 있다. 이때 우리는 모두 지도자들이 되거나, (현대 개인주의가 그러하듯) 우리 자신들을 지배하게 된다. 영토화는 생명의 모든 층위에서 일어날 수 있다. 유전자들은 접속하거나 영토화하여 종種들을 생산하지만, 그러한 동일한 접속들은 또한 돌연변이들(탈영토화)을 허용한다. 이러한 돌연변이는 처음에는 우발적인 결과였던 영토성을 재강화하는 방향으로 이용되거나, 또는 다시 처음으로 되돌아갈 수도 있다. 예컨대 유전자 치료나 유전자 조작에서 변화와 탈영토화의 동력(유전학)이 변화와 돌연변이를 저지(재영토화)하는 데 이용된다. 들뢰즈·가타리는 또한 절대적 탈영토화 absolute deterritorialisation에 대해서도 기술했는데, 이는 모든 접속과 유기화로부터의 해방을 의미한다. 그런 과정은 현실적으로 이루어지기보다는 오로지 사유되거나 상상될 뿐인데, 왜냐하면 어떤 생명의 지각작용도 이미 하나의 질서화 혹은 영토화이기 때문이다. 요컨대 우리는 탈영토화를 하나의 극단적인 가능성으로 생각해봄 직하다.

탈주선Lines of flight 신체나 사회집단이나 유기체나 심지어 개념과 같은 삶의 어떤 형태도 모두 접속들로 이뤄진다. 유전자들은 모여서 신체들을 형성한다. 또한 신체들은 모여서 부족들을 형성한다. 가령 '인간'이라는 개념은 합리성, 신체의 유형(백인, 남성), 발화 역량 등등이 접속한 것이다. 그러나 어떤 접속도 탈주선을 허용한다. 예컨대 유전적 돌연변이는 언제든 발생할 수 있다. 인간[의 본성]의 합리적 규정은 또한 인간을 구성하는 것에 대한 논쟁, 가령 '핵무기 비축은 합리적인 처사인가?'와 같은 논쟁을 허용할 수 있다. 그러므로 어떤 규정, 영토, 신체도 그것을 다른 어떤 것으로 변형시키는 탈주선을 향해 열릴 수 있다.

들뢰즈
Understanding Deleuze
이해하기

서론

철학, 예술, 과학을 통해 사유하기

우리는 종종 문화와 문화적 가치를 사회적으로 구성된 것으로 여기고, 시간을 초월한 가치나 본질을 더 이상 믿지 않는다. 우리가 셰익스피어의 가치를 인정하는 것은 우리의 문화와 제도들에 대한 믿음에서 비롯한다. 그러나 우리는 『햄릿』이 말도 안 되는 의미로 받아들여지거나 특별한 가치를 갖지 않는 듯이 보이는 사회들을 쉽게 상상할 수 있다. 예술의 '본질'에 대해 생각하는 것은 쓸데없는 짓처럼 보인다. 이때 예술이란 대학이나 비평가들이 상찬하고 숭배하는 대상일 뿐이다. 다른 어떤 본질에 대해 생각하는 일도 쓸데없어 보이긴 마찬가지다. 우리는 의미와 재현을 통해 이 세계를 살아간다. '여성성'이니 '선善'이니 하는 말들에 대한 우리의 이해는 다른 시기나 문화에서 그 말들이 가지는 의미와는 매우 다를 수도 있다. 오늘날 우리는 기호들이나 재현의 체계들이 우리의 세계를 의미 있고 사회적으로 코드화된 것으로 만들어낸다고 생각하는——그래서 그런 재현의 코드들이나 체계들이 어떻게 출현하는지를 묻는 것은 무의미하다고 여기는 경향이 있다.

들뢰즈가 그의 차이의 철학에 착수한 것은 이런 재현이라는 배경에 반反해서였다(들뢰즈는 저작들 대부분을 구조주의라 불리는 프랑스 사상운동에 뒤이어 썼다. 구조주의에 대해서는 뒤에서 좀더 자세히 살펴볼 것이다. 여기서 주목할 점은 우리가 우리의 세계를 강제된 재현의 구조들을 통해 알고 경험한다는 지배적인 믿음에 들뢰즈가 도전했다는 것이다). 첫째로 들뢰즈는 우리의 의미와 재현은 단순히 자의적이거나 문화적으로 상대적이지 않음을 주장했다. 우리는 재현들을 생산하는 욕망의 힘들을 직관할 수 있고 또 해야 한다. 들뢰즈는 그렇게 함으로써 우리가 상-식의 교의로부터 벗어나 전적으로 새로운 사유함의 방식으로 진입할 것이라고 주장했다. 따라서 무시간적이고 정적인 '본질'이 우리의 재현 배후에 놓인 의미라는 뜻에서 존재하지 않을 수 있겠지만, 그럼에도 불구하고 어떤 사유나 재현의 행위를 가능케 하는 본질적인 역량이나 힘은 존재한다. 둘째로 들뢰즈는 다른 본질적인 힘들의 중요성을 인식했는데, 말하자면 우리는 철학과 더불어 과학적으로도 예술적으로도 사유할 수 있다. 기존의 모든 예술 작품들에 공통되게 나타나는 특징이나 본질은 없겠지만, 모든 상이한 예술의 실례들을 가능하게 만드는 본질적인 힘을 직시할 수 있고 또 해야 한다. 예술의 본질은 없지만, 사유하는 힘 자체에 관한 어떤 것, 예술적 사건이나 예술의 사건을 생산하는 그것의 능력 또는 포텐셜은 인식할 수 있을 것이다.

들뢰즈 사유의 도전은 그것이 두 개의 지배적인 패러다임들 사이로 고유의 길을 터나가는 데 있다. 당대의 많은 사상가들이 그랬듯이 들뢰즈도 궁극적인 바탕이나 정초란 존재하지 않는다고 주장했다. 즉 우리가 가진 가치가 무엇이건 그것은 주어진 것이 아니라 창조된 것이다. 그는 또한 우리의 모든 가치들이 단순히 재현들이나 구조들일 뿐이라는 다른 극단에도 반대했다. 그가 제시한 대안은 이러하다. 요컨대 우리는 어떤 궁극적인 의미나 정초를 부여함으로써가 아니라, 그것들이 무엇을 하는지를 살펴봄으로써 우리의 가치들을 선별하고 평가할 수 있다. 그는 어떤 텍스트의 의미가 무엇인지 묻지 말고 그것이 어떻게 작동하는지를 물으라고 주장했다. 이는 하나의 철학으로서 예술과 문화의 영역에 우리를 바로 상륙시킨다. 그의 주장에 따르면, 예술은 단순히 일련의 재현들이 아니다. 우리가 재현의 힘과 창조를 보는 것은 예술을 통해서이다. 즉 예술을 통해 우리는 재현들이 어떻게 작동하여 사유함의 접속과 '스타일'을 생산하는지 알 수 있다. 예술, 특히 문학은 어떤 의미에서 하나의 '징후학' symptomatology, 즉 우리의 사고를 정향하는 언어와 양식들을 진단하는 방식이다(ECC, 177). 예술은 우리에게 가치들의 힘 또는 생산력을 보여줄 수 있다.

문제

들뢰즈가 그의 철학의 상당 부분을 1968년 이전에 생산했다는 사실에도 불구하고, 그는 통상 (미셸 푸코, 자크 데리다 등과 더불어) 후기구조주의자라고도 불리는 1968년-이후 사상가로 간주된다(Sturrock,

1979; Descombes, 1980). 68혁명은 노동자가 아닌 학생들이 정부와 대학들의 지적 권위에 저항해 벌인 시위로, 정치적·지적으로 핵심적인 획기적 사건이었다. 들뢰즈와 그의 동시대인들은 정치적 반란을 관념들과 철학적 제도들에 결부된 것으로 재-사유할 필요가 있었다. 들뢰즈는 프랑스의 정신분석학자 펠릭스 가타리와 공저하는 데 많은 시간을 들였고, 그 결과로 나온 저작의 상당 부분은 결코 '순수한' 철학이 아니었다. 또한 들뢰즈 '자신의' 작업이 가타리의 작업이나 그가 논한 많은 예술가들 및 철학자들의 작업과의 관계에서 어떤 지점에 놓여있는지도 명료하지 않았다. 들뢰즈 자신을 식별하는 데 따르는 어려움은 1968년 즈음의 많은 저작들에 전형적으로 나타나는 특징인데, 이때가 저작의 자율성이 심각한 위협을 받던 시기이기 때문이다(Barthes, 1982; Foucault, 1984). 들뢰즈와 그의 주변에 있던 이들은 글쓰기가 유일한 시각이나 믿음을 표현하는 것이 아니라 당대의 사건들에 대한 열린, 거의 비자발적인 응답이어야 한다고 느꼈다. 들뢰즈 자신은 1968년 5월을 '역사 속으로 돌파해 들어가는 생성/되기'이라고 기술했다(N, 153). 합리적인 인간 주체에 근거한 정치학과 글쓰기의 표준적인 개념들은 정당 정치와 역사적 운동들을 넘어선 사건들에 의해 도전받았다.

들뢰즈에 관한 최근 저작은 대부분 그가 철학에 개입하는 방식이 근대의 정치적 문제들에 전적으로 새로운 방식으로 접근할 수 있게 해준 점을 강조하고 있다. 주체의 전통적 이미지에 이의를 제기하는 페미니즘(Buchanan and Colebrook, 2000), 서구 이성의 규범들에 도전하는 영토권과 국가적 동일성의 쟁점들(Patton, 2000), 당대 예술

(특히 영화)이 도덕적 입법의 역할을 저버린 듯하다는 데서 발생한 예술과 정치학 사이의 관계에 대한 문제들(Rodowick, 1997) 등이 그것이다. 1968년-이후 들뢰즈의 사유함은 전前-인격적 힘들로부터 개인의 구성을 설명하는 미시정치학에 동조해 합리적 개인들 사이의 관계들을 설명하는 정치학을 거부한 점에 그 특성이 있다. 1968년의 '문제', 즉 역사 속으로의 돌파는 조직화된 집단이나 구성된 역사적 행위자들로부터 발산되지 않은 힘을 보여 준 일련의 정치적 사건들이었다.

들뢰즈에 따르면, 우리가 어떤 사건을 읽고 그것에 응답하려면 그것의 근원적인 '문제' problem를 바라볼 필요가 있다(B, 15 ; EH, 33). 우리가 눈〔目〕의 형성과 같은 진화 과정의 발전을 이해하고자 한다면, 유기체가 빛에 대해 반응하는 문제로 돌아가볼 필요가 있다. "하나의 유기체는 빛의 '문제'를 해결하는 눈과 같이 각각 변별화된 기관들처럼 어떤 문제에 대한 해解가 아니라면 아무것도 아니다"(DR, 211). 소설가나 영화감독을 이해하기 위해서는 줄거리나 서사 너머로 그 작품과 양식이 '답하는' 문제들을 살펴볼 필요가 있다. 예컨대 프란츠 카프카Franz Kafka가 소수자 문학을 만들어낸 것은 체코 국민으로서 독일어로 글을 쓰는 문제에 대한 응답〔해답〕이다(K). 우리가 후기구조주의와 후기구조주의 내에서 들뢰즈의 특수한 위치를 이해하고자 할 때, 1968년이라는 역사적 문제와 구조주의라는 철학적 문제로부터 출발할 수 있다. 들뢰즈는 역사란 통상 인간 삶의 단일한 '면' 面 내에 사상寫像된 날짜들의 순서로 이해된다고 주장했다. "모든 역사가 하는 일이란 생성들의 공-존co-existence을 하나의 계기繼起로 번역하는 것이다"(TP, 430). 이와 대조적으로 사건과 문제의 역사는 어떤 파열들이 어떻게 삶, 인간, 시간, 공간에 대한 새로운 이해를 창조하는지를 탐사한다(TP, 292~293). (들뢰즈는 상이한 삶의 형태들의 시간 계열들을 추적하는 '계보학'과 함께 삶의 상이한 면들을 조사하는 '지질학'을 거론한다.)

우리가 들뢰즈 자신의 용어법을 사용해 1968년이 날짜라기보다 사건 혹은 문제라고 말한다면, 이때 우리는 역사를 순서 지어진 사건들의 시퀀스[계열]가 아닌 여러 개의 분기하고 발산하는 물음의 계열들로 보기 시작하는 것이다. 어떤 역사적 (혹은 생물학적) 사건도 단일한 원인을 갖지 않는다. 오히려 그것은 중복되고 상이하고 분기하는 계열들에 대한 응답이다. 이것이 하나의 문제를 규정하는 것이다. 요컨대 매우 상이한 요소들의 다양체multiplicity는 응답의 창조를 촉진한다. 들뢰즈는 어떤 '문제'라는 것이 하나의 대답을 찾아야 하는 단순한 물음이 아니라고 본다. 다시 말해 문제는 운동과 응답을 생산해내면서 삶과 사유함을 분열시키는 어떤 것이다. 분자적 삶조차도 문제의 방식으로 진행된다. 즉 모든 진화와 사회적–역사적 운동은 그것의 원동력인 문제의 방식으로 이해될 필요가 있다. 들뢰즈의 모든 사유함의 심장부에는 하나의 주장이 존재한다. 이해함과 사유함은 우리가 사물들의 외관상 질서와 동일함sameness을 넘어 삶의 박동 자체인 혼돈스럽고 능동적인 생성으로 나아갈 것을 요구한다. 그 도전은 삶을 하나의 문제로 보는 것이다. 이때 문제는 점점 복잡해지는 더 많은 문제들의 계열들을 생산하는 물음들의 부단한 증식이다.

들뢰즈의 저작은 구조주의의 방법론적 문제와 1968년의 역사적–정치적 문제라는 두 가지 문제로부터 출발하지만, 그 문제들을 넘어선다. 구조주의는 삶을 변별적 관계들로서 이해하는 방식으로 시작됐다. 즉 어떤 사물의 존재나 동일성이 어떻게 다른 사물들과의 차이로부터 생겨나는지를 본 것이다. 1968년 5월의 정치적 문제는 능동적인 정치이론, 즉 (사악한) 자본주의와 (무구한) 노동자들의 대립과 같은 기존의 도덕적 대립들에 의존하지 않고, 힘과 혁명을 규정하는 방식이 존재할 수 있는지의 여부에 관한 것이었다.

들뢰즈의 후기구조주의가 응답하는 구조주의의 문제는 우리가 삶을 설명하는 데 사용하는 (언어, 문화, 의미, 재현과 같은) 모든 구조들의 출현 혹은 발생에 관한 물음이다. 우리는 언어를 통해 사고하고 경험하고 말하지만, 언어의 기원에 대해 어떻게 사유할 수 있는가? 상이한 방식들을 통해 후기구조주의자들은 구조주의의 기원이 재현 불가능하다고 주장했다. 재현은 이미 주어진 구조에 의존한다. 즉 우리는 언어를 통해 삶을 재현하기 때문에, 언어의 전前-언어적 기원을 재현할 수 없다. 게다가 구조주의자들은 우리가 언제나 구조 안에, 즉 결코 외부로 벗어날 수 없는 재현의 체계 안에 머문다고 본다. 구조주의의 문제에 실제로 대응하기 위해서는 재현의 형식들을 확장하거나 전복할 필요가 있으며, 재현의 체계들을 생산하는 힘들에 대해 생각할 필요가 있다. 들뢰즈는 이것이 우리가 우리의 개념들에 관한 현재의 용어법과 통설을 받아들이지 않을 때에 비로소 문제들을 참으로 사유할 수 있음을, 혹은 그것들에 응답할 수 있음을 뜻한다고 보았다.

이런 철학적 동기부여는 또한 1960년대 말의 사건들에 대한 정치적 응답으로 볼 수도 있다. 대부분의 후기구조주의 사상가들이 정치 또한 재현의 통상적 관념들을 넘어서야 할 필요성을 절감한 것은

1968년의 사건 이후였다. 즉 정치학을 계급이나 집단의 경합하는 주장들로 〔환원해〕 이해하지 말아야 할 필요가 있었던 것이다. 우리는 그런 계급과 동일성이 어떻게 형성됐는지 살펴보아야 한다. 당대의 정치적 지형이 어떻게 출현했는지를 이해하기 위해 전前-재현적 수준으로 가볼 필요가 있다. 어째서 우리는 정치학을 경제에 기반하고 동기부여된 개인과 계급 사이의 경쟁관계로 이해하는가? 계급정치학은 여러 가지 이유로 1960년대 말에 문제적인 주제가 되어버렸다. 우선 — 가장 두드러지게는 러시아와 중국에서 — 경제혁명들이 일어났고, 새로운 것으로 여겨지는 공산국가의 형태들은 이전의 시장경제의 전제적 횡포보다 더하지는 않다고 해도 그에 맞먹을 정도로 억압적이었다. 이것은 경제의 전복 이상의 것이 요구됐음을 시사했다. 말하자면 변화는 우리가 인간의 삶에 대해 사유하는 방식들 자체에서부터 시작되어야 할 것이다.

실존주의, 현상학, 인간주의 : 현실적인 것에서 잠재적인 것으로

1968년의 문제는 통상적인 설명에 따르면 대략 이러하다. 2차 세계대전 이후 프랑스인들 대부분에게 지배적인 사유의 형식은 실존주의와 현상학으로, 양자 모두 맑스주의에 기대고 있었다. 장-폴 사르트르 Jean-Paul Sartre(1905~80)의 표현에 따르면, 실존주의는 인간 본성과 같은 궁극적이고 불변하는 본질들이 있다는 관념을 전복할 필요가 있다고 주장했다. 인간 존재란 결단의 과정들에 다름 아니며, 삶의 매 순간에 우리는 "근본적으로 자유롭다". 규칙이나 의미나 본질 따위는 없고, 다만 우리가 우리의 실존을 통해 만들어내는 것들이 있을 뿐이다(Sartre, 1973). 자유가 무슨 특질이나 속성 같은 것이어서 우리가 소유하거나 소유하지 못한다는 뜻이 아니다. 자아 혹은 '우리'가 있는 것이 아니라, 우리의 자유로운 실존을 통해 생산되는 것만이 있다. 모든 행위와, 우리가 세계에 대해 사유하는 모든 방식은 궁극적으로 정초되지 않는다. 인간 본성, **신**, 생물학 혹은 결정론 등에 관한 모든 논급들은 우리가 자신에 대해 내리는 결단들이다. 결단하고 스스로를 규정하지 않는 자연적 존재와는 달리, 인간 존재는 자기-규정적이다(Sartre, 1957).

 실존주의와 관련이 있는 운동인 현상학 또한 인간 세계는 인간의 삶이 세계를 의미 있는 기획으로서 생산하고 구성하기 때문에 가능할 수 있다고 주장했다. 뜻과 의미에 대한 인간의 기획 바깥에는 어떤 '세계'도 없다는 것이다(Husserl, 1970). 우리가 세계를 가지는 것은 오직 우리가 언어를 가졌기 때문이지만, 우리가 언어를 갖고 있는 것은 오로지 우리에게 기획과 의도가 있기 때문이다. 언어는 삶에 대한 특수한 욕구들——즉 소통하고, 타인과 함께하고, 기획을 구성하고 우리의 세계에 질서를 부여하려는 욕구들로부터 발생한다. 이때 실존주의와 현상학은 모두 인간의 삶이 본질적으로 창조적이라 여기는데, 왜냐하면 거기에는 어떤 자연적인 정초도 없기 때문이다. 다르게 말하자면 인간 존재는 역사적이고 세계-형성적이다. 이런 이유로 실존주의와 현상학은 엄격하게 경제학적인 맑스주의의 실패에 응답할 새로운 형식의 맑스주의에 매우 잘 부합했다. 정통 맑스주의의 입장은 경제혁명이 일어난다면——시장이 아니라 민중이 생산을 통제하게 된다면 — 우리의 모든 이데올로기적 가상[착각]illusion들은 쓸려가버릴 것이라는 생각을 고수했다. 우리는 시장이 자유롭고 공정하며, 우리 모두가 시장경제 안에서 평등하다는 자본주의적 미망에 더는 종속되지 않을 것이며, 또한 우리가 시장과 착취의 무자비함으로부터 풀려날 때 우리의 관념들은 해방될 것이다. 현상학과 실존주의는 인간적 의미를 유물론적 혹은 경제적 힘들의 우위에 놓았다. 즉 우리의 세계를 변화시키기를 원한다면 사유 방식을 변화시켜야 한다. 우리는 우리 관념들의 구조 자체를 변형시킬 필요가 있다.

현상학과 실존주의에 결부된 맑스주의는 정치혁명이란 인간의 삶이 자연적이고 불변하는 것처럼 보이는 저 모든 과정들 — 이를테면 노동 조건, 착취, 경제적 결정론 — 이 변화 가능한 인간 실존의 결단들이라는 것을 인식할 때 비로소 시작될 수 있다고 주장했다(Sartre, 1976). 1968년의 사건은 이런 인간 자유의 우선성과, 그것에 맑스주의 혁명을 위임한다는 개념의 발전 속에서 전환점을 이뤘다. 여기에는 사유의 혁명을 위해 매진하기 시작한 수많은 프랑스 지식인들의 노력이 수반됐다(May, 1994). 그와 같은 혁명은 우리에게 인간의 자유와 고유한 존엄에 대한 해명을 제공하는 것이 아니었다. 그것은 차라리 통일된 역사, 인간의 자유 그리고 맑스주의가 이데올로기를 제거해 우리의 '진정한' 관심들을 드러내는 것을 강조하는 데 도전한다. 나아가 이제 단순하게 인식됐던 확실하고 보편적인 인간 자유의 가치와 실존에 관한 물음들이 제기되면서, 들뢰즈와 같은 저자들은 광기, 급진적 예술, 아방가르드와 같이 비합리적인 것으로 보이는 사유 양태들을 강조하기 시작했다. 전통적인 — 계급집단들, 경제적 기준, 재현 등에 기반한 ── 맑스주의 및 정치학과 우연한 붕괴, 비-동일성, 훨씬 근본적인 의미의 자유 등에 기반한 후기구조주의 정치학 사이에 분할이 이뤄지고 있었다.

　인간의 자유는 유일무이한 문제가 됐다. 인간 존재가 자유롭다면 이것은 생산의 힘들로부터 해방될 수 있는 어떤 궁극적인 '인간'이 있다는 뜻인가? 아니면 근본적인 자유란 더 이상 정치학이 호소할 수 있는 어떤 인간 본질도 존재하지 않는다는 뜻인가? 이 모든 것이 1968년의 학생 데모와 붕괴들[파열들]에서 곪아 터질 지경에 이르렀다. 1960년대 말 유럽 전역에서는 임의적이고, 고려되지 않았으며, 경제적으로 규정된 노동자계급보다는 학생과 지식인에 의해 추동된 저항들이 일어났다. 이런 붕괴의 여파 속에 정치학은 더 이상 경제적 계급들과 거대하거나 '몰적인' 집단화의 문제가 아니라는 인식이 이뤄졌다. 지식, 관념, 동일성의 수준에서 지엽적인 붕괴는 정치적 지형을 변형시킬 수 있다.

　들뢰즈와 다른 사상가들은 잠재적인 것의 정치학을 열었고, 그것은 더는 경제와 같은 현실의 유물론적 실재성이 관념들을 생산했다는 것을 받아들이지 않았다. 많은 이들이 잠재적인 것(이미지, 욕망, 개념)이 사회적 현실을 직접 생산한다고 주장했다. 이것은 이데올로기라는 단순한 관념, 즉 이미지들과 신념들이 우리의 현실 사회의 상황들에 관해 우리를 속이기 위해 지배계급들이 만들어낸 것이라는 관념을 전복시켰다. 우리는 어떤 궁극적인 정치적 실재성 또는 현실성이 우리의 모든 이미지들 배후에 존재한다는 관념을 폐기해야 한다. 이미지들은 단지 어떤 근원적인 경제적 원인의 표면 효과만이 아니며,

이미지들과 잠재적인 것은 그 나름의 자율적 힘을 가진다. 이것이 구조주의와 1968년 이후의 정치학이 교차했던 지점이다. 우리는 우리의 언어와 재현 체계를 현실적인 것의 가면 혹은 기호로만 볼 것이 아니라, 그들 자신의 권리상 완전한 실재적 힘들로 보아야 한다. 우리가 사유하고 말하고 욕망하고 세계를 보는 방식은, 그 자체로 정치적이어서 관계들과 효과들을 생산하고 우리의 신체들을 조직화한다.

1968년 이후의 철학과 정치이론은 '일반적으로 공유된 인간 인식의 어떤 궁극적 개념에 의존하지 않는 정치학이 존재할 수 있을까?'라는 문제에 대한 응답으로 보인다. 공유된 인간 본성이나 본질이 실제로 없다면, 또한 역사가 실제로 결단이고 자유라면, 우리는 어떻게 어떤 정치적 운동을 정당화할 수 있을까? 무엇보다도, 궁극적으로 경제 집단이나 계급에 의존하지 않는 정치학을 사유하는 방식이 존재하기는 하는가? 정치적 주체로서 인간의 이미지가 삶과 욕망의 힘들 자체로부터 생산되는 방식들을 묻는 탈인간적 정치학은 존재할 수 있는가? 이것은 우리가 비-경제적인 사건들의 현동現動적 힘을 인식할 필요가 있음을 의미한다—1968년 이후 프랑스에선 이것이 철학의 일반적인 기획이었다. 예술, 문화, 이미지들, '감정'affect들은 문화적이고 정치적인 삶의 구별되는 힘들과 항들을 단순히 재현하기보다는 생산한다. 이는 정치학이 인간들 사이의 양자적이거나 다자적인 관계들에 관한 것이 아니라는 의미다. 들뢰즈는 삶의 힘들과 흐름들로부터 구별되는 인간 행위자의 생산에서 정치학이 시작된다고 본다. 그리고 이것은 들뢰즈가 거의 모든 그의 저작을 통해 상이한 방식들로 표현할 문제를 제기한다. 문제인즉, 사유는 그것에 선행하고 그것을 생산하는 힘들 또는 차이들을 파악할 수 있는가? 혹은 들뢰즈 자신의 용어법대로 한다면, 미시정치학은 과연 존재할 수 있는가? 이 문제는 인간에 대한 우리의 이미지가 인간의 결단 바깥에 놓인 사건들로부터 형성되는 방식들을 고려하게 한다. 이언 부캐넌Ian Buchanan은 이것을 '메타주석' metacommentary이라고 부르면서 들뢰즈를 훨씬 더 근본적인 맑스주의적 전통 속에 자리매김했다. 사유의 과업은 정치적이고 문화적인 지형을 생산하는 힘을 지각하는 것이지, 단순히 그 지형에 대한 기존의 항들을 수용하는 것이 아니다(Buchanan, 2000).

페미니스트들 또한 인간주의의 폐쇄된 물음들을 넘어서 사유하는 데 들뢰즈의 저작이 유용하다고 여겼다. 페미니즘과 같은 운동들은 종종, 우리가 모두 평등함을 주장하는 가운데 여성을 인류humanity에 포함시킬 것이냐 여부를 두고, 혹은 여성의 본질적 차이를 주장하느냐 마느냐를 두고 입장이 갈리곤 한다. 시몬 드 보부아르Simone de Beauvoir(1908~86)의 저작과 같이 실존주의와 현상학을 따르는 페미니즘은 여성들이 언제나 남성의 대립자 내지 부정인 '타자'로서 규정된다고 주장했다(Beauvoir, 1969). 들뢰즈에게 경도된 페미니스트들은 남성과 여성의 이미지는 모두 전前인간적이고 미시정치적인 산물들의 결과이며, 서로 정초하거나 선행하지 않는 관계와 접속의 다양체를 통해 생산됐음을 주장하면서 앞에서 말한 부정적 해석에 도전한다. 『천의 고원』에서 가장 유명한 구절들 중 하나인 '천 개의 작은 성들' a thousand tiny sexes이라는 표현은 엘리자베스 그로츠Elizabeth Grosz와 같은 저자들에 의해 차용됐는데, 그는 통일된 인간의 신체를 욕망과 생성의 과정들의 효과로 본다(Grosz, 1994a). 실존주의와 현상학에 반反해, 들뢰즈는 우리가 자신에 대해 가지고 있는 이미지가 무엇이든 우리는 우리의 능동적 선택 너머에 놓인 힘들에 감응한다고 주장했다. 자유는 자기-현시적 인간 행위자들의 고립된 결정이 아니라 확장된 지각작용만이 접근할 수 있는 우리 자신 너머의 모든 힘들을 긍정하는 힘으로서 재정의되어야 한다.

탈인간적 차이

들뢰즈는 철학에 관한 최초의 저작부터 정치학, 예술, 문화 등에 대한 참여에 이르기까지 탈인간적 문제에 천착했다. 인간 존재나 정치적 계급들과 같은 인식 가능한 실체들을 생산하는 힘, 차이, 과정 혹은 (그의 용어를 빌리면) '종합' synthesis은 무엇인가? 구조주의식으로 말하자면 우리는 문제를 이렇게 표현할 수 있다. 우리를 질서 있고 의미 있는 세계에서 살도록 해주는 것은 언어, 문화, 정치학의 구조들인데, 이 구조들을 생산하는 차이의 힘들은 과연 무엇인가? 정치적인 언어로 말하자면, 자본주의와 자유로운 인간 행위자의 이미지를 포함하여 역사의 다양한 정치 영역들을 생산한 힘들과 권력들은 무엇인가?

우리가 이것을 들뢰즈의 문제로서 받아들인다면, 우리는 그가 (자기 세대의 그 많은 프랑스 이론가들과 마찬가지로) 그토록 읽기 어려운 이유를 알 수 있다. 사유함과 인간의 삶에 고정된 본질이 없다면, 그리고 사유함이 사유 자체에 의해 결정되지 않은 힘들의 효과라면, 이때 우리는 끊임없이 문제들을 생산하는 글쓰기 스타일을 생산할 필요가 있다. 단순히 한 문화 내에서 작동하는 물음들과 항들을 받아들이는 대신, 우리는 그것이 어떤 것이든 사유의 체계가 의존하는 가정, 명제, 구별 혹은 차이들을 살펴보아야 (하고 변형시켜야) 할 필요가 있다. 그러나 이것이 좁은 의미에서 언어를 살펴보는 것을 의미하지는 않는데, 언어란 단지 보다 심층적인 차이생성적differential 힘들을 표현하는 것이기 때문이다. 우리의 언어가 우리의 세계를 분할하는 방식은 훨씬 더 미묘한 차이들의 기호이다. 일례로, 오늘날 영어에서는 총칭으로 'he'나 'man' 대신에, 'they'나 'he/she'나 'humanity'의 사용이 일반적인 일이 됐다. 이 변화의 배후에 있는 관념은 우리가 더는 남성을 기준으로 두고 여성을 부차적이거나 무관한 존재로 치부해서는 안 된다는 것이다. 언어를 변화시키는 것은 우리의 사고 속에서 이런 편견을 극복하는 것이 될 것으로 가정된다. 그러나 들뢰즈는 문제가 훨씬 더 심층에 있다고 보았다. 우리는 어떻게 해서 보편적 인간이라는 관점에서 생각하게 됐을까? 우리의 어휘 목록에서 한 단어를 바꾸기란 우리의 사고 속에 훨씬 깊게 자리한 몰입과 집착을 제거하거나 조명하는 일이 아니다. 우리가 해야 할 일은 우리가 그것을 가리키는 데 쓰는 구체적인 단어가 무엇이든, 인간이라는 개념 혹은 의미 자체를 생산하는 힘들과 역사와 전제들을 살펴보는 것이다. 언어는 분명히 우리가 우리 사고의 구조와 전제를 아는 한 가지 방법이다. 그러나 우리는 우리 사유의 영역 자체를 변화시켜야 한다. 그저 이런저런 단어가 아니라, 우리의 사유를 정향하는 개념적 관계들과 의미를 변화시켜야 하는 것이다. 들뢰즈의 영향을 받은 일부 사상가들은 인간의 삶의 '탈인간적' 역사들을 쓰기 시작했다. 마누엘 데 란다Manuel de Landa는 『일천 년의 비선형적 역사』*A Thousand Years of Nonlinear History*(1997)

에서 충적층의 이동이나 퇴적작용과 같은 지질학적 운동들을 인간의 도시 형성을 읽는 데 어떻게 이용할 수 있는지 살펴보는가 하면, 『지능화기계 시대의 전쟁』 *War in the Age of Intelligent Machines*(1991)에서는 제목이 암시하듯 과학 기술의 돌연변이들이 인간의 의도들이나 신체들의 외부의 작용과 상호작용들에 어떤 영향을 미칠 수 있는가에 주목한다.

언어는 여러 구조들 가운데 단지 하나의 구조이며, 좀더 심층적인 전前인간적 차이들을 표현한다. 우리가 그것을 통해 살아가는——언어나 문화와 같은——분화된 구조들은 지각 불가능한 차이들의 조직화 혹은 '코드화' 된 형식들이다. 이런 차이들은 그것들이 어떤 체계적 형식 속에 질서 지어지고 조직화되고 재현되지 않았다는 바로 그 사실 때문에 '지각 불가능' 하다. 예컨대 우리가 한 단어를 들을 때 그 단어를 이루는 모든 상이한 분절 발음들의 차이들을 일일이 구별해 듣지 않는다거나, 어떤 무리를 동일한 종種에 속하는 것으로 판별할 때 유전적 차이들은 지각하지 않는다는 사실을 한번 생각해보자. 이런 분자적인 차이들은 생산적이고 현동적이다. 우리는 이런 소리의 변화나 유전적 변이가 없이는 언어나 종들을 가질 수 없다. 그러나 우리의 지각작용이나 세상을 살아가는 방식은 이런 차이들을 마치 규범이나 형식에서 일탈한 양 부정적인 것으로 간주한다. 들뢰즈는 서양의 사유가 이런 생산적인 차이들을 부정적인 것, 마치 개념들과 바람직한 사유함 바깥에 놓인 어떤 것처럼 취급하는 재현의 교의에 천착해왔다고 본다(DR). 이에 반해, 들뢰즈는 이런 현동적이고 지각 불가능하고 생산적인 차이들을 가능하게 하는 사유함에서의 연속적인 혁명을 긍정하면서 철학과 정치학을 결합시킨다. 들뢰즈는 대체로 이런 전前인간적이고 전前언어적이고 심층적인 차이들의 총체성이나 면面을 여러 방식으로 언급하는데, 이를테면 추상기계, 카오스〔혼돈〕, 탈기관체, 차이 자체〔즉자적 차이〕, 잠재적 다양체 등이 그것이다. 그가 단일하거나 시종일관한 용어를 사용하지 않는 이유는 문제의 본성과 관련이 있다. 우리가 이 차이의 심층적 면에 대해 가질 수 있는 어떤 사유나 이미지도 언제나 차이의 한 부분이나 그 표현을 파악할 뿐이다. 우리는 우리의 용어들과 차이들을 지속적으로 전복하고, 의문을 제기하고, 붕괴시킬 필요가 있다. 진정한 사유함은 '자기-결정적인 합리적 인간'과 같은 '사유의 이미지'로부터 작동하지 않는다――그것은 그것의 모든 결정된 이미지들 너머로 사유를 가져가려고 한다(DR, 276).

이것이 들뢰즈가 실존주의와 현상학에 반대하는 이유이다. 그는 인간의 삶이 그 결단들을 정초할 수 있는 궁극적인 의미나 고정된 본질이 없다는 생각을 인정한다. 그러나 그는 이로 인해 인간의 삶이 자기-결단적이고 자기-결정적이 된다고 주장하지는 않는다. 그는 자유롭고 그 자체의 생성을 책임지는 인간의 삶과 단순히 '즉자적'이고 결정된 자연 사이의 구별을 받아들이지 않는다. 모든 생명은 부단한 생성/되기이며 거기에는 비유기적, 유기적, 심지어 잠재적 생명까지도 포함된다. 우리는 자연이 단순히 존재하는 데 반해, 인간은 자신의 존재를 결단한다는 개념을 폐기할 필요가 있다. 첫째로 우리는 모든 자연을 결단으로, 그것이 대면하고 횡단하는 모든 힘들에 창조적으로 응답하는 것으로 볼 수 있다. 둘째로 우리는 인간의 결단이라는 개념을 재고할 필요가 있는데, 왜냐하면 우리는 '우리'가 누구인지를 결단한다기보다는 힘들이 우리를 '결단하기' 때문이다. 우리의 언어, 우리의 유전자, 우리의 신체, 우리의 욕망, 역사적인 힘, 사회적인 힘 — 이 모든 것들이 교차하고 지속적으로 변이하기 때문에 우리의 존재는 기원 혹은 목적이라는 한 지점으로 소급될 수 없다. 인간적인 관점을 받아들이고 세계를 인간적인 의미로 설명할 것이 아니라, 의미와 인간 삶의 과정들이 본질적으로 전前인간적인 것으로부터 생산되는 과정을 살펴볼 필요가 있다.

차이의 기획

들뢰즈는 아마도 20세기의 사상가들 가운데 가장 어렵고 도발적인 인물 중 하나일 것이다. 이런 원인 중 일부는 그의 기획이 지닌 성격 자체에 있다. 우선 들뢰즈는 모든 사유함이 창조적이고 긍정적affirmative이어야 한다고 주장했다. 이는 철학이 이미 주어진 문제들에 대한 정답을 찾는 것이 아니라, 오히려 새로운 개념들과 문제들을 창조하는 것임을 뜻하며, 철학자가 다른 문화적 현상들, 이를테면 예술이나 문학이나 영화나 과학과 조우할 때 그는 거기에 어떤 숨겨진 진실이나 의미가 있는 것으로 가정해 그것을 밝혀내려 할 것이 아니라 능동적이고 창조적으로 응답해야 함을 의미한다(그러나 그렇다고 어떤 응답이든 좋다는 것은 아니다. 사유는 의미들을 세계에 강요하지 않는다. 우리는 세계가 우리에게 영향을 미치거나, 우리를 휘어잡거나, 우리의 고정되고 상-식적인 지각방식을 강탈하도록 허용할 때 비로소 사유한다). 들뢰즈의 방법은 재현의 반대편을 향한다. 즉 정적이고 무의미한 세계가 있고 우리가 문화를 통해 거기에 질서를 부여하거나 그것을 재현한다는 관념의 반대편을 향한다. 기호는 '우리'가 소통하기 위해 사용하는 독창적인 인간적 구성물이 아니다. 모든 생명은 상호작용하는 기호들의 면이다. 우리는 기호와 코드의 세계에 대면한다. 그것은 생물학, 유전학, 역사, 정치학, 예술, 환상의 체계들과 계열들이다. 또 기호들의 각 계열들은 나름의 차이의 선線들, 예컨대 유전적 차이, 화학적 차이, 감각이나 음향이나 색채 등의 차이를 창조한다. 모든 구체적인 차이의 양태들은 순수하고 현동적인 차이에 의해 가능해진다. 그것은 들뢰즈가 생명 자체라고 보는 '차이생성적 힘' differential power이다.

우리가 단순하고 비변별화된 삶을 [먼저] 가지고 있어서 기호나 재현이나 언어를 통해 그것을 변별화하는 것이 아니다. 문화의 기호는 보다 심층적인 차이의 효과이다. 이것은 우리가 어떤 기호를 그것이 단순히 재현하는 어떤 것으로 소급해서는 안 된다는 의미다. 대신 우리는 기호들과 차이들이 어떻게 증식하는지를 파악해야 한다. 사건과 텍스트 배후의 의미를 찾는 대신에 우리는 의미 있는 텍스트들이 어떻게 창조됐는지를 물을 필요가 있다. 들뢰즈는 이를 통해 우리가 철학 특유의 힘으로 나아간다고 본다. 그것은 단순히 학문적인 기획이 아니라 삶의 결정적인 사건이다. 철학은——이미 주어진 기호와 전통들을 통해 작동하는 상-식과는 반대로——새로운 기호나 개념의 창조로서, 우리로 하여금 차이의 출현을 사유하게 해준다. 그러므로 철학자들은 선함이나 인간이 무엇인가 하는 정의를 우리에게 내려주어서는 안 된다. 오히려 철학자들은 단지 인간이 무엇인가라는 물음으로 우리를 이끄는 개념들을 창조해야 한다. 예술 또한 구별되는 힘을 가진다——그리고 예술 또한 상-식에 대립된다.

철학자들이 우리가 차이에 대해 사유하도록 도와주는 개념들을 창조한다면, 예술은 독특한singular 차이들, 즉 색채나 음향이나 음조나 감성sensibility의 존재 자체를 드러낸다(WP, 164). 그렇지만 예술도 철학도 과학도 재현이나 해석의 형식들이 아니다. 그것들은 우리의 사유 행위들 외부에 수동적으로 놓여 있는 세계를 재-현하지 않는다. 철학은 해석이 아니며, 인간 삶의 모든 사건들에서 인간 본질을 발견해내는 것이 아니다. 철학은——예술과 과학이 그렇듯——차이들을 **창조해야 한다**. 들뢰즈는 철학이 우리로 하여금 다른 모든 기호들을 해독하게 해주는 어떤 메타-코드가 아니라고 본다. 다시 말해 철학은 모든 기호들을 어떤 의미나 뜻으로 소급해 들어가며 차이를 소멸시키는 것이 아니다. 철학은 텍스트들과 의미들이 나타나도록 해주는 그 모든 차이를 창조하고 개념화하고 긍정해야 한다. 우리는 철학을 이용해서 어떤 책이나 영화를 해석하지 않는다. 반면 문학이나 영화의 체험이 철학을 변형시키고 쇄신하게 한다. 사유함이란 '이 영화가 의미하는 것은 무엇인가?' 하고 묻는 번역이 아니라 '이 영화는 무엇을 하는가?'를 묻는 변형이다. 그리고——한 이론이나 한 영화나 한 텍스트의 힘 또는 역량에 관한——이런 물음은, 우리가 삶의 모든 사건들을 해석되어야 할 대상들로서가 아니라, 그것들이 삶에서 행위하고 개입하는 힘에 따라 선별되고 평가되어야 할 창조로서 살펴보아야 함을 의미한다.

왜냐하면 이론 역시 그것이 대상으로 삼는 것만큼이나 만들어진 것이기 때문이다. 많은 사람들은 철학을 '만들어진' 것으로 보지 않고 미리-직조된 하늘에 떠 있는 선先-실존, 이미-만들어진 것이라고 생각한다. 그러나 철학적 이론은 그 대상만큼이나 그 자체로서 하나의 실천이다. 그것은 그 대상보다 추상적이지 않다. 그것은 개념들의 실천이고, 그것이 개입하는 다른 실천들의 견지에서 판단되어야 한다. …… 사물들, 존재, 이미지, 개념, 모든 종류의 사건이 일어나는 것은 많은 실천들의 개입의 수준에서이다(TI, 280).

1_ 재현과 구조를 넘어서

어리석음과 상-식

들뢰즈는 20세기의 다른 많은 작가들과 마찬가지로 일반적인 서양의 사유가 상-식과 재현의 교의에 의해 지배된다고 보았다(DR). 재현으로서의 사유라는 개념 자체가 어떤 객관적, 현재적, 실재적, 외부적인 세계가 있고, 사유는 마치 그 세계에 대한 수동적인 그림이나 사본과 같아서 세계를 재-현한다고 가정한다. 현실적 세계(실재계)가 [먼저] 있고, 그것의 잠재적이고 부차적인 사본이 있다는 것이다. 들뢰즈는 이런 위계를 역전하고 잠식하고자 한다. 현실적인 것과 잠재적인 것은 모두 실재이고 잠재적인 것은 실재계에 종속된 것이 아니다. 반대로 잠재적인 것은 과거, 현재, 미래의 일의면—義面, univocal plane이다. 다시 말해 현재 존재하고 과거에 존재했으며 미래에 존재할 모든 것의 총체성이다. 그러므로 열린 총체성 또는 전체는 결코 완전히 주어지거나 완결되지 않는다. 그렇기 때문에 잠재적인 것은 특수한 형태들로 현실화될 수 있다.

　최상의 모델은 아마도 진화일 것이다. 생명은 부단히 창조하고 변형하며 전적으로 열린 면面이지만, 특정한 생명의 양태들만이 구체적으로 현실화될 것이다. 예컨대 DNA는 상이한 생성들이 현실화되는지 여부에 따라 현실화될 수도 그렇지 않을 수도 있는 잠재적인 생성 또는 정보를 가지고 있다. 키스 안셀-피어슨Keith Ansell-Pearson은 잠재성에 대한 들뢰즈의 철학과 정치학을 근본적인 진화이론의 입장에서 가장 잘 이해할 수 있다고 말했다(Ansell-Pearson, 1999). 생명을 종種과 유기체의 이득을 위한 보존과 선택의 분투로 이해하는 다윈적인 진화에 반해, 들뢰즈는 진화를 창조성과 차이 자체의 분투에 강조점을 두고 이해한다. 진화는 종이나 존재의 창조를 수행하기 위해 진행되지 않으며, 현실적인 목적이나 이미 현재하는 유기체에게 지배되지도 않는다. 진화는 그 자체로 하나의 잠재적 힘이다. 요컨대 그것은 유기체들을 관통하는 변화와 생성을 위한 능력capacity 또는 포텐셜이다(예를 들어 이것은 유성생식이 '우리'가 우리의 종을 지속시키기 위해 하는 어떤 일이 아니며, '우리'가 변이variation를 위해 실존하고 생식작용한다는 의미일 것이다. 성욕은 '우리'가 가진 본능이 아니라, 우리를 관통하고 우리를 넘어서는 어떤 것이다). 진화의 목적은 변화와 창조 그 자체이지, 어떤 현실적 존재의 창조가 아니다. 가령 안셀-피어슨에 따르면, "정밀한 정의의 어려움 때문에 다윈의 근심을 유발했던 개념인 종은 그것이 생명의 잠재적-현실적 운동과 맺는 관계에 있어서 하나의 초험적 가상이다. 왜냐하면 그것[종]은 언제나 개체화의 생산을 향해 진화해나가기 때문이다"(Ansell-Pearson, 1999, 93). 과학의 새로운 발전들과 대면함으로써, 철학과 사유와 인간은 자신을 변형시킬 수 있다. 우리는 더 이상 우리 자신이 누구인가 하는 것(현실적인 것)을 생명에 대한 바탕이자 척도로 상정하지 않는다. 다시 말해 우리는 생명을 우리로 하여금 예측 불가능한 미래로 가게 해줄 생성을 위한 잠재적 힘으로 인식할 것이다.

　　재현과 상−식의 관점에서 현실적 세계는 하나의 정초 또는 외적 원형(초월성)을 제공하고, 사유는 그 현실적인 것의 충실한 사본이나 복제가 되어야 한다. 우리가 이를 받아들인다면, 사유는 어떤 외부 혹은 외적 현실(초월성)을 인식하는 정밀성이나 정확함이나 정도에 따라 평가될 것이다. 이것은 우리에게 상−식이라는 어떤 개념('우리가' 그 속에서 사유해야 하는 정확한 방식)을 제공한다. 들뢰즈는 철학이 바로 이런 독단적인 사유의 이미지, 세계를 수동적이고 충실하게 재인하고 표상하는 주체의 관념에 지배되어왔다고 본다(DR). 그는 철학이 종종 ― "이것은 탁자이다"와 같은 ― 재인의 가장 '유아적인' 예들로부터 출발하지만, 차이, 폭력, 창의력을 지닌 실재적 사유함은 일상의 상−식에서가 아니라 어리석음, 창조성, 심지어 악의와 같은 기괴한 경우들 속에서 드러난다고 주장했다. 상−식에서 출발한다면, 우리는 경험의 1차적인 양태를 외적 대상들이나 사실들에 대한 재인으로 삼게 될 것이다. 이때 우리는 문학이나 예술을 2차적 표상으로 보게 된다. 하지만 우리는 무슨 권리로 이 재현적 사유의 형태를 정초적이거나 전형적인 것으로 선별했는가? 재현적 사유는 차등화되고 변별화된 세계가 〔먼저〕 있어서 우리가 그것을 충실하게 재현한다고 가정한다. 다시 말해 그것은 사유 자체가 차이를 만드는 것을 허용하지 않으며,

차이를 생성하는 현동적이고 창조적인 힘으로 보지 않는다. 사유가 단순히 재현이라면, 우리는 차이를 단지 우리가 재인하는 상이한 존재들의 차이로서만 상상할 수 있을 것이다. "재현의 세계는 그것이 차이 자체[즉자적 차이]를 생각하지 못하는 것으로 특징지어진다"(DR, 138).

재현에 반대하여, 그리고 사유의 배후에 선한 의지와 상-식을 갖춘 표준적인 사유자가 있다는 가정에 반대하여, 들뢰즈는 매우 상이한 가능성들을 증명하는 사유함의 다른 실례들을 제안한다. 어쩌면 상-식이 아닌 어리석음이 우리에게 사유가 반드시 올바름의 원형들에 합치할 필요는 없음을, 또한 예술이 정보를 전달하는 또 다른 방식이 아님을 보여줄 수 있을 것이다. 아마도 사유함이란, 주체가 사실들의 어떤 세계를 판단하는 일은 아닐 것이다. 들뢰즈는 사유함이 우리에게 일어나는 사건이라는 점을 강조한다. 그것은 하나의 결단에 정초하는 것이 아니다. 다시 말해 사유함은 상이한 외적 대상들의 목록을 작성하는 일이 아니다. 사유함은 우리를 침입한다. 실제로 사유의 행위에 선행하고 그것을 통제하는 '우리'나 주체나 개인은 존재하지 않는다. 사유함이 [먼저] 있다. 그리고 그 저자인 어떤 주체 혹은 상-식이 있었다는 가정은 다름 아닌 사유의 사건들로부터 나온다. 사유함은 그 자신이 아닌 것에 의해 차이생성한다.

> 사유는 1차적으로 침입, 폭력, 적敵이다. 또한 [사유는] 어떤 지혜에 대한 사랑[philosophy]도 전제하지 않는다. 오히려 모든 것은 지혜에 대한 혐오[misosophy]에서 출발한다. 사유가 자신이 사유하는 것의

상대적 필연성을 보증해준다고 기대하지 말자. 오히려 사유하도록 강제하는 것과의 우발적인 조우〔마주침〕를 기대하고, 사유 행위 혹은 사유하려는 정념passion의 절대적인 필연성을 육성하자. 진정한 비판과 진정한 창조의 조건들은 동일하다. 다시 말해 스스로를 전제하는 사유의 이미지를 파괴하는 것과 사유 자체 안에서 사유함의 행위를 발생시키는 것은 동일하다.

세계 내의 어떤 것은 우리로 사유하도록 강제한다. 이 어떤 것은 재인의 대상이 아니라 근본적인 조우*encounter*이다(DR, 139).

들뢰즈는 서양의 사유에 널리 퍼져 있는 교의들의 한 예로서 플라톤Platon의 대화편들을 인용한다. 물론 그는 (데카르트, 칸트, 헤겔을 비롯해) 자신이 겨냥하는 철학자들도 모두 사유를 재인과 상-식 너머로 이끄는 적극적인 통찰을 제공했다고 주장한다. 어쨌든 플라톤의 대화편들은 (데카르트의 『성찰』이나 칸트의 '비판' 3부작처럼) 이미 변별화된 존재들에 대한 단순한 재인을 사유의 형식으로 고양한다.

여기에 철학의 이중의 큰 위험이 놓여 있다. 우선 재인 행위가 존재하고, 〔그것이〕 우리의 일상적 삶의 커다란 부분을 차지하고 있음은 명백하다. 말하자면 '이것은 책상이다', '이것은 사과이다', '이것은 밀랍 조각이다', '안녕하세요, 테아이테토스?' 등을 예로 들 수 있다. 그러나 누가 이런 행위들에 사유의 운명이 걸려 있다고, 그리고 우리가 인식할 때 〔그때 우리는〕 사유하고 있는 것이라고 믿을 수 있을까?(DR, 135)

플라톤의 대화편들에서는 올바른 견해를 가진 사람과 오류를 범하는 사람 사이의 대립을 설정한다. 그러나 철학자들이 고려하지 않는 것은 어리석거나 사악하거나 악의에 찬 사람들이다(DR). 논리학이나 수학의 기본 원리들에 동의한다면, 어느 부분에서 틀리거나 오류를 범할지를 집어내기는 쉽다——그리고 대부분의 철학은 마치 우리가 모두 오류를 정정하고 그로부터 벗어날 수 있는 기본적인 논리를 공유한 듯이 쓰여진다. 그러나 우리가 기본적인 규칙들을 인식하지 않거나 인식하기를 거부한다면 어떨까? 들뢰즈는 도스토예프스키의 『지하생활자의 수기』에 등장하는 지하의 남자를 인용한다. 그는 인간, 공유되는 것, 자명한 것 등으로 인식되는 모든 것과 대립하고자 하는 욕망에 내몰리는 사람이다(DR). 또한 우리는 대중문화에서 취한 비재현적 사유의 사례들에 대해서도 생각해볼 수 있다. 우리가 가장 기괴한 논리의 형식을 취하는 시추에이션 코미디의 인물들을 보며 느끼는 부조리한 즐거움이나, 토크백 라디오〔청취자 전화 방송〕를 듣거나 모든 종류의 불법 접속들을 접해 들을 때 느끼는 분노 같은 것들이 그 사례이다.

이런 사유함의 경험들은 우리 모두에게 공유되는 인간의 기본적인 합리성을 가정하는 것이 얼마나 부조리한지를 보여준다. 그러나 오늘날에는 논리학이나 수학조차도 우리가 어떤 사유의 일반적 규범을 인식하는 것을 어렵게 한다. 수학이론의 본성에 대해 대립하는 논리들과 근본적인 논쟁들이 존재한다. 일단 하나의 논리 체계를 받아들이면 우리는 모두 동의한다. 그러나 다른 체계에서 작업하는 사람이 틀렸거나 오류를 범한 것은 아니다. 예컨대 코미디에 등장하는 비

논리적인 인물처럼, 그는 접속하고 결론을 내리는 전혀 다른 방식 안에서 작업한다. 들뢰즈는 실재적 사유함이란 우리 모두 인식하는 어떤 체계 안에서 상징들을 조작하는 것이 아니라고 말한다. 다시 말해 그것은 반反체계적이고 재인 불가능하고 어쩌면 '탈인간적'이다. 어리석음이나 악의는 오류와는 다르며, 어리석음은 단지 〔'양-식' bon sens과 같은〕 바람직한 사유함의 규범 내에서 실수를 저지른 것이 아니다. 그것은 동일한 규범들을 갖지 않는다. 그것은 전적으로 상이하거나 벗어난 논리를 채택한다(DR).

    들뢰즈는 어리석음과 악의가 사유와 차이에 관한 것을 밝혀주기 때문에 중요하다고 본다. 철학자들은 세계를 마치 이미 의미 있고 동일화 가능하며 논리적으로 질서 지어진 양 다루면서, 사유함을 세계의 고유한 의미와 논리에 대한 수동적 반복으로 생각해왔다. 하지만 어리석거나 악의에 찬 사유는, 사유가 세계를 그대로 복제하거나 불가피하게 또 하나의 상-식의 예를 제공하는 것이 아님을 보여준다. 사유함에는 '자연적 무감각' natural stupor이 존재하는데, 이는 바로 사유가 완전히 소유되거나 결정된 것이 아니기 때문이다. 다시 말해 사유함은 비사유적 요소 안에 있다. "어리석음은 바탕도 개체도 아니며, 오히려 그 둘을 묶는 관계이다. 이런 관계 속에서 개체화는 형상을 〔바탕에〕 부여하지 못하고 바탕을 표면으로 가져간다"(DR, 152). 들뢰즈는 어떻게 우리가 일치하고 올바르고 재인 가능하며 순응적인 하나의 사유를 고양시켜왔는지 묻는다. 그는 이런 교의적인 사유의 이미지가 차이에 대한 뿌리 깊은 거부와 결부된다고 주장한다.

무차별적 차이

재현과 상-식의 세계에서 우리는 현전現前, presence과 동일성들의 세계를 상상한다. 하나의 사물은 단순히 현재의 모습이고, 그것이 다른 것들과 갖는 차이는 현재의 모습으로 존재하는 데 영향을 미치지 않는다(나는 여성이지만, 인간 종種 가운데 남성들이 내일 모두 없어진다 해도 나는 여전히 여성으로 존재할 것이다. 내가 나 자신을 남성들과의 차이[차이 나는 존재]로 보는 것은, 오직 어떤 사물이나 사람을 나의 고유한 동일성과 나란히 놓고 볼 때만 가능하다). 이 원형에서 차이란 이미 동일화 가능한 사물들 사이의 관계이다. 적어도 18세기까지는 이것이 차이의 지배적인 개념이었고, 사유는 그런 차이들에 대한 충실한 재현으로 이해됐다. 세계는 좀더 큰 범주들(혹은 유類들)로 묶이는 동일화 가능한 종들의 체계였고, 차이는 이처럼 이미 구별된 존재들의 관계였다. 존재는 다의적多義的, equivocal이며, 다양하고 상이한 유형들로 배분된 것으로 이해됐다. 이때 언어와 재현은 이런 상이한 존재들을 조직화하는 방식일 것이다. 차이나 언어나 관계들은 존재와 동일성에 대해 부차적이거나 종속적일 것이다.

18세기 말에 독일 철학자 헤겔G.W.F. Hegel(1770~1831)은 차이에 대한 이런 이해를 '무차별적[무관심적] 차이' indifferent difference 라고 지칭했다(Hegel, 1977a, 102). 그는 차이에 대한 상-식의 시각을 공격했다. 이유인즉슨, 상-식의 시각에서 차이는 무차별적[무관심적]이며, 한 존재의 동일성에 아무런 영향도 미치지 못한다는 것이다. 의자와 책상의 차이는 동물과 식물의 차이와 다를 것이 없다. 그리고 의자, 책상, 동물, 식물 등은 그것들이 다른 사물들과 어떤 관계에 있는지와 무관하게 그것들의 현재 존재일 뿐이다. 즉 차이는 단순히 자기-현시적 존재들 사이의 외적 관계일 뿐, 차이 자체는 무차별적이다.

    19세기부터 현재까지 헤겔이 '상-식' 혹은 '무차별적' 차이라고 지칭한 이론은 지속적으로 공격을 받았다. 차이의 선행성을 실제로 역설한 최초의 철학자는 헤겔 자신이었고, 그는 차이가 없이는 어떤 존재나 동일성도 있을 수 없다고 말했다. 헤겔에게 차이는 필연적이고 절대적이며 부정적인 것이었다. 페미니즘, 인종이론, 정치이론의 주요 저작들을 포괄하는 20세기의 사유는 대부분 헤겔에게 빚진 바, 그는 어떤 있는is 것은 그것의 타자, 그것의 부정, 그것이 아닌is not 것을 통해 정의된다고 보았다. 우리는 존재의 의미를 비-존재를 통해서, 인간과 생명의 의미를 탈인간적이고 생명을 넘어서는 것을 통해서, 동일성의 의미를 차이를 통해서만 알 수 있다. 들뢰즈의 저작을 포함해서 후기구조주의는 종종 차이의 우선성에 대한 헤겔의 주장을 확장하고 비판하려는 시도로 읽혀왔다(Descombes, 1980). 헤겔은 우리가 존재가 아닌 타자라면, 즉 우리가 우리 자신이 존재임을 부정하거나 존재와 변별한다면, 오직 존재 혹은 '지금 존재하는 것'만을 사유할 수 있을 뿐이라고 주장한다. 만일 존재가 단순히 자기-현시적이고 동일하다면, 우리는 존재에 대한 개념이나 관념을 갖지 않을 것이다 (물질이나 존재가 단순히 존재한다고 상상해보라. 우리가 그것을 '물질'이나 '존재'라고 부르는 순간 혹은 그것이 존재한다고 말하는 순간, 우리는 이미 그것에 대해 말한 것이거나 그것과 관계를 맺은 것이고, 그리하여 그것은 단순히 존재나 문제로 존재하지 않게 된다. 즉 우리는 존재와 관계가 있거나 존재와 다른 것이다). 존재가 존재하기 위해서는 변별화되어야 하며, 그 존재가 존재한다고 말하는 개념도 있어야 한다. 그러므로 즉자적 존재와 존재의 개념이나 사유 사이에는 차이가 있음이 분명하다. 존재는 차이에 의해 부정되어야 한다. 존재가 알려지려면 존재하지 않는 언어나 사유나 개념이 필요한 것이다. 헤겔에 따르면, 차이의 부정하는 힘 외부로 나가는 것은 불가능하다. 우리가 언어나 개념들의 차이 외부에 있는 어떤 것을 생각하거나 지칭하고자 할 때도, 오직 개념들을 통해서만 가능하다. 전前-언어적인 것은 언어적인 것과의 차이 혹은 언어적이지 않은 것으로서만 알 수 있다. 어떤 존재들의 세계가 〔먼저〕 있어서 우리가 그것들을 서로 다른 존재로서 지각하는 것이 아니다—한 존재는 그것과 또 다른 것의 차이를 통해서만 현재 모습으로 존재한다. 현대의 페미니스트인 주디스 버틀러Judith Butler는 이 논증을 이용해 성적 동일성에 도전했다—나는 나의 '실재적' 성욕을 실행된 정형stereotype들과의 차이로서만 생각할 수 있다(Burtler, 1993). 슬라보예 지젝Slavoj Žižek은 헤겔을 이용해 문화적·국가적인 동일성을 읽었다—나는 나의 '국가'나 '공동체'를 그 공동체를 위협하는 타자와의 관계를 통해서만 생각할 수 있다(Žižek, 1991). 참으로 우리는 사유와 다른 것, 내가 아닌 것을 사유함으로써만 하나의 '세계'를 가질 수 있다. 그리고 우리는 그 세계와 다른 혹은 상이한 것으로만 '나' 또는 자아에 대한 의미를 가질 수 있다.

그러므로 헤겔은 재현적 사유함에 반해 변증법적 사유함을 정초했다(Hegel, 1977b). 프레드릭 제임슨Fredric Jameson은 들뢰즈를 이 변증법적 전통, 즉 어떤 사물이 무엇인지가 아니라, 우리가 경험하는 어떤 사물이 그것이 아닌 것을 통해 어떻게 존재하게 (혹은 생성하게) 되는지의 문제를 수용하는 전통 안에 위치시켰다. 재현적 사유는 단순히 기존의 변별화된 항들을 받아들인다. 재현적 설명에 따르면 남자는 남자이고 여자는 여자이며, 이런 동일성들이 먼저 있고 나서야 비로소 그들 사이의 모든 구체적인 차이들을 생각할 수 있다. 대조적으로 변증법적 설명에서는 남자가 남자로서 개념화될 수 있는 것은 오직 남자가 여자와 변별화되기 때문(이고 그 반대도 마찬가지)이다. 먼저 두 개의 성별이 있고 그 다음에 관계가 생기는 것이 아니라, 관계나 부정이나 대립이 있어서 그로부터 남성과 여성을 개념화할 수 있다. 남자는 출산하지 않으며, 가슴이 없고, 엉덩이가 작다. 그는 여자가 아니므로 남자인 것이다. 페미니스트들은 비록 비판적인 방식이기는 하지만, 오랫동안 여자가 남자와 관련해서 비합리적이고 남근이 없으며 신체적으로 나약하다고 정의되었다고 논해왔다.

헤겔은 어떤 사물의 존재나 동일성을 알려면 그것의 개념이 있어야 한다고 보았지만, 그 개념이란 언제나 한 사물의 단순한 직접성[무매개성]과는 다르다. 그것은 그 사물을 다른 사물들과 변별하고, 존재는 우리가 그것에 대해 가지고 있는 개념들을 통해 매개된다. 우리는 오직 차이를 통해서만 한 사물이 무엇인지, 혹은 그것이 무엇이 아닌지를 생각할 수 있다. '존재'라는 말조차도 하나의 개념이고, 우리에게 그런 개념이 없다면 무엇이 '존재한다'는 생각을 할 수 없을 것이다. 개념은 존재에 대한 사유 자체를 허용하고, 변별화를 통해 작동한다. 결국 차이는 존재들 간의 부차적이거나 무차별적이거나 단순히 외부적인 관계이기는커녕, 존재를 가능하게 해주는 것이다. 헤겔은 차이가 절대적이라고 말했다. 개념의 변별화하는 힘 외부에 존재하는 것에 대해 생각하려고 할 때마다, 우리는 개념들과의 관계 속에서 개념을 통해서만 (혹은 우리의 개념과 다른 어떤 것으로서만) 그것을 생각할 수 있는 것이다. 우리는 오로지 어떤 존재를 현재 그것이 아닌 것으로부터만 안다. 우리가 존재를 알거나 그것과 관계를 맺을 수 있는 것은 사유가 존재가 아니기 때문에, 혹은 존재와 다른 것이기 때문이다. 차이가 없이는 아무것도 사유될 수 없다. 전前-개념적이고 절대적인 것에 대한 사유는 여전히 전-개념적인 것으로서만 사유 가능하다. 그러므로 헤겔은 현존하는 세계가 [먼저] 있어서 개념들을 통해 재-현되는 것이 아니라고 보았다——우리가 현재의 세계에 대해 사유하는 것 자체가 오로지 개념적 차이를 통해서인 것이다. 경험은 개념들을 통해 매개되고 변별화되고 질서 지어진다. 들뢰즈가 헤겔의 철학을 '무한한 재현'의 철학으로 지칭한 것은(DR, 42), 세계의 재현을 세계의 존재 자체로 자리매김시켰기 때문이다. 헤겔은 존재의 세계가 재현의 변별화 과정 외부에 실존하지 않으며, '인간'은 다만 세계를 재현하는 수단일 뿐이라고 보았다.

구조적 차이

들뢰즈 자신의 시대에 구조주의는 차이에 대한 지배적인 이론이었다. 구조주의는 20세기 초에 의미 일반을 연구하는 방법으로 시작됐다. 페르디낭 드 소쉬르Ferdinand de Saussure(1857~1913)의 구조주의 언어학 이외에도 구조주의 인류학(클로드 레비-스트로스Claude Lévi-

Strauss, 1908~2009), 구조주의 대중문화 연구(롤랑 바르트Roland Barthes, 1915~80), 구조주의적 맑스주의(루이 알튀세Louis Althusser, 1918~90), 그리고 여러 구조주의 문학 분석가들이 있었다. 들뢰즈는 종종 전반적인 후기구조주의 운동에 포함되며, 그의 차이의 이론은 구조주의의 영향을 받은 동시에 그에 대해 매우 비판적인 입장을 취하고 있다.

구조주의는 일반적으로 인간의 의미에 대한 과학적 연구로 여겨졌다. 그럴 수 있었던 것은 구조주의가 역사적 분석의 모호함에 반하는 것으로서 스스로를 정의했기 때문이다. 구조주의자들은 역사를 관통하는 어떤 존재로부터 시작하는 대신에, 어떤 존재든 오직 차이의 체계를 통해서만 알 수 있다고 주장했다. 어떤 것의 역사에 대해 알려면 그 어떤 것을 변별하고 구획하는 어떤 체계나 구조가 먼저 있어야 한다. 그러므로 어떤 언어나 문화나 텍스트를 연구하려면 우선 그 언어나 문화가 어떻게 변별되는지를 생각해보아야 한다. 말하자면 한 예술 작품을 이전의 형식들이나 장르들로부터 진화해온 것으로 이해하는 대신, 그 대상을 예술로서 변별되도록 해주는 문화나 의미 체계에 대한 연구를 해야 하는 것이다. 체계나 구조는 역사나 '발생' genesis에 선행할 수밖에 없다. 헤겔은 차이가 우선한다고 주장했지만, 그 차이는 역사적이라고 생각했다. 그러므로 그 존재는 시간을 통해 변별화되거나 개념화되는 것이었(고 인간 생명은 그 자체의 역사를 반성함으로써 그 동일성의 구조를 이해하고 파악할 수 있었)다. 헤겔은 인간 생명이 우선 그것과 다른 어떤 세계(부정)를 생각해야 한다고 주장했다. 그럴 때 우리는 그와 같은 세계가 다만 그것에 대한 우리의 관념들을 통해서만 알려진 것임을 (그리하여 부정은 관념들 혹은 관념주의를 통해 생산된다는 것을) 깨닫는다. 그러나 이것이 사실이라면 우리가 가진 것은 관념들뿐이고, 관념들이 우리 자신과 세계 사이에 차이를 부여한 후에야 절대적 관념(절대적 관념주의 혹은 절대적 차이)의 변별화하는 힘에 도달하게 된다. 역사의 끝에서 우리는 차이 자체를 인식하게 될 것이고, 차이는 더 이상 사유함의 외부에 있지 않을 것이라고 헤겔은 주장했다. 우리는 차이를 이용해 사유하지 않으며, 차이는 사유가 발견하는 어떤 것이 아니다. 사유함은 차이고, 사유가 아닌 것 — 실재적인 것 — 은 차이의 효과이다.

구조주의자들은 의미와 언어에 대한 반反-역사적(이고 반-인간주의적)인 접근을 통해, 우리가 차이를 인식할 수 있다고 하는 이런 개념에 이의를 제기한다. 어떤 것에 대해 사유하려면 그것이 언어 체계에 의해 변별화되어 있어야 한다. 구조주의자들은 세계를 변별화하는 것이 사유가 아니라 언어 체계라고 보았다. 사유하거나 개념화하기 이전에 이미 차이가 조직화되도록 해주는 — 한 언어의 문자들 같은 — 변별화된 표시mark들의 체계가 있어야 하는 것이다. 사유는 자율적인 것이 아니라 소리나 표시나 '기표' signifier의 체계 안에 위치해야 하고, 그럼으로써 질서 지어진 개념이나 의미가 있게 된다. 그러므로 구조주의자들은 의미가 언어들과 같은 차이의 구조나 체계들에 의해서만 설명될 수 있다고 주장했다. 따라서 그들은 공시적(혹은 비-시간적)인 수단을 사용했다. 어떤 것이 시간이나 역사를 통해 어떻게 진행되는지 보려면 그것을 동일화한 상태여야 하고, 그것은 오직 표시들이나 기표들의 전체 체계 안에서만 할 수 있는 일이다. 이 체계는 비-시간적이다. 우리가 시간에 대해 사유할 수 있는 것은 정적인 체계가 존재하는 덕택인데, 왜냐하면 시간은 의미와 진보에 의존하지만, 의미는 항상 언어 같은 어떤 비-시간적 체계를 통해 생산되기 때문이다(시간 속의 한 지점에서 다른 지점으로의 역사적 이행에 대해 쓸 수 있는 것은, 언어처럼 그 두 지점들을 한데 묶을 수 있는 어떤 체계가 존재하는 경우에만 가능하다). 구조주의자들은 통시적이거나 역사적인 접근에 반해 공시적 수단을 채택했다.

한 언어에 대해 역사적이거나 통사적으로 연구하고자 한다면, 단어들이 이전 언어들(라틴어나 희랍어)로부터 진화한 방식을 살펴보아야 할 것이고, 의미들이 시간이 흐르면서 변화해온 방식도 눈여겨 보아야 할 것이다. 예를 들어 오늘날 프랑켄슈타인-같은Frankenstein-like 혹은 낯선 형태들을 가리키는 '괴물' monster이라는 말을 택해, 그 말이 어떻게 과거에 정신적 전조들과 연합되어 있었는지, 그리고 그것이 어떻게 라틴어 동사 *monstrare*(보여주다)에서 기원했는지를 보여줄 수 있다. 그리고 이런 과정을 통해 '괴물'이라는 말이 의미심장한significant 혹은 계시적인revelatory 존재라는 뜻을 포함하는 것을 알게 될 수도 있다. 그런 역사적 (혹은 통사적) 분석은 의미 있는 인간 역사가 [먼저] 있어서 그것이 언어들을 통해 표현된다고 전제한다. 우리는 우리의 기원과 발전을 검토함으로써 우리 자신이 누구이며 우리가 어떻게 말하는지를 이해하려고 한다. 이것은 또한 발생론적 해석이나 발생에 대한 강조로 귀결된다. 반면 구조주의적 해석은 현 체계 내의 어떤 항을 검토한다. 즉 의미의 기원을 찾으려는 어떤 관념도 포기하는 것이다. 구조주의자들에게 우리는 언제나 의미의 체계 내에 있으며, 결코 그 체계 외부로 걸어나가 그것의 기원이나 발생을 이해할 수 없다. 우리는 우리의 현재 언어와 문화가 괴물스러운 것을 정상적인 것, 비정상적인 것, 끔찍한 것, 기형적인 것과 어떻게 변별하는지를 살펴봄으로써 '괴물'이 무엇을 뜻하는지 설명할 수 있을 것이다. 우리는 한 단어가 의미하는 바를 과거를 해석함으로써가 아니라, 각각의 언어 구조가 그 세계를 어떻게 분할하는지를 살펴봄으로써 드러낼 수 있다.

구조주의자들은 해석학interpretive studies의 역사적 형태들이 비과학적이고 지나치게 인간주의적이었다고 주장했다. 그들도 헤겔과 마찬가지로 개념들에 의해 미리 변별화되지 않은 경험은 없음을 역설했다. 그러나 그들은 헤겔의 관념주의를 거부함으로써 그를 넘어서길 원했다. 헤겔은 세계에 대한 매개나 부정이나 변별화가 개념들이나 마음이나 '정신'의 활동에 의해 생산됐다고 믿었다. 구조주의자들은 세계를 변별화하는 체계들은 관념적인 것이 아니라 물질적인 것이라고 보았다. 우리가 어떤 개념들이나 의미들의 체계를 가질 수 있는 것은 언어의 소리나 활자와 같은 물질적 구조들이 존재하기 때문이다. 우리는 의미들 이전에 본질적으로 자의적이고 무의미하고 우발적인 차이의 체계들을 가지고 있어야 한다. 이것이 구조주의자들이 페이스-페인팅, 패션, 신화, 토템, 그 밖에도 좁은 의미에서 언어적이지 않은 체계들에 대해 연구한 까닭이다. 그들은 인간의 의식이나 그 역사적 발전을 전제하지 않고 기호들의 정적 체계들을 연구하는 것이 바로 자신들의 연구가 과학적인 이유라고 주장했다. 그들의 분석은 통시적이지 않고 공시적이었다. 한 사물의 발생을 살펴본다는 것은 어떤 시원적인 존재가 [먼저] 있어서 그것이 시간이나 역사를 관통해 간다는 것을 전제하기 때문에, 우리는 결코 발생론적 해석을 할 수 없다. 구조주의자들은, 사물이나 기원이 존재하는 것은 어떤 존재나 동일성이 [먼저] 있어서 그것들이 어떤 발생의 지점에서 시간을 통해 스스로를 변별화하기 때문이 아니라 다만 구조적 차이의 체계들 때문이라고 주장했다. 어떤 기원이나 발생도 구조를 통해서, 그리고 구조 안에서만 파악하고 사고할 수 있다. 우리는 한 체계의 기원과 발생을 오직 그 체계 자체를 통해서만 알 수 있다. 만일 하나의 단어가 어떻게 한 의미를 가지는지 이해하고 싶다면, 그것의 기원으로 거슬러 올라갈 일이 아니다. 대신, 한 언어 안에서 그 단어가 다른 모든 단어들과 갖는 변별적 관계를 살펴보면 된다. 한 언어는 세계를 변별화하면서 작동한다.

헤겔과 구조주의를 넘어서 : 발생과 구조

들뢰즈의 고유한 차이의 철학은 헤겔의 관념주의나 구조주의같이 상식에 반해 정향되어 있다. 들뢰즈 역시 차이가 우선적이라고 느꼈지만, 그는 발생에의 요구(시간을 통해 생겨나는 차이의 기원)와 (이 기원이 결코 동일화 가능한 사물이 아니라 그 자체가 이미 변별화되어 있는) 구조를 결합시키는 가운데 그것을 보여줬다. 들뢰즈는 위대한 철학과 예술과 사유는 '발생적 요소'와 대면하려는 시도였지만, 이런 발생 혹은 차이와 창조의 힘은, 하나의 체계(언어나 구조) 혹은 하나의 존재(의식이나 기원)로 소급될 수 없다고 생각했다. 오히려 차이는 바탕이 없고 무질서하며 부단히 창조하고 결코 동일하게 머무르지 않는다. 우리는 '그것'이 다르다고 말할 수 없고, 그러므로 차이를 사유하는 것은 우리를 발화(혹은 명사들과 관습적인 문장들을 사용하려는 우리의 경향)의 극한들에 직면하게 한다. "이는 차이화*differing*로 보아야 한다"(DR, 56).

상-식의 시각은, 우리가 의미들이나 개념들이나 경험을 가지고 있어서 그 의미를 다른 사람에게 전달하기 위해 언어를 사용한다고 본다. 구조주의는 이 순서를 역전시킨다. 즉 우리는 다만 의미들과 경험을 가질 뿐인데, 왜냐하면 우리가 차이의 체계를 가지고 그것을 통해 세계에 질서를 부여하고 〔세계를〕 인식하기 때문이라는 것이다. 하나 이상의 언어를 구사하는 사람이라면 누구든 한 언어에서는 가능하지만 다른 언어에서는 불가능한 특정한 차이들이 있음을 알 것이다. 독일어에는 경험을 뜻하는 단어로 Erlebnis와 Erfahrung이 있는데, 전자는 어떤 사물의 경험을, 후자는 경험의 흐름이나 체험된 경험을 가리킨다. 우리가 〔수식어 등을 통해〕 우리 말의 어휘들을 제한하기 시작하면 이 차이를 얼마간 이해할 수 있겠지만, 그 차이가 우리 말에서 자명한 측면은 아닌 만큼 세심하게 구별되어야 한다. 의미(기의)는 두 개의 단어들 혹은 기표들에 의해 생산되거나 구축된다. 그러므로 우리가 사유하고 우리의 세계를 분할하는 방식은 우리의 특유한 언어의 구별들에 좌우된다고 말할 수 있다. 영어에서는 (독일어와 달리) '경험'에 대한 기표가 두 개가 아니므로 두 개의 의미도 없다. 구조주의자들은 기표들의 체계 외부에는 아무런 의미도 없다고 보았다. 한 언어의 차이들은 의미들을 생산하거나, 의식을 생산하거나, 우리의 세계를 생산한다. 이런 언어적 차이들은 그 자체로는 무의미하다. 즉 우리 말의 소리는 순전한 소음이고 활자는 순전한 물질적 표시다. 그럼에도 소리와 활자가 의미를 갖는 것은 그것들이 체계화되고 반복되고 교환되기 때문이다. 우리가 한 단어의 의미를 아는 것은 화자의 어떤 심적 사건을 파악해서가 아니라, 우리 또한 동일한 체계를 사용하고 교환하고 반복하기 때문이다. 한 언어를 다른 언어로 '번역' 할 때, 우리는 일단의 차이들로부터 다른 차이들로 옮겨간다.

들뢰즈 사유의 핵심적인 도전은 발생과 구조의 문제를 모두 수용하는 데 있다. 한편으로 우리는 헤겔에 반해 차이의 현동성現動性, positivity*을 인식해야 한다. 세계를 사유하기 위해 세계를 부정해야 하는 (의식과 같은) 기원은 존재하지 않는다. 의식 자체가 이미 변별화되어 있기 때문이다. 그러므로 차이는 바로 차이 자체에 근거한다. 우리가 의식을 포함해 어떤 기원에 대해 생각할 수 있는 것은 오직 차이를 통해서뿐이다. 한편 들뢰즈는 차이의 구조가 단순히 '있다' 는 생각도 받아들이지 않으려고 한다. 그는 차이의 발생이나 출현에 대해 사유할 것을 강조한다. 이를테면 우리는 어떻게 언어와 같은 변별화된 기호들의 체계를 가지는가? 우리는 어떻게 스스로를 세계로부터 변별화된 것으로, 주체들로 생각하게 됐을까? 들뢰즈는 우리가 차이를 현동적으로 사유하는 가운데 이 문제를 대면해야 한다고 주장한다. 오직 현동적 차이만이 언어의 차이들의 체계이든 변별화된 인간 개인이든 간에 어떤 변별화된 사물의 출현을 설명할 수 있다. 그러나 차이를

---

* 현동성positivity의 번역어에 관해서는 19쪽 옮긴이주 참조.

현동적으로 사유하기란 쉬운 일이 아니다. 상-식에서 드러나듯, 기존의 동일성들의 세계를 승인하고 그런 동일성들의 관계들에 차이를 종속시키는 것이 바로 사유의 본성이기 때문이다. 그러므로 현동적 차이는 진정시키고 고정시키는 상-식의 지성intellect을 파괴해야 하며, 사유가 고정된 항들의 논리 너머로 나아가게 해야 한다. 들뢰즈는 현동적 차이를 어떤 이론이나 명제라기보다는 영원한 도전으로 보았다. 우리는 세계를 이미 변별화된 것으로 지각하려는 경향이 있다. 예컨대 우리는 유기체를 생산하는 변별화된 발생적 힘을 지각하지 않는다. 구별되는 항을 생산하는 차이에 대해 사유하려고 할 때면, 우리는 언제나 그것에 이름을 붙이고 그것을 동일화하고 다시 한번 상-식과 재현에 그것을 종속시키려는 경향이 있다.

    다음 장에서는 차이의 부정성에 대한 들뢰즈의 저항을 도해하는 한편, 그런 부정성이 어째서 사유의 지속적인 경향이 되는지도 살펴보겠다.

2_ 생명과 현동적 차이의 정치학

부정적 차이

구조주의에 따르면, 세계 자체는 유의미하지도 동일화 가능하지도 않다. 현상적 의미들의 세계가 〔먼저〕 있어서 우리가 그것을 재-현하는 것이 아니다——오히려 세계는 구조들을 통해서 유의미해지거나 변별화된다. 구조주의는 헤겔과 마찬가지로 인간의 언어를 주요한 사례로 연구했다. 주요 구조주의자 중에 한 사람인 언어학자 페르디낭 드 소쉬르는 "언어에는 독립적 항들*이 없고 다만 차이들만이 있을 뿐이다"(Saussure, 1960, 120)라는 유명한 말을 남겼다. 그러나 들뢰즈는 차이가 현동적인 것이고, 그러므로 우리는 부정적인 차이가 무엇을 의미

---

* 여기서 '독립적 항들'은 positive terms를 옮긴 것이다. 이 책에서 positive는 대부분 '현동적'으로 옮겨졌으나 이때는 그 자체로 의미를 갖는다는 맥락이므로 '독립적'으로 번역하는 것이 적절해 보인다. 즉 소쉬르의 이 표현은 스스로 의미를 담지하고 있는 독립적 항이란 존재하지 않는다는 뜻이다.

하는지 이해해야 한다고 주장했다.

    차이가 부정적이라는 말은 몇 가지 특징을 나타낸다. 첫째로 우리는 차이가 부정한다는 것을 알고 있다. 왜냐하면 하나의 기호는 의미를 통하게 하는 다른 기호에 반해 규정되기 때문이다. 가령 우리가 파랑과 초록을 서로 다른 의미로 이해하는 것은 두 단어와 그 둘을 서로 구분하는 어떤 구조를 가지고 있기 때문이다. 청년이라는 말과 어린아이라는 말이 각각 의미가 있는 것은 두 개의 기표들 혹은 단어들을 가지고 있기 때문이며, 반대로 그와 같은 구분이나 변별화를 하지 않는 문화도 쉽게 상상해볼 수 있다. 결국 이 용어들은 그것들 자체로서는 아무런 의미가 없기 때문에 독립적positive이지 않다. 다시 말해 그것들은 오직 다른 용어들의 체계 안에 위치될 때만 의미를 가진다. 무엇보다 중요한 것은, 차이의 부정성이란 차이가 실존하거나 경험 가능한 것이 아님을 의미한다는 사실이다. 즉 우리는 차이가 존재한다고 말할 수 없다. 예컨대 하나의 의자나 테이블을 가리킬 수는 있지만 의자와 테이블 사이의 차이를 가리킬 수는 없는 것과 같은 이치다. 정말로 내가 존재하는 어떤 것을 가지려면, 먼저 내가 그것을 동일화하거나 재인할 수 있는 차이의 체계를 가져야 한다. 어떤 경험도 자기-현시적이거나 현동적이지 않다(그것은 언제나 그것이 아닌 것 또는 현재하지 않는 것에 의존한다). 내가 이것을 '파랑'으로 경험할 때, 나는 이미 그것을 하나의 재인 가능하고 반복 가능하고 변별화된 기호에 따라 동일화하고 있다. 어떤 존재들이나 동일성들이 존재하기 전에 차이의 관계들이 있으며, 하나의 관계는 우리가 경험하는 어떤 것이 아니라, 오히려 경험을 가능하게 만드는 것이다.

부정적 차이와 정신분석

언어의 우선성 혹은 **상징적** 질서는 정신분석〔학〕 용어들에서도 표현됐다(들뢰즈·가타리의 『안티 오이디푸스』를 추동한 것은 정신분석〔학〕에서의 부정적 차이에 대한 비판에 있었다). 내가 나 자신을 하나의 주체 또는 '나'로서 생각하는 것은, 내가 나 자신에 대해 말하고 나 자신을 지칭할 수 있는 기호들의 체계를 가지고 그 안에 있을 때에만 가능하다. 내가 말하고자 하는 모든 것은, 나 자신의 것이 아닌 하나의 체계 내에서 분절되어야 한다. 실제로 나는 말을 하기 때문에 자기 자신에 대한 의미를 가질 수 있다. 그리고 나의 발화는 항상 나에게만 유일하지 않고 또한 그럴 수도 없는 일종의 체계나 구조를 통해 분절된다(어떤 언어 구조나 **상징계**의 체계는 결코 나에게 현시될 수 없다. 반대로 나는 그 안에 위치 지어지고 그 질서에 종속된다. 그러므로 그것은 부재한 채로 **타자**로 남아 있다). 프랑스 정신분석학자 자크 라캉Jacques Lacan(1901~81)은 발화 주체가 오직 언어의 독립적 (혹은 **타자적**) 질서를 통해서만 가능하다고 주장했다(Lacan, 1977). 우리가 요구할 수 있는 것은 무엇이든 기호나 **상징적** 질서의 체계에 종속되어야 한다. 내가 말할 때, 말하고 있는 것은 '내'가 아니다. 오히려 언어가 나를 통해 말하고 있다. '나'는 기표들의 저자가 아니라 기표들의 체계가 산출한 하나의 효과이다. 라캉은 욕망이 부정적이라고 보았다—또한 이것은 들뢰즈·가타리의 비평에 있어서 중요한 점이다. 나의 모든 요구demand들과 원하는 것들이 언어의 질서를 통과해야 한다면, 내가 요청하거나 요구할 수 있는 것은 오직 언어의 사회적 관습들을 통해서 재현 가능한 것

뿐이다. 내가 욕망하는 것은 어떤 분절 가능한 요구 이외의 것으로서만 상상될 수 있다. 나는 도달할 수 없는 곳에 있는 욕망이나 충족을 필연적으로 상상하게 된다. 그것은 표현 불가능한 기원 혹은 현전으로서, 우리 모두를 그 내부에 위치시키고 있는 기호들의 일반적인 체계를 통해서는 결코 파악될 수 없다. 우리는 본질적으로 우리의 욕망으로부터 소외되어 있는데, 왜냐하면 '내'가 존재하는 한 나는 이미 말과 체계와 질서 안에 있기 때문이다. 그리고 언어가 체계적이고 변별적이라면, 혹은 결코 완전하게 현시되지 않는 어떤 구조로 인해서만 가능하다면, 우리는 언제나 현전現前으로부터 탈구되어 있는 것이다. 우리는 필연적으로 차이 안에 있고, 우리가 생각하거나 욕망할 수 있는 어떤 현전도 오직 차이나 기표를 통해서만 생각할 수 있다. 우리는 존재하는 것을 소유하고자 현전을 욕망하지만, 우리의 욕망은 존재하지 않는 체계를 통해 분절되어야만 한다. 욕망되는 것은 오직 기표 이외의 것으로서만 상상될 수 있으므로 욕망은 부정적이다. 우리가 우리의 언어 너머에 있는 것을 상상하고 애도하고 욕망할 수 있는 것은 오직 기표들 혹은 언어의 기호들을 가지고 있기 때문이다. 우리가 욕망하는 것은, 우리가 언어, 문화, 의미의 구조들에 종속될 때 상실된 것 혹은 부정된 것으로 상상된다. 라캉에 따르면, 인간들이 그들의 욕망으로부터 필연적으로 소외되는 것은 그들이 발화하고 있기 때문이다. 실제로 욕망──언어의 차이들 너머에 있는 현전에 대한 상상작용──은 언어의 효과이다(Lacan, 1977).

    들뢰즈의 철학에 대한 오늘날의 주된 도전들 중 하나는 여전히 헤겔과 라캉을 따르면서 [차이의] 부정성을 주장하는 사람들로부터 비롯한다. 우리가 들뢰즈가 주장한 것처럼 생명은 충만하고 생산적이며 현동적이라고 결론 지을 수 있다 해도, 라캉주의자들은 우리가 결코 이런 방식으로 생명을 사유하거나 체험할 수 없다고 주장한다. 내가 발화하는 한, 나 자신은 언어의 법에 종속되어야 하고, 결국 나는 필연적으로 그 법 너머에 있는 것을 욕망하게 되는 것이다.* 또 나는 나의 충만한 향락enjoyment을 보상할 수 있을 듯한, 혹은 그 향락을 향한 도정에 있는 듯한 어떤 징후나 대상[라캉의 대상 a]을 요청하게 될 것이다. 내 욕망의 도정에 있는 것에 대한 환상이 없다면, 나는 내 욕망이 모든 사유와 체계에 대한 부정인 까닭에 본질적으로 성취 불가능하다는 것을 받아들여야 한다. 지젝은 이를 통해 문화적 '징후'를 설명할 수 있다고 보았다(Žižek, 1992). 만일 우리 자신이 어떤 기원적인 향락이나 욕망이나 현전을 상실했다고 상상하지 않으면, 우리는 자기 자신이나 자기동일성을 전혀 갖지 않을 것이다. 우리는 우리가 박탈당해온 것의 기원이나 충족을 상상하기 위해서 이주자나 상실된 사랑이나 외상trauma를 필요로 한다. 어떤 상상된 법에 대한, 혹은 타자에 대한 복종의 외상이 없다면, 우리는 동일성을 갖지 않을 것이다(Butler, 1997). 들뢰즈 철학의 도전은 부정의 필연성을 받아들이는 데 있지 않다. 대신에 그는 우리가 단순히 법과 체계들과 구조들 너머에 존재하는 것이 아니라 그 자체로서 현동적인 욕망을 사유할 수 있다고 주장한다. 이런 현동적 차이의 기획을 밀고 나가기 위해 우리는 먼저

---

* 내가 말을 하는 이상 내 말은 상징계에서 이뤄질 수밖에 없으며, 이는 필연적으로 그 법 너머의 욕망을 초래한다는 의미이다. 이때 라캉은 언어 너머의 실재계를 전제하지만, 이런 언어 너머를 드러내는 '방식'이 부정적이라는 것이다.

차이가 단순히 언어에 의해 세계에 부과된 것이 아님을 받아들여야 한다. 차이는 발화 주체로서의 우리가 '종속' 되어야 하는 하나의 단일한 체계나 구조가 아니다.

언어는 구조주의 분석의 유일한 대상이 아니었으며, 차이의 우선성에 대한 논의는 문화와 인간 생명의 모든 영역을 가로질러 확장됐다. 인류학자인 클로드 레비-스트로스는 사회의 구조들이 차이의 체계들을 통해서만 이해될 수 있다고 주장했다. 그는 우리가 인간 사회의 형성을 이해하는 표준적인 방식을 역전시켰으며, 이런 역전은 궁극적으로 구조주의와 후기구조주의에 있어서 정치학 이론에 전적으로 새로운 접근을 가능하게 해줬다(Lévi-Strauss, 1968). 들뢰즈·가타리는 레비-스트로스가——정신분석[학]에 반해——개인들이 핵가족에서 시작하는 것이 아니라, 부족과 집단의 체계를 통해 규정된다고 보는 점에서 그에게 크게 의존한다.

우리는 개인들이 집단을 형성하는 방식을 관찰함으로써 사회구조의 출현을 설명하는 경향이 있다. 우리는, 개인들이 사회를 형성해 그들의 집단적 이해를 표현하며, 그 때문에 **국가**가 일반의지의 표현으로 이해될 수 있다고 주장한다.* 혹은 야생 상태의 개인들은 공격적이고 파괴적이고 이기적일 것이기 때문에 개인들이 **국가**에 종속되거나 **국가**가 자신들의 이해를 억제하도록 허용한다고 주장한다. 어느 쪽이든 우리는——**국가**와 같은——사회구조들이 개인들과 인간의 관심들

---

* 이는 루소의 주장이다. 루소는 권력의 양도가 군주나 특정한 개인이 아닌 '전체'에 주어져야 한다고 주장했는데, 이때 그 '전체'가 바로 '일반의지'다. 이와 달리, 특정한 개인의 의지는 '특수의지'이므로 '일반의지'의 표현으로서의 주권을 가질 수 없다.

로부터 발생한다고 가정하는 것이다. 레비-스트로스는 이런 이해 방식에 대해 (적어도) 두 가지 이론異論을 제기했다. 첫째로 개인들은 사회구조에 선행하지 않는다. 즉 내가 나 자신을 개인이나 '인간'으로 생각할 수 있는 것은 사회적 관계들의 구조를 통해서만 가능하다. 둘째로 이런 교환의 사회적 구조들은 인간의 관심을 생산한다.

기표 : 구조주의

레비-스트로스가 제기한 첫번째 문제를 살펴보자. 인간 관심들의 생산은 욕망에 대한 들뢰즈·가타리의 저작에서 특별한 초점이 된다. 그들은 욕망이 관심들과 인칭들을 선행하고 조직하며 전前-인칭적으로 출발한다고 주장한다 — 이를테면 음식에 대한 입의 욕망이 〔먼저〕 있어서 그것이 어머니와 어린아이라는 인물들 사이의 관심이 된다는 것이다. 우리는 욕망에 대해 세부적으로 고려하기 전에, 구조주의가 구체적인 욕망이 아닌 관계의 체계들이 개인이나 구별 항들을 생산한다고 주장하는 방식들에 초점을 맞출 수 있다. 구조주의는 개인으로서의 인간 존재들이 사회 체계들의 변별화를 통해 생산된다고 보았다. 통상적인 구도에서 내가 나 자신을 한 개인으로 이해하는 것은 하나의 동일성 — 성별, 국적 등을 가지고 있기 때문이라고 우리는 생각한다. 그러나 레비-스트로스는 어떻게 그런 동일성들이 교환을 통해 생산되는지 보여줬다. 타자들과의 관계를 통해서만 나는 '나'를 갖게 되며 타자와의 그런 관계들은 교환 — 상품이나 여성이나 상징의 교환 —을 통해 일어난다. 이런 교환의 문화적 체계는 그것이 없었다면 변별화되지 않거나 '매개되지 않았을' 자연에 차이들의 체계를 부과하는 과정과 함께 발생한다.* 삶은 단순한 생물학적 욕구need가 보다 고차원의 목적을 위해 지연될 때 문화적인 것이 된다. 가령 우리는 직접적인〔무매개적인〕 성적 만족과 생식보다는 결혼이나 친족관계의 구조들을 통해 타자들과 관계를 맺는다. 생물학은 더 이상 직접적이지 않으며 문화의 한 체계를 통해 재현된다. 레비-스트로스는 이러한 생물학적 삶에서 문화로의 이동이 근친상간 금지와 여성들의 교환을 통해 일어난다고 본다.

　　재현적인 혹은 상-식의 원형에서는 단순히 남자들과 여자들이 〔먼저〕 있고, 그들이 혼인이나 친족관계들에 들어선 뒤 함께 모여 사회를 이룬다. 구조주의 인류학은 이런 관계를 역전시킨다. 개인들의 정체성, 특히 그들의 성적 정체성은 교환 체계의 한 효과이다(실제로 2차 세계대전 이후 프랑스 사상은 대부분 인간 삶의 존재 자체가 친족관계 혹은 혼인 체계의 한 효과, 즉 교환을 통한 인간 삶의 변별화의 효과라고 주장했다. 들뢰즈·가타리의 『안티 오이디푸스』의 상당 부분은 이런 설명에 대한 확장이자 비판이다). 구조주의의 논지는 대략 이러하다. 상대방에게 말하고 상대방을 인간으로 재인하기 위해서 나는 재인에 대한 일반적인 개념('인간'이나 '주체'나 '개인'에 대한 어떤 관념)을 가지고 있어야 한다. 발화의 근거는 내가 상대방이 말하는 것을 의미 있는 것으로, 재인할 수 있는 어떤 주체의 표현으로 받아들인다는 사실에 있다. 이

---

*자연은 연속적이고 문화는 불연속적이라는 레비-스트로스의 유명한 테제를 일컫는 말이다. 이때 문화의 체계를 유지하는 방식이 바로 '교환'이다.

런 이유로 라캉은 주체가 발화의 한 효과지만, 그 발화 역시 ― 의미 있는 것이 되기 위해서 ― 주체의 효과를 필요로 한다고 강조했던 것이다. 말하기 위해서 나는 상대방이 말하는 것을 인간의 언어로서 재인해야 하지만, 나 또한 인간의 개념을 가지려면 언어를 필요로 한다. 그러므로 나는 의미화하는 존재의 기표를 필요로 한다. 그래서 라캉은 "하나의 기표는 다른 기표의 주체를 표상해주는 존재이다"**라고 본다(Lacan, 1977, 316). 우리는 어떤 공유된 개념이나 기표를 통해 서로 관계를 맺을 수밖에 없다. 그러나 이런 공유된 체계의 과정이 작동하도록 하기 위해서 우리는 표시들의 체계만이 아니라, 이런 표시나 소리가 의미화하는 관념도 가져야 한다. 기표작용을 의미화하는 기표가 있어야 한다는 것이다. 상대방이 내게 하는 말을 단순한 소음이 아니라 배후에 어떤 의미가 있는 것으로 받아들이기 위해선 의미의 개념을 가지고 있어야 한다. 결국 라캉에 따르면, 나에게 이런 의미의 개념을 제공하는 하나의 기표가 존재해야 하는데, 그것은 그저 여러 단어들 중 하나가 아니라 전체 체계를 작동하게 하는 기표인 것이다. 기표작용이 일반적으로 현전하지 않는 것을 대신하는 기호라면, 이 모든 기표들의 기표 혹은 '초험적 기표'는 부재하는, 즉 현전하지 않는 것의 기표이다. 이 기표는 모든 의미와 발화가 정향되어 있음을 의미화한다. 다시 말해 이것은 약속된 혹은 지연된 현전을 의미화한다. 라캉은 말하거나 상징 체계를 가지기 위해서 우리는 모든 발화가 언

** 이를 의역하면 다음과 같다. "하나의 기표는 또 다른 기표를 사용하는 주체를 표상하는 기표이다."

급하고 있는 그 체계 바깥에 있는 어떤 현전을 상상해야 한다고 주장했다. 한 체계가 교환 체계로서 기능하도록 해주는 상실된 현전에 대한 **'상상적인 것'** 혹은 환상이 존재한다. 왜냐하면 우리는 의미나 뜻이나 현전(기표들의 체계가 아닌 다른 것)에 도달하기 위해 기표들을 교환하기 때문이다.

모든 언어나 발화는 주어진 기표(우리가 듣거나 읽는 말)와 기의 사이에 어떤 관계를 전제하는데, 그것은 주어지지 않은 혹은 부재하는 것(의미)이다. 이런 체계를 지지하는 초험적 기표, 즉 모든 발화와 교환의 목적이 되는 현전의 기표가 존재해야 한다. 라캉은 이런 초험적 기표를 팔루스적 기표라고 보는데, 왜냐하면 최초의 상상된 부재가 팔루스이기 때문이다. 어린아이가 말을 하기 시작하는 것은 어머니가 '전부'를 갖고 있지 않음을 지각하기 때문이며, 따라서 발화는 어머니가 결여하고 있는 그것(팔루스)의 힘을 가지고 있어야만 한다. 발화는 지금은 상실한, 하지만 우리가 되찾고자 하는 상상된 현전을 대신해 들어선다. 그러므로 모든 발화는 욕망의 구조를 가진다. 우리의 기표들은 언제나 존재하지 않는 것, 혹은 더는 현전하지 않는 것을 재-현하고자 하기 때문이다. 따라서 기표라는 관념 자체는 결여된 것이자 부정적 차이, 즉 **존재하지 않는 것**의 관념이다. 기표 체계가 없다면 우리는 현전하지 않는 것을 사유할 방법이 없을 것이고, 인간도 공유된 세계도 갖지 못할 것이다(『안티 오이디푸스』에서 들뢰즈·가타리는 '전제專制적' 기표를 언급하면서, 어떻게 **국가**의 사회적 형식이 잃어버린 현전을 대신하는 공유된 기표작용으로서의 언어라는 매우 구체적인 개념을 필요로 하는지 보여준다).

구조주의는 두 인간——자아와 타자——사이의 재인이 이미 양자가 모두 종속되어 있는 어떤 체계나 문화를 필요로 한다고 본다. 내가 상대방에게 말하기 위해서, 그리고 우리가 서로를 말하는 존재들로서 재인하기 위해서는 기표 체계와 기표가 대신하거나 재현하는 관념——어떤 의미나 현전이나 주체——이 있어야 하는 것이다. 이 때문에 어떤 두 주체들이 서로 관계를 맺으며 실존하게 해주는 '제3의 항'이 존재한다. 이런 (언어나 기표작용과 같은) 제3의 항은 인간의 교환을 구조화하거나 변별화하거나 질서 짓는 것이다. 인간관계들은 본질적으로 매개된다. 문제는 우리가 어떻게 무의미하고 직관적이며 비변별화된 자연의 영역에서 의미 있는 문화의 체계로 옮겨가는가(혹은 구조주의자들에게는 그 이동이 어떻게 이루어졌는가)이다. 그에 대한 답은 근친상간의 금지와 여성의 교환에 있었다. 첫째로 인간의 삶은 자연을 복속시켜야 하고 좀더 상위의 목적을 필요로 한다. 동물은 직접적으로 충족되는 욕구를 가지지만, 인간들은 자신들의 욕구를 개념화하고 질서를 부여하며 규제한다. 무엇보다도 라캉이 지적한 것처럼 인간의 욕구는 우선 어떤 타자를 호명해야 하는데, 왜냐하면 우리는 우리의 요구에 응답해야 하는 어떤 타자적(모성적) 존재에 의존하도록 태어났기 때문이다. 인간은 그들의 욕구를 언어로 분절하는데, 이는 엄밀히 말해 그것이 더는 욕구가 아니라 요구가 된다는 의미다. 요구는 언어와 같이 공유되고 재인 가능한 사회적 형식 안에서 분절된다. 나의 욕구에 대해 말할 때, [그럼으로써] 나는 욕망의 대상에 대한 직접적 관계를 버리고 나의 욕망이 언어에 의해 구조화되도록 한다. 따라서 나는 법의 체계에 참여하게 된다.

이처럼 언어의 법에 종속되는 것은 오직 자연적 충족의 직접적 대상(어머니)을 포기함으로써 가능하다. 일단 내가 욕구하는 것을 말하거나 청하거나 요구하면 나는 나 자신을 기호들의 체계 내에 위치시켜야 한다. 나의 욕망은 이제 의미 있는 것이 되고, 언어를 통해 의미화되고 구조화된다. 그러나 이 언어는 결코 그 안에서 표현된 욕구에 적합하지 않다. 사실 우리는 욕망을 표현하기 위해 사용하는 구체적인 언어들을 넘어서 그 위에 존재하는 어떤 욕망이나 현전을 필연적으로 상상한다. 언어가 작동하기 위해, 혹은 의미 있는 것이기 위해, 나는 우리가 교환하는 이런 기호들이 단순한 소음이나 활자 이상의 것이라고, 그것들이 어떤 의미를 산출한다고 상상해야 한다. 나는 기표의 배후에 하나의 기의를, 단어의 배후에 하나의 뜻이나 의미를, 발화의 배후에 한 주체를 가정해야 한다. 나는 그것을 위해 이 기표들로 교환되는 어떤 대상이나 가치를, 재현으로 대체되는 어떤 현전을 가정하거나 상상해야 한다. 내가 이런 적법한 기호들(**상징적인 것**)의 체계에 종속되면, 나는 결여되어 있던 (그러나 법이 약속한) 어떤 포기된 대상이 존재했다고 상상하게 된다. 발화나 상징적 질서가 기표와 교환과 재인의 질서라면, 나는 전前-**상징**적인 것을 결여된 재인 혹은 기표작용으로 상상하게 된다. 기표작용은 오직 모성적인 것이 아닌 다른 것이 됨으로써만 개시된다.

    이것이 기표가 (라캉이 보기에) 팔루스적이고, (들뢰즈·가타리가 보기에) 전제專制적인 까닭이다. 기표는 자연적 욕망의 부정이고, 모성의 기원적 대상이 결여하고 있는 것이다. 혼인 제도가 형성되면 여성들은 더는 욕망의 직접적〔무매개적〕 대상이 아니다. 이제 여성들은 교환되고 기표로서 기능한다. 욕망되는 것은 주체들이 서로를 자연이 아닌 다른 것으로 인식하는 것, 말하는 존재로서, 문화(팔루스적인/상징적인 것)를 위해 자연(여성적인/모성적인 것)을 포기한 존재로서 인식하는 것이다. 법은 직접적 자연 이외의 것 혹은 직접적 자연에 대한 부정이 되어야 한다. 우리는 자연이 기표작용과 체계와 재인의 질서를 결여하고 있기 때문에 법에 응한다. 팔루스는 기표 일반으로서, 결여가 아닌 것, 혹은 현전을 대신하는 것이다.

이는 언어나 문화가 합의된 교환 체계와 교환 대상들을 통해 서로를 재인하는 이들 사이에 대립을 개시해야 함을 의미한다(이런 대상들은 그 자체로서 가치를 갖는 것이 아니라, 문화나 체계 구성원들 사이의 관계를 생산한다는 점에서만 가치 있다). 구조주의 인류학이 내세운 핵심 논증은 교환이나 변별화의 최초의 사건—문화의 막을 연 사건—은 여성들의 교환이라는 점이다. 레비-스트로스는 인간의 재인이 근친상간 금지나 성적 관계가 교환의 친족 구조에 의해 제어되어야 한다는 요구와 함께 발생했다고 보았다. 요컨대 성적 욕망은 법에 의해 규제된다는 것이다. 우리는 특정인(어머니, 누이)에 대한 성적 욕망을 금지하고, 대신 다른 이들(다른 부족이나 씨족의 구성원들)과의 혼인을 처방한다. 이런 기원적 금기와 더불어 욕망이 법에 종속되고 문화가 개시됐다. 모든 언어와 의미와 재인은 자연의 직접성〔무매개성〕에서 문화의 매개와 부정과 법을 향한 이행을 필요로 한다. 여성들은 교환 일반의 표token나 기표들이 된다. 다시 말해 '우리'는 여성들을 교환하면서 우리 자신을 한낱 자연적인 존재가 아니라 발화하는, 문화적인 혹은 인간적인 존재들로 재인한다. 남성과 여성의 이러한 대립은 사회적 교환과 근친상간 금지를 통해 생산된다. 여성적인 것은 인간이 되기 위해 포기되거나 부정된다. 바로 이런 이유 때문에 라캉은 "여성[일반]은 존재하지 않는다"고 주장하고, 여성적인 것을 결여의 한 기능으로 규정한다(Lacan, 1982). 성차의 논리는 $-\varphi$(마이너스 파이, 혹은 팔루스를 결여하고 있는 것)에서 시작된다. 우리는 기표를 재-현, 즉 현전이나 기원이 결여된 것으로 설명하기 위해, 현전이나 기원의 심장부에 있는 어떤 결여를 상상해야 한다.

정도의 차이는 있지만 구조주의자들은 모두 이런 교환의 우선성 이론에서 도출되는 두 가지 결론을 강조했다. 첫째는 기표의 우선성이다. 모든 인간의 삶은 기표들의 체계 내부에 위치함으로써만 인간적이 된다. 혼인은 생물학적 욕구를 충족시키는 것이 아니라 하나의 사회 체계에 종속된 결과이다. 음식과 의복과 모든 삶의 재인 가능한 실천들에도 마찬가지로 적용된다. 모든 인간 행위는 이미 의미의 체계 내부에 자리매김되어 있어서 어떤 의미를 갖는다. 둘째는 이 모든 행위들이 또한 불가결하게 문화적으로 코드화되어 있다는 점이다. 우리는 음식을 먹고 집에서 거주하고 옷을 입어야 하며, 이를 위해 우리가 선택하는 것 사이의 차이들에 대한 어떤 물질적이거나 필연적인 강제가 있을 것이다. 가령 그 자체로 가죽 재킷에 따라붙는 의미는 없지만, 이 의복의 종류는 그것이 어떤 의미의 체계 안에 자리함으로 인해 의미화한다. 그 재킷은 스포츠용 양모 재킷과 같은 기능을 할 수 있고, 심지어 가격이 같을 수도 있다. 그러나 가죽 재킷이 남성성과 강인함을 의미화할 수 있는 반면, 스포츠 재킷은 세련됨을 의미화할 수 있다. 그리고 펑크, 그런지 혹은 '얼터너티브' 스타일을 입음으로써 패션 체계에 참여하지 않고자 해도, 그 역시 '나는 참여하고 있지 않다'는 하나의 사회적 전언, 즉 기표이다. 이 체계들은 개인들을 횡단하기trans-individual 때문에 우리는 그 의미를 거부할 수 없다. 우리가 언어를 선택하는 것이 아니라 오히려 (우리가) 그 안에 위치 지어져 있는 것이다.

자본주의와 오이디푸스

라캉과 같은 구조주의 정신분석학자들은 **상징적** 질서에 대한 종속이 본질적으로 오이디푸스적이라고 주장했다. 우리는 법이나 체계에 복종해야 하고 우리의 욕망을 기표를 통해 분절해야 하므로 금지되고 상실된 어떤 기원적 대상을 상상한다. 이런 환상의 잃어버린 기원은 금지된 어머니로, 우리가 복종하는 법은 아버지의 법으로 상상된다. 들뢰즈·가타리가 『안티 오이디푸스』에서 표적으로 삼은 것이 바로 이런 전부를—아우르는 오이디푸스의 법과 결여다. 그들은 근대성과 자본주의가 실제로 법과 결여와 개인의 이미지를 통해 기능한다는 데 동의한다. 그러나 들뢰즈·가타리는 이것이 우리가 차이에 대한 물음을 제대로 던지고 있지 않기 때문이라고 주장한다. 만일 우리가 차이와 욕망이 부정적이라는 것을 받아들이면, 이때 욕망은 우리가 아닌 것 혹은 우리가 갖지 않은 것에 의해 규정될 것이고, 그 결과 욕망이 지향하는 어떤 상실된 대상이 필연적으로 존재하게 될 것이다. 이와 유사하게 차이가 (기표 체계와 같은) 어떤 지배하는 체계의 효과라는 생각을 받아들이면, 차이는 우리가 종속된 하나의 법, 즉 우리에게서 직접성과 현전을 박탈하는 법으로서 상상될 것이다. 이는 들뢰즈·가타리에 따르면, 차이의 이론이 자본주의와 개인주의에 접속되는 지점이다. 자본은 모든 욕망과 생산을 화폐와 노동의 일반적(이고 교환 가능한) 등가성에 따라 양화한다. 개인주의는 우리 모두 우리 자신을 인간으로서, 주체로서, 자아로서, 대등하고 교환 가능하고 통합된 존재로 재인할 것을 요구한다. 그러므로 자본주의와 근대성은 오이디푸스적이다. 그것들은 둘 다 차이의 관념에 작용하는데, 그것은 보편적이고 피할 수 없는 법에 대한 종속에 의해 생산된 등가적 단위들 사이의 관계에 지나지 않는다. 우리가 차이의 균일하고 강제된 체계라는 관념을 가지는 것은 차이를 오이디푸스적인 관점에서 하나의 법으로, 비변별화되고 직접적이고 부재하는 기원을 금지하고 우리를 그로부터 구하는 법으로 볼 때 비로소 가능하다. 그러나 들뢰즈·가타리는 욕망과 차이가 '상상계' 혹은 자본주의의 신화 훨씬 너머로 확장된다고 주장한다. 우리는 차이를 변별화의 강제된 체계나 법의 부정적인 금지 이상의 (아버지와 법에 의한 거세나 위협 이상의) 어떤 것으로 볼 필요가 있다. 이는 우리로 하여금 욕망이 생산적이고 현동적이며 단순히 기표작용의 체계에의 복속을 통해 배제된 것이 아님을 이해하게 해줄 것이다.

들뢰즈·가타리는 기표작용의 체계를 오이디푸스 콤플렉스에 결부시키는 구조주의 정신분석[학]의 이론이 최근에 발명된 것이 아니라 근대적 욕망의 진실 그 자체로 보았다. 우리는 우리가 놓인 기호들의 체계 배후에 어떤 기원, 현전 혹은 잃어버린 모성적 충만함이 있다고 상상한다. 또한 우리가 만일 그런 기원적 충만함을 상실했다면, 우리의 향락을 강탈한 어떤 금지하는 법, 혹은 아버지가 있었음에 틀림

없다고 상상한다. 전체 체계는 기원적 죄와 상실 위에 세워진 것이다. 들뢰즈·가타리는 문명의 시초에는 기표작용의 체계 내에 하나의 상상된 중심이 있었다고 주장한다. 기원적으로 그것은 왕이라는 사회적이고 정치적인 인물, 혹은 우리가 저자 또는 법의 기원으로 상정하는 전제군주이다. 근대성과 자본주의에서 이런 사회적이고 정치적인 인물은 오이디푸스적 해석으로 주어진다. 다시 말해 그것은 법을 강제하는 아버지(혹은 내 무의식 속에서 상상된 환상의 아버지)이다. 우리는 기표들로 교환하기 위해, 그리고 우리의 구체적인 욕망을 포기함으로써 발화와 상징작용의 (아버지의) 질서로 들어가기 위해 잃어버린 어떤 (모성적) 대상을 상상한다.

들뢰즈·가타리는 정신분석〔학〕이 근대성을 정확하게 진단했다고 주장한다. 우리는 처벌하는 아버지, 금지된 어머니, 아무도 소유할 수 없지만 그럼에도 우리 모두가 얻으려고 애쓰는 팔루스(혹은 궁극적 현전)의 이미지를 통해, 차이의 체계에 대한 종속을 '내면화'하고 환상화해왔다. 들뢰즈·가타리가 하고자 하는 것은 이런 오이디푸스적 설명을 정치화하고 역사화하는 것이다. 우리는 어떻게 차이의 체계를 아버지의 처벌하는 법으로 환상화해왔는가? 우리는 어떻게 '가족적' 해석에 도달했는가? 더욱 근본적으로, 우리는 어떻게 차이를 비변별화되거나 무의미하거나 어떤 가능한 경험도 넘어서 있는 삶을 변별화하는 체계로 보게 되었는가?

들뢰즈·가타리는 욕망에 관한 그들의 이론에서 욕망이 결여에서 출발한다는 개념을 공격한다. 어떤 (상상된) 상실되거나 결여된 기원이 있어서 우리가 이후에 일어나는 모든 욕망의 대상들을 통해 그것을 재현하고 회수하고자 노력하는 것이 아니다. 그들은 정신분석〔학〕이 그 자신의 설명을 통해 팔루스의 가치를 창조했다고 주장했다──즉 우리가 모성적 대상을 버리고 교환과 법과 기표작용의 체계에 종속되게 하는 어떤 상상된 대상(팔루스)이 틀림없이 있다고 보게 하는 것이다. 들뢰즈·가타리의 생산적 욕망이론은 욕망과 결여의 관계를 역전시킨다(우리는 나중에 6장에서 그들의 욕망에 대한 설명을 살펴볼 것이다). 여기서 파악해야 할 것은 차이에 대한 구조주의 이론이며 이것을 결여·주체성·기표의 관념과 접속하는 것이다.

구조주의는 우리가 세계를 알 수 있게 해주는 차이의 체계가 필연적으로 **타자**로서 경험된다고 본다. 우리는 언어의 일반 체계에 종속된다. 차이는 그것이 아니었다면 비변별화되고 무의미한 것이었을 '현전'에 강제된 체계이다. 이 체계는 우리를 주체들로서 창조하고, 대상들의 세계를 창조하며, 우리로 하여금 상이한 존재들에 대해 사유할 수 있게 해준다. 구조주의 정신분석〔학〕의 견지에서 오이디푸스적 종속의 신화 또는 환상을 생산하는 것은 이러한 법적 질서로서의 언어의 경험이다. 때문에 나는 변별화에 선행하는 어떤 순수한 현전(모성적 충만)이 있었다고 상상하게 된다. 즉 '나'는 이런 기원을 버렸고 어떤 목적이나 법(팔루스, 사회적 재인, 혹은 다른 것에 의해서만 포착될 뿐 즉자적으로는 결코 현시될 수 없는 어떤 것)을 위한 이 체계에 종속됐다고 상상하는 것이다. 그러나 '나'는 이 오이디푸스적 환상 외부에 있지 않다. 달리 말해 '나'는 발화 체계의 한 효과에 불과하다. 주체성은 필연적으로 상실되고 결여되고 소외되며 부재하는 기표작용 배후의 상상된 현전이다.

현동적 차이

구조주의는, 그리고 보다 일반적으로 차이의 우선성을 옹호하는 근대적 논변은 통상 관념사에서 근본적인 단절로 해석된다. 구조주의자들의 논변은 다음과 같이 전개된다. 우리는 세계를 언제나 각자의 본질과 존재 방식을 갖춘 의미 있는 실체들의 세계, 다시 말해 이런 실재성의 '진실'과 '질서'를 보증하는 자연 혹은 신에 의해 지배되는 세계로 상상했다. 그러나 근대성 안에서 세계는 오로지 우리가 [세계에] 강제하는 언어나 차이들을 통해서만 의미 있는 것임을 깨달았다. 상이한 존재들의 세계, 의미들의 세계 또는 어떤 실재성을 갖는 것은 오직 주체의 발화 행위나 지식이나 '구성' construction을 통해서만 가능하다. 이것은 우리가 어떤 것을 알고 재현할 수 있게 하는 동일성의 세계에 대한 관념에서 차이들의 체계로 방향을 틀었고, 그래서 지식과 재현이 현실적으로 세계를 구성한다고 보게 됐음을 의미한다. 이와 같은 차이의 체계는 18세기에 우리가 세계에 강제하는 개념들이나 관념들을 언급함으로써 기술됐다. 20세기에는 그것이 기표들의 구조로서 서술됐다. 구조주의자들은 우리가 개념화할 수 있는 (음향이나 표시의) 어떤 물질적 체계가 없다면, 개념조차 가질 수 없었을 것이라고 주장했다.

들뢰즈는 동일성보다 차이가 우선한다는 점에서 구조주의(그리고 헤겔)와 일치한다. 그러나 그는 차이란 강제된 체계가 아니며, 또한 그것이 단 하나의 체계가 아니라는 주장을 하며 구조주의와 입장을 달리한다. 차이는 일단의 관계들이 아니다. 차이는 (상-식에서처럼) 하나의 동일한 사물과 다른 것 사이의 관계도 아니고, (구조주의에서 보이듯) 대상들의 세계를 창조하는 일반적 체계도 아니다. 들뢰즈는 차이가 각각의 긍정에 따라 스스로 상이해진다고 보았다. 가령 신체들 간의 성차는 경우마다 다르다(다만 우리가 일반화해 남성과 여성이라고 부를 뿐이다). 발생적 차이는 각각의 돌연변이로 다르게 창조한다(다만 우리는 일반화해서 종種들이라고 부르는 것이다). 시각적 차이도 경우마다 다르다(다만 일반화해서 색의 스펙트럼이라고 부를 뿐이다). 생명 자체가 차이고, 이 차이는 각각의 경우마다 다르다.*

구조주의가 일반적으로 동일성의 사유라는 서양의 역사에서 근본적인 단절로―혹은 어떤 궁극적인 현전이나 정초에 대한 가정으로―보인 데 반해, 들뢰즈는 구조주의가 사실은 새로운 단절이 아니라고 주장한다. 전前-근대적 사유는 세계의 진리와 존재와 동일성을 **신**에게서 정초했다. 모든 차이들은 이런 비변별화된 기원에서 발산됐다. 각각의 존재는 그 본질에 어떤 신적인 위계 전체를 담지했다(그리고 차이는 다만 자기-동일적 본질들 사이의 관계일 뿐이었다).

근대 사유에서 차이는 우선적인 것으로 간주되지만 여전히 주체에 정초되어 있다. 구조주의자들은 변별화가 인간의 기표 체계들에 의해 생산되었다고 보았다. 세계를 구체적인 동일성들로 변별화하는 것은 발화 주체이고, 변별화는 (언어, 문화, 신화, 혼인 교환 체계 등) 구조로부터 발생한다. 들뢰즈는 **신**에서 인간을 향한 근본적이라고 여겨

---

* 이 대목에서 말하고자 하는 바는 차이différence 이전에 차이생성différentiation이 먼저 있다는 것이다. 말하자면 차이는 바로 차이생성이 수축한 결과이다.

진 전환이 사실은 전혀 전환으로 볼 수 없다고 주장한다(LS). 구조주의에서 반反-인간주의로 상정된 것 ─ 어떤 단일한 인간도 발화를 가능하게 하는 체계를 창시할 수 없다는 사실 ─ 조차도 여전히 주체주의[주관주의]subjectivism의 한 형태일 뿐이다. 그 주체가 '언어' 혹은 '문화' 일반이라 해도, 차이는 여전히 어떤 주체(혹은 정초하는 기원)에 기원하기 때문이다. 차이는 여전히 어떤 중심이나 구조 주위에서 조직된다.

이와 같이 강제되고 구조화된 차이의 개념에 반대해 들뢰즈는 차이가 현동적이고 독특한 것임을 주장하고자 한다. 차이가 현동적인 까닭은, 비변별화된 생명이 있어서 차이에 의해 구조화되는 것이 아니라, 생명 자체가 차이생성적이기 때문이다. 어떤 살아있는 존재든 그것이 실존하는 방식을 생각해보자. 즉 그것은 부단한 생성 혹은 차이생성의 상태에 있다. 둘째로 차이가 독특한 것은 생명 각각의 사건이 스스로를 상이하게 차이생성하기 때문이다.

언어적 차이들이 존재하지만, 발생적 차이, (색채, 음색, 음성, 질감의 차이와 같은) 감각적 차이, 화학적 차이, 동물적 차이, 지각 불가능한 차이도 존재한다. 사실 차이의 본질은 그것의 지각 불가능성에 있다. 다시 말해 지각된 차이는 이미 동일화되거나 환원되거나 '수축된'contracted 것이다. 우리가 빨강과 파랑의 차이를 지각할 수 있는 것은 색 각각의 진동이 갖는 차이를 지각하지 못하기 때문이다. 요컨대 우리의 눈은 복합적인 자료들을 빨강이나 파랑이라는 단일한 음영 혹은 대상으로 수축시킨다.

곡선과 변곡

들뢰즈에 의하면, 구조주의와 상-식은 차이를 체계 내에 위치시킴으로써 차이를 부정적인 동시에 외연적인 것이 되도록 한다. 상-식의 견지에서 차이가 부정적인 것은 자기-현시적이고 동일적인 [즉자적] 사물들 사이의 관계에 의존하기 때문이다. 그래서 차이는 2차적인 것이 된다. 그리고 구조주의의 차이 또한 부정적인 까닭은, 그것이 어떤 비변별화된 존재 내에서의 변별화이기 ─ 다시금 차이를 변별화하는 어떤 구조에 의존하게 하기 ─ 때문이다. 구조적 차이는 그것의 효과를 통해서만 주어지고, 그 효과는 체계의 효과이다 ─ 따라서 차이는 궁극적으로 우리가 결코 즉자적으로 포착할 수 없는 (언어나 구조나 문화와 같은) 하나의 동일성으로 소급된다. 구조주의는 차이의 어떤 단일한 매개나 작인作因을 가정한다. 가령 기표작용이나 문화나 언어 일반이 그것이다. 모든 차이는 하나의 지배 체계나 차이의 형식으로 환원되어왔고, 따라서 우선적인 것은 결코 차이가 아니라 변별화되는 어떤 것이다. 구조주의의 입장에서 차이는 어떤 가정된 전前-언어적 혹은 전前-변별적 실재가 분할되거나 '마름질' 되거나 조직된 것이다. 그러므로 '실재계'는 도달할 수 없는, 타자의, 상실된, 결여된 것이다. 실재성은 이제 구성되거나 '종합된' 것이다.

들뢰즈는 차이에 대한 부정적인 이해에 반해 차이가 현동적이라고 강조한다. 어떤 비변별화된 실재가 있어서 우리가 언어를 통해 그것을 변별화하는 것이 아니다. 우리가 언어를 통해 나타내는 것보다 훨씬 큰 (혹은 작은) 실재적 차이와 생성이 있다. 우리는 차이나 종합을 인간 혹은 유기적 생명 내에 가둘 수 없다. 생명 자체가 차이고 종합이기 때문이다. 우리는 생명의 각 '점'이 그 나름의 방식으로 스스로를 차이생성한다고 말할 수도 없는데, 왜냐하면 생명은 상이하거나 구별되는 점들의 집합이 아니기 때문이다. 그것은 연속적 차이고, 우리가 이 차이의 연속선상에서 어떤 두 지점을 선택해도 그 사이에는 각기 '스스로의' 방식으로 그 이상의 무한한 차이가 존재한다. 들뢰즈는 세계를 어떤 균일한 공간을 가로질러 서로 관계하는 등가적 지점들의 총체로서 이해하지 않고 오히려 곡선과 변곡에 착목한다(FLB). 따라서 어떤 세계가 [먼저] 있어서 그것이 변별화되는 것이 아니라 곡선 혹은 변곡이 있는 것이다. 요컨대 하나의 생명은 구별되고 무한한 변이 혹은 일탈로 이루어져 있으며, 어떤 차이와 생성의 곡선이나 사건도 다른 어떤 것과 같을 수 없다. 생명을 이루는 '원자' 혹은 가장 작은 단위는 사물이 아니라 차이의 사건이다.

> 변곡은 가변적인 곡선이나 주름의 관념적 발생 요소이다. 변곡은 진정한 원자, 탄성점이다. …… 베르나르 카슈Bernard Cache는 변곡――혹은 변곡점――을 내재적 독특점으로 규정한다. 그것은 '극점'들(외재하는 독특점들, 극대점과 극소점)과는 대조적으로 좌표를 지시하지 않는다. 요컨대 그것은 높지도 낮지도 않으며 오른쪽도 왼쪽도 아니고 퇴행도 진행도 아니다. …… 그러므로 변곡은 선 혹은 점의 순수사건, **가상적**인 것, 전형적인 관념성이다(FLB, 14~15).

우리는 생명의 한 점을 지각, 관계, 생성에 선행하는 점들(예를 들면 세계를 지각하는 정신)처럼 파악하고 지각하는 것으로 상상할 수 있다. 혹은 들뢰즈와 더불어 생명을 일련의 곡선이나 변곡으로 볼 수도 있다. A가 B에 대해 맺는 관계 혹은 A의 B에 대한 지각은 직선이나 직접적인 그림이 아닐 것이다. 그것은 A가 무엇인가 하는 구체적인 양식에 따라 변곡된다. 그리고 이는 B의 A에 대한 관계에도 마찬가지로 적용할 수 있다. 관계들과 차이들은 균일하지도 대칭적이지도 않다——왜냐하면 차이의 스타일이나 양식이 차이 각각의 구체적인 사건에 의존할 것이기 때문이다(A와 B는 그들 나름의 생성의 형식들 혹은 그들 나름의 차이의 경향들을 가지고 있기 때문에 현재의 그들로서 존재한다).

오직 차이를 인간의 정신이나 언어 내부에 위치시키고 나서야, 우리는 정신이나 언어의 외부를 비변별화되어 있는 것으로 볼 수 있다 (우리는 절대적이거나 무한한 것을 유한한 개념들에 대한 우리의 지식 외부에 혹은 그 너머에 놓인 것으로 보는 경향이 있다. 그러나 들뢰즈는 무한한 것을 피안의 어떤 위대한 것이 아니라 생명 자체 안에 있는 무한한 차이로 본다). 차이에 대한 부정적 이해——어떤 비변별화된 실재에 강제된 한 체계로서의 차이——는 가상이다. 그것은 **신**이나 인간이나 주체의 이미지를 모든 차이에 대한 저자나 기원으로 고양시키는 데 기인한다. 그 가상은 어떤 점을 차이 외부에 두고 그것이 차이를 설명하고 생산하게 한다. 들뢰즈는 이를 사유의 유일무이한 가상, 즉 초월성에 대한 종속 혹은 가상이라고 본다. 우리는 어떤 차이의 형식으로도 설명할 수 없는, 혹은 다른 것으로부터 고양될 수 없는 근본적 차이의 일의면을 수용하지 않고, 차이를 어떤 존재의 차이로 보는 경향이 있다.

다시 말해 어떤 초월적인 혹은 외부의 점이 차이의 기원으로서 수립되는 것이다.

초월성 : 초월면

『철학이란 무엇인가?』에서 들뢰즈·가타리는 이런 사유의 가상을 '초월면' plane of transcendence이라고 부른다(WP, 49). 즉 우리는 차이를 발생시키는 어떤 외적이거나 초월적인 기원을 상정한다. 이를테면 어떤 정초하는 실체가 〔먼저〕 있어서 그것이 변별화한다고 생각한다. 이 면이 초월적인 것은 차이 외부에 위치하기 때문이다. 즉 그것은 차이를 설명하거나 초월한다. 이에 반해 들뢰즈·가타리는 사유의 물음과 과제가 '내재면' plane of immanence이라고 주장한다. 이것은 곧 사유가 (그 자신의 경험의 흐름으로부터) 하나의 외부 또는 '초월성'을 구축하는 것임을 의미한다. "그러나 내재면이 언제나 그 자체로 순수한 변이면서도 언제나 단일한 것이 사실이라면, 무엇보다 우리에겐 어째서 변이되고 구별되는 내재면들이 존재해 무한한 운동들이 역사속에서 존속되고 선별되고 계승되고 서로 대결하는지를 설명하는 것이 필요하다"(WP, 39)

초월성을 설명하기 위해서는 초험적 이론이 필요하다. 초험적 방법은 어떤 것 — 어떤 초월성 — 에서 시작하는 것이 아니라, 어떤 것 혹은 초월성이 형성되는 방식을 살펴보는 것이다. 우리는 내부와 외부 사이에 가정된 구별 없이 내재면에서 출발해야 한다. 우리는 이런 내재면에서 출발하는 가운데 어떻게 우리가 세계를, 이를테면 정신과 초월적 세계 사이의 차이로 생각하는지 알 필요가 있다. 내재면은 생명이 이미 변별화되거나 초월적인 것의 형식을 취한다는 생각을 수용하지 않는 초험적 방법을 위한 출발점이다. 그렇다면 이런 내재면이 차이 외부의 어떤 궁극적인 해석점으로서 기능하지 않는 한, 어떤 최종적인 실체적 기술記述이 주어질 수 없다. 내재성에 '존재'와 같은 가장 일반적인 이름을 부여하려 한다 해도, 우리는 또한 이 존재가 영원한 차이라는 것도 인정해야 한다. 어떤 개념이나 이름도 생명의 차이 외부로 발을 내디딜 수 없고 생명을 그와 같이 지칭하거나 고착할 수 없다. 왜냐하면 생명은 언제나 더 많은 차이의 사건들을 생산하며 계속해서 발화하기 때문이다. 내재성은 차이에 대해 어떤 외적 설명도 거부하면서 차이의 수준에 머무르는 이런 위임일 뿐이다. 초월성 혹은 어떤 외적 원칙을 거부할 때, 우리는 또한 초험적인 것에도 관여한다. 요컨대 존재나 생명의 외부에는 어떤 점이나 초월성도 없는 것이다. 우리는 생명을 그 외부에 바탕을 갖지 않는 초험적인 것으로 여긴다. 그러므로 존재 일반이나 궁극적인 바탕은 없다. 존재는 그 각각의 표현에 있어서 상이하고 또한 어떤 표현도 다른 표현을 설명할 수 없다. 일단 차이 외부에 놓여 있는 대大존재가 없으며 모든 존재가 내재적 차이에 대한 동일한 면을 상이하게 표현하고 있음을 받아들이면, 우리는 『천의 고원』에서 "다원론=일원론"이라고 표현된 등식에 도달하게 된다(TP, 20).

하나의 일의적 존재에 대한 천착(혹은 일원론)은 우리로 하여금 어떤 구별된 존재를 중심이나 정초로 분리하지 않도록 한다. 즉 모든 존재는 단일면 위에 자리한다(다원론). 오직 이원론만이 어떤 종류의 정초를 가진 존재를 제시할 수 있다. 우리가 근거 지어진 것에 반해 확립된 바탕/정초를 갖기 위해서는 존재의 두 가지 유형이 필요하다. 우리는 이원론 혹은 '다의성'equivocity과 더불어서만 이런 (신이나 의식이나 이성과 같은) 정초를 그것이 근거 짓는 것으로부터 떼어놓을 수 있다. 그러나 존재가 일의적이고 내재적이라면 어떤 차이의 점도 다른 차이의 점에 대해 특권을 가질 수 없다. "**일의적 존재**는 유목적 분배이자 왕관을 쓴 무정부 상태이다"(DR, 37). 들뢰즈와 거의 동시대인인 프랑스 철학자 알랭 바디우Alain Badiou는 들뢰즈의 저작에서 일의성 개념이 갖는 우선성을 주장해왔다. 바디우는 들뢰즈 사유의 도전 자체가 우리가 하나의 단일한 존재를 그것의 상이한 표현에 다름 아닌 것으로 개념화할 수 있는지 여부에 달려 있다고 본다(Badiou, 2000).

만일 존재가 일의적이라면, 그것은 우리가 존재에 대해 가진 어떤 사유나 재현도 그 자체로 존재의 한 사건임을 의미한다. 우리가 존재에 대해 가지고 있는 모든 이미지들과 개념들은 존재의 그림이나 은유나 재현이 아니다. 오히려 그것들은 그들 자신의 권리로서의 존재들이다. 존재 더하기 재현은 없다. 일의적 존재는 우리로 하여금 모든 것을 존재 내에서 생명에 내재적인 것으로서 사유할 것을 요구한다. 그러나 이것은 또한 우리가 이런 생명의 내재면이 생성하는 모든 상이한 방식들을 예술과 과학과 철학뿐 아니라 유전학이나 지질학이나 미생물학을 통해서도 대면해야 함을 뜻한다. 그러므로 들뢰즈의 저작은 내재성과 일의성은 물론 차이에도 초점을 맞추고 있다. 실제로 오직 하나의 존재의 일의면이 존재하는 한, 어떤 단일한 분화된 존재도 무한히 상이한(무한한 차이들을 내포하는) 생명을 설명할 수 없게 될 것이기 때문이다.

> 일의적 존재의 본질은 개체화하는 차이들에 관계하는 데 있다. 그러나 그 차이들은 서로 같은 본질을 지니지 않으며, 존재의 본질을 변하게 하지도 않는다. 이는 흰색이 상이한 강도들에 관계하지만 본질적으로는 똑같은 흰색으로 남는 것과 마찬가지다.
> …… 존재는 자신을 언명하는 모든 것들을 통해 단 하나의 같은 의미에서 언명된다. 하지만 존재를 언명하는 각각의 것들은 차이에 의해 지배받고 있다. 즉 존재는 차이 자체를 통해 언명된다. …… 존재가 재현의 요구들에 따라서 배당되는 것이 아니라, 모든 사물들이 존재 안에서 할당된다. 이런 할당은 단순한 현전성을 띤 일의성(일자로서의 전체) 안에서 이뤄진다. 이런 분배는 신적이라기보다는 차라리 악마적이다. …… 일의적 존재는 유목적 분배이자 왕관을 쓴 무정부 상태이다(DR, 36~37).

우리는 의식, 언어, 개념 혹은 구조를 통해 차이를 설명할 수 없다. 들뢰즈·가타리가 존재나 욕망, 생명과 같은 일반 용어들을 사용해 내재면을 기술할 때, 그들은 또한 이 용어들의 차이생성적 본성을 주장하는 데에도 깊이 주의를 기울인다. 말하자면 욕망은 동일한 것으로 존속하는 어떤 실체가 아니라 생성인 것이다. 생명은 주어진 의미나 형식을 필요로 하는 바탕이나 정초, 불활성의 물질이나 실체가 아니라 역동적이고 열린 생성이다.

들뢰즈는 생성이 언제나 어떤 우선적 작인이나 주체나 실체의 생성으로 여겨져온 것이 문제라고 주장한다. 실제로 이 문제는 우리의 문법과 사유함의 방식에 포함되어 있다. 우리는 동사를 명사에 귀속시키고, 우리의 명제들은 행위들과 술어들과 사건들을 주어에 정초하는 경향이 있다. 차이와 생성을 좀더 근본적으로——현동적이고 강도적으로——사유하기 위해, 우리는 다르게 사유하고 쓸 필요가 있다. 이를테면 이것은 주어/술어 명제를 넘어 부정사들로 옮겨가는 것을 의미한다. 우리는 존재가 있고 나서 질質과 행위를 갖게 된다고 생각하는 대신, 능동성과 질이 먼저 있어서 그로부터 사유가 존재들을 추상한다고 생각해야 한다. 미리-주어진 대상들——녹색 나무, 사유 주체——이 있다고 생각하는 대신 '푸르러지다', '생각하다'라고 말하는 부정사不定詞가 사건을 표현한다. "그러니까 부정사——'생각하다', '푸르러지다', '행동하다', '쓰다', '존재하다'——는 존재하는 것과 그것이 행하는 것의 구분을 허용하지 않는다. 사건 자체가 있는 것이지, 사건이 하나의 행위가 되는 우선적인 초월성은 존재하지 않는다"(LS, 221).

지각의 정치학 : 일의성

들뢰즈·가타리의 『안티 오이디푸스』와 『천의 고원』은 모두 사회적이고 정치적인 차원에서 차이를 검토한다. 이 두 권으로 된 '자본주의와 정신분열증' 연작이 중요한 것은, 이 책들에서 들뢰즈가 이전에 쓴 '철학적' 텍스트들에서 착수한 지각작용과 차이의 분석이 직접적으로 정치화되고 있기 때문이다. 그는 1968년에 이미 '재현'이 차이들과 지각들을 어떤 정초하는 주체나 '형이상학적' 주체로 소급한다고 주장한 바 있다(DR). 이후 그는 가타리와 함께 이런 차이가 환원됨으로써 띠게 되는 다양한 정치적 형태들을 보여준다. 『안티 오이디푸스』와 『천의 고원』은 모두 차이의 생산적 본성을 그것의 '영혼'들 혹은 '영토'들과 더불어 **국가**의 형성에 결부한다. 우리는 지각작용을 주체들의 지각작용으로 보게 된 후에야 비로소 근대적 개인 같은 것을 가질 수 있다.

욕망을 다룰 5장에서 이를 살펴보겠지만, 지금 단계에서 들뢰즈가 자신의 차이의 철학을 욕망과 윤리학에 어떻게 결부시키는지 이해하는 것은 중요하다. 만일 차이를 무형의 존재나 질료였던 것에 강제된 하나의 체계로 상상한다면, 이때 우리는 언제나 차이를 어떤 변별화하는 혹은 조직화하는 권력에 종속시킬 것이다. 그리고 우리의 사유함, 우리의 도덕성, 우리의 정치학은 ('인간'이나 '언어'나 '문화'와 같은) 차이 외부의 어떤 초월점을 가지게 될 것이다. 반면에 초월적 외부가 없는 차이의 일의면만 존재한다면, 윤리학과 정치학은 판단에서 어떤 독립적 지위를 가질 수 없을 것이다. 사유함과 윤리학의 과제는 **운명애**amor fati('존재하는 것에 대한 사랑')의 하나가 될 것이다. 요컨대 존재하는 것을 판단하지 않고 생명의 차이들에 따라 사는 것이다.

아무것도 그 이상 말해질 수 없고, 그 이상의 것이 말해진 적도 없다. 우리에게 발생하는 일에 값하기, 그리하여 사건을 의지意志하고 해방시키기, 자기 자신의 사건들의 원천이 되기, 그리고 그럼으로써 다시 태어나기, 또 한번의 탄생을 갖기, 자신의 육체적 탄생을 버리기─

행위는 그 자체로 사건의 원천에 의해 생산되는 것이므로 자신의 행위가 아닌 자신의 사건들의 원천이 되기(LS, 149~150).

지각작용은 더 이상 어떤 외부 세계로의 창이 아니라, 그 자체가 하나의 조우 또는 차이의 사건, 능동적이거나 욕망하는 생성이다. 지각작용이 있고 나서 대상이 지각되는 것이 아니라, 상호작용하는 지각들이 조우하면서 자신을 그리고 다른 것들을 생산한다. 일의적 존재면에서 우리는 세계를 지각하는 사람과 지각되는 것으로 나누지 않는다. 단지 지각들이 있고 그 효과로 상대적으로 안정된 점들이 생겨날 뿐이다. 우리가 조우하는 모든 차이들, 즉 각각의 광선, 각각의 음파를 전부 지각할 수 있다고 상상해보자. 우리는 하나의 '세계'라기보다는 광대하고 혼돈스러운 자료들의 유입을 갖게 될 것이다. 우리는 차이의 속도를 늦춤으로써 '사물'을 지각한다. 들뢰즈는 '수축 contraction이라는 말을 사용해 하나의 살아 있는 존재가 차이와 생성의 흐름들로부터 자신의 세계를 형성하거나 경험하는 방식들을 기술한다. 단일한 점으로부터 차이의 출현을 설명함으로써 차이를 완화하지 않고자 하는 시도에 맞추어, 들뢰즈는 상이한 용어들과 상이한 차이의 양태들을 사용한다. 빠름과 느림, 영토화와 탈영토화, 수축과 관조contemplation*

---

* 'contemplation'을 적극적으로 의역하면 아마도 '응축'과 같은 말이 될 것이다. 감성적 차원에서 애벌레 자아들의 '관조'가 있어야 [수동적] 수축 내지는 응축이 있을 수 있기 때문이다. 들뢰즈는 『차이와 반복』 2장에서 즉자적 차이들이 애벌레 자아들의 관조에 의해 수축되어 마침내 시간의 수동적 종합이 이루어지고 [대자적] 반복이 가능해진다고 말하고 있다. 이 말을 '응시'로도 번역하지만, 이는 마치 주체를 전제하고 능동적으로 바라본다는 뉘앙스가 강하기 때문에 '관조'로 옮기는 게 더욱 적절해 보인다.

가 그것이다. 이 모든 차이의 형태들은 그 자체로 상이하다. 그러나 거기에는 '지각 불가능하게-되기'의 도전이, 상이한 존재들이나 사물들의 수준에 머물지 않고 우리의 지각작용이 — 생명의 취지에서 — 동일성이나 같음으로 환원시킨 모든 미시적 차이들과 조우하려는 도전이 깔려 있다.

> 만일 운동이 본성상 지각될 수 없는 것이라면, 그것은 항상 지각의 어떤 문턱과 관련해서만 그렇다. 이 문턱과 맺는 관련 속에서 운동은 본성상 상대적이어서, 문턱들과 지각되는 것들을 배분하고 지각하는 주체들에게 지각할 수 있는 형태를 부여하는 면 위에서 매개의 역할을 수행한다. 그런데 그 면은 그 자체로는 지각되거나 지각될 수 없으면서 지각할 것을 부여하는 조직화와 발생의 면, 초월성의 면이다. 다른 면, 이를테면 내재성 혹은 공속성의 면 위에서는 면이 구성하거나 부여하는 대상과 더불어 동시에 지각되어야 하며, 지각될 수밖에 없는 것이 구성의 원리 그 자체이다(TP, 81).

더욱 중요한 것은 차이가 탈-주체화됨으로써 현동적인 것으로 묘사될 필요가 있다는 점이다. 한 주체가 [먼저] 있어서 그것이 달라지거나 지각하는 것이 아니다. 오히려 차이가 있어서 그로부터 주체와 실체가 '수축된다'. 언어와 인간의 삶을 넘어서는 차이의 형태에 대한 들뢰즈의 주장들은 역사적이면서 동시에 지질학적이다. 들뢰즈·가타리는 역사적으로 언어에 앞서 차이생성의 형태들이 있었다고 주장한다. 지질학적으로 확장된 인간 개체는 강도적 차이의 흐름으로부터 경계 지어진 유기체로뿐 아니라, 부족 전체 혹은 영토로부터의, 인칭 혹은 자아의 형성으로서 구성되어야 한다. 발화하는 존재들이 있기 전에, 인간의 생명은 일련의 '영토화'(이것은 『안티 오이디푸스』와 『천의 고원』의 용어다)를 통해 나아가야 한다.

강도 높은 배아적 유입과 영토화

근본적으로 아직 개체들로 조직화되지 않은 '인간' 생명의 흐름들만이 있는 유전 물질의 순수한 흐름——들뢰즈·가타리가 '강도 높은 배아적 유입' intense germinal influx이라고 부르는 것——을 상상해보자. 동물과 인간은 모두 자신들을 '영토'들로 무리 짓고, 그럼으로써 대지에 공간적 차이를 창조한다(실제로 그들은 '대지'를 창조한다. 공간을 영토들로 분할한 후에야 우리는 영토들이 자리한 어떤 일반적인 바탕으로서의 대지를 생각할 수 있다). 대지는 비변별화된 덩어리가 아니다. 그것은 이미 차이생성적이다. 분자들, 입자들, 모든 지각 불가능한 차이의 형태들은 오직 영토화를 통해서만 대지의 일반적인 면이 된다. 단지 우리가 대지를 영토화 과정 이후에나 분화되는 비변별화되고 불활성인 덩어리로 상상할 뿐이다. 언어, 혈족, 부족, 인간과 같은 차이의 체계들은 미리-주어진 덩어리를 분화시키지 않는다. 반대로 그것들은 차이를 환원시킨다. 영토화에서 우리는 발생적 차이들의 흐름에서 그 차이들을 재인 가능한 유사한 신체들의 집단으로 조직화하는 데로 간다. 어떻게 우리는 인간 존재들의 한 집합을 동일한 부족에 속한다고 생각하는가? 어떻게 우리는 부자 관계와 같은 계통들과 계보들을 수립하는가? 그것은 오직 처음으로 결연의 질서들을 확립함으로써만 가능하다. 역동적이고 비인칭적이고 잠재적인 차이들을 수반하는 집단적인 유전자 풀gene pool은, 한 부족 대 다른 부족 같은 식의 동일함으로 질서 지어져야 한다. 그런 후에만 우리는 부족(혹은 계통선) 내에 부자관계를 가질 수 있다.

따라서 친족 체계나 교환과 관계의 구조들은 구체적 영토들을 형성하는 창조적인 차이들에 근거한다. 부족들은 복합적인 유전적 흐름을 환원함으로써 형성된다. 그와 같은 환원은 (한 부족이 어떤 색채나 동물이나 신화적 상징이나 신체 부분을 통해 표시될 수 있을 때와 같이) 특정한 지각 가능한 차이들과 그런 차이들을 배치할 수 있는 어떤 '영토'나 강도의 창조만을 인식한다.

이것은 부정적 차이에 대한 구조주의의 논증, 즉 부족관계가 만약 그렇지 않다면 비변별화되었을 인간 본성에 문화적 차이의 체계를 강제한다는 생각에 도전한다. 구조주의가 사회적 코드들에 의해 변별화되는 인간 삶이라는 일반 개념에서 시작한 반면, 들뢰즈는 부족들과 영토화가 차이의 무한한 증식을 환원하거나 '코드화'한다고 본다. 좀더 중요한 사실은 구조주의자들은 어머니-아이-아버지라는 계통 관계와 같은 가족에서 시작하여 자연적인 것으로 가정된 이런 관계가 문화적 결연으로 진입하는 과정을 설명하는 것이다. 반면 들뢰즈는 결연의 관계들——한 부족과 다른 부족의 사회적이고 정치적인 차이들——만이 가족(서로를 동일한 것으로 재인하는 개인들의 집단)을 생산할 수 있다고 본다.

종합과 차이의 억압

들뢰즈는 세계를 차이의 무한하고 열린 배열을 취해 그것을 다루기 쉬운 동일성들로 환원한 결과라고 본다. 일반적으로 그는 이런 과정을 '종합'이라고 기술한다. 정신의 종합을 통해 우리는 원인과 결과를 접속[연접]하고, 생명의 종합을 통해 분자들, 신체 부분들, 신체들, 감각들을 통접해 좀더 복합적인 배치를 형성한다. 『안티 오이디푸스』와 『천의 고원』에서 들뢰즈·가타리는 근대 **국가**와 개인으로 이어지는 종합의 역사를 기술한다. 종합에 대한 들뢰즈의 전반적인 이해에는 두 가지 핵심적인 특징이 있다. 첫째로 유기체나 주체가 아닌, 생명(형식들)의 지각 불가능한 차이와 같은 전前인간적 종합이 있다(DR). 둘째로 이 종합의 과정은 정치학과 자본주의의 정점에 달하는 역사를 가진다(AO, 이것은 욕망에 관한 5장에서 설명할 것이다). 종합은 생명 자체의 생성, 즉 창조적 차이들이 접속하여 창조의 선線들로 더욱 멀리 나아간다. 종합은 생산적이고 현동적인 차이다. 그것은 존재들의 변별화나 그것들 사이의 관계로서의 차이가 아니다. 그것은 생성/되기의 접속(동물과 식물의 접속, 사람과 동물의 접속, 인간 신체와 다른 신체의 접속)이다.

들뢰즈는 차이와 비변별화된 것의 질서를 역전시키면서 차이를 현동적으로 만든다. 구조주의는 언어가 무정형적이고 비변별화된 덩어리를 변별화했다 — 이를테면 우리는 파랑과 회색의 차이, 혹은 교목들과 관목들의 차이를 지각할 뿐인데, 왜냐하면 우리의 언어가 우리에게 구별되는 말들을 제공하기 때문이다 — 고 보았다. 들뢰즈는 반대로 언어가 차이를 환원한다고 주장한다. 종합의 과정을 통해서만 우리는 급격하게 차이 나는 지각들을 '파랑'으로 인식한다.

우리는 생명을 변별화하지 않는다. 왜냐하면 생명은 부단히 우리에게 도전하고 우리를 자극하고 우리와 대면하는 차이의 흐름이기 때문이다. 실제로 차이의 완전한 현동성을 느낄 수 있다면, '우리'도 인간이나 주체의 개념도 없을 것이다. 우리가 우리 자신을 차이 속의 구별된 지대들 혹은 정신으로서 형성하는 것은 오직 우리가 차이의 총체성을 지각하지 않기 때문이고, 우리의 지각이 차이의 속도를 완화하고 '선별하'기 때문이다. 다른 모든 영혼들처럼 '우리'는 차이의 수축들이고 관조들이며, 우리가 얼마나 많은 차이를 취하고(관조) 얼마나 많은 차이를 환원하거나 지각하지 않는가(수축) 사이의 진동 oscillation이다.

우리는 수축을 통해서 동시에 습관들로 이루어지지만, 그 수축은 관조를 통해 이루어진다. 우리는 관조, 상상력, 일반성, 요구, 만족이다. ······ 우리는 자신을 스스로 관조하지는 않지만, 오직 관조함으로써만, 말하자면 우리가 말미암게 된 것을 수축함으로써만 실존하는 것이다. ······ 관조한다는 것은 어떤 것을 취해오는 것이다. 우리는 스스로의 이미지로 충만해지기 위해 언제나 먼저 다른 어떤 것, 즉 물, 아르테미스, 나무들을 관조해야 한다. ······ 행위하는 자아 아래에는 관조하는, 그리고 행위와 능동적 주체를 모두 가능하게 하는 작은 자아들이 있다. 우리는 우리 안에서 관조하는 이 수천의 작은 목격자들에 의해서 우리의 '자아'에 대해 말할 뿐이다. 즉 나를 말하는 자는 언제나 제3자이다(DR, 74~75).

이때 모든 사유의 도전은 '우리'가 출현하는 이런 분자적 차이들에 대해 생각하는 것이다. 그러나 우리는 또한 왜 서양 사유의 역사가 반대 방향으로, 차이 자체의 '발생적 요소'가 아닌 통합된 주체에서 출발하여 작동해왔는지를 이해할 필요가 있다. 들뢰즈·가타리에 따르면 차이에서 동일성을 향하는 동질화, 예속, 종속은 인간 역사의 과정을 특징 지으면서 자본주의와 정신분석[학]에 이르렀다. 이제 우리는 단 하나의 차이의 체계——세계의 주관적 기표화(혹은 실재성의 사회적 구축)——를 상상하면서 오이디푸스 콤플렉스로 그것을 설명한다. 우리는 차이 혹은 언어의 체계에 종속됨으로써 발화 주체들로서 재인을 달성한다고 상상한다. 추측컨대 우리는 그렇게 할 때 결여와 거세의 위협 때문에 기원적 충만함plenitude을 포기할 것이다. 다시 말해 비변별화된 것을 폐기하고 기표들의 질서에 순응하고자 할 것이다. 우리는 차이를 인간적이고 문화적인 것으로, 그렇지 않았다면 불활성적이고 비변별화되었을 본성에 강제된 것으로 생각한다.

정신분석[학]과 개인이라는 공상이 그렇듯이, 자본주의도 차이가 전前-인간적이고 집합적인 영토화의 과정들로부터 출현하는 방식들을 무화시켜서 차이를 '인간'의 형상形狀으로 환원한다. 자본주의 내에서 우리는 차이를 단 하나의 교환 체계——경제——내에 위치시킨다. 이때 '인간' 혹은 개인은 균등하게 교환 가능하고 양화 가능한 노동의 행위자로서 규정된다. 차이는 다시 우리가 종속되고 그 안에 위치 지어진 하나의 체계로 환원된다. 우리는 종종 인간주의적 입장에서 우리의 참된 개별성이 자본의 비인칭적 체계 안에서 소외된다는 주장으로 자본주의를 비판한다. 그렇지만 들뢰즈·가타리는 자본주의의 문제가 그것의 '인간성' humanity과 '인칭성' personality에 있다고 본다. 왜냐하면 그것은 모든 차이를 노동과 교환의 체계로, 인간 노동자에 대한 어떤 일반적 개념으로 환원 가능하다고 보기 때문이다. 자본의 심장부에는 오이디푸스적 개인의 단위, 단일하고 양화 가능하고 교환 가능한 가치를 통해 그 욕망들이 궁극적으로 설명되고 번역될 수 있는 자아가 있다. 억압된 것은 우리의 인간성과 개별성이 아니다. 인간 개별성에 대한 개념은 혼돈스럽고 탈인간적이고 역동적인 차이를 억압한다. "인간은 강도 높은 배아적 유입의 억압을 통해 자기 자신을 구성해야 한다. 이때 강도 높은 배아적 유입은 집합성을 향한 모든 시도를 위협하는 거대한 생生-우주적 기억이다"(AO, 190).

그들은 인간이 자신의 어머니를 향한 오이디푸스적 욕망을 억압하는 것이 아니라고 주장한다. 욕망을 가족의 관점에서 이해하는 것 자체가 억압이다. 그것은 욕망의 강도적 흐름을 사람들의 이미지로 환원하는 것이다. 자본주의와 정신분석[학]은 모두 욕망을 개인으로부터 설명하지만, 개인은 차이의 환원과 동질화의 소산이다. 개인이라는 개념은 그 자체로 억압적이거나 반동적이다. 그것이 반동적인 이유는 모든 욕망을 자기의 우선적인 가치에 정초하고 있기 때문이다. 이 때문에 들뢰즈·가타리는 욕망으로부터 개인이 출현하는 것을 역사화하고, 이를 통해 동일성들의 해방에 기반한 차이의 이론보다는 차이의 정치학적 이론을 제시하고자 한다.

성차

이런 차이의 현동성이 세계에 대한 우리의 이해에 어떻게 영향을 미칠 수 있는지 보여주는 한 본보기로, 차이에 관한 우리 시대의 주요한 쟁점들 중 하나인 성차sexual difference를 살펴볼 수 있을 것이다. 들뢰즈에 대한 최초의 반론들 중 하나는, 그가 차이를 강조함으로써 —여성들과 같은— 특정한 집단들이 그들의 주체성을 주장하고자 할 때 필요한 주체 개념을 박탈했다는 것이다(Braidotti, 1991). 브라이도티 Rosi Braidotti가 지적하듯이 차이는 동일성의 정치학을 이해하는 데 결정적이다. 1세대 혹은 초기 페미니즘은 여성의 공통된 동일성과 인간성에 호소하는 것으로 출발했다. 1세대 페미니스트들은 '실재' 여성들이 독특한 개인들인데, 정형들이나 강제된 이미지들에 의해 지속적으로 잘못 재현되어왔다고 보았다. 이런 해석을 통해 우리는 재현에 선행하고 해방될 필요가 있는 여성의 개념에 호소하면서 광고, 포르노그래피, 이데올로기를 비판한다. 또 우리는 여성들이 자신의 생각을 말하고 그들의 참된 동일성 속에서 자기 자신을 진정으로 대표할 수 있게 될 것을 요구한다.

물론 동일성을 재현과 차이의 체계 외부에 위치시키는 설명이 내포하는 문제점은, 여성들 자신이 종종 위에서 강제된 것으로 여겨지는 가부장적 체계 자체를 반복하고 표현하는 것이다. 차이에 대한 구조주의의 설명은 바로 이런 이유에서 페미니즘과 문화연구에 매우 큰 영향을 미쳐왔다. 그러나 그들은 단지 '우리'가 억압적인 이미지들에 어떻게 동의하고 따르는지 설명할 뿐이다. 구조주의는, 내가 나 자신을 여성으로 생각할 수 있는 것은 오직 기호들의 체계 때문이라고 설명한다. 정형들 뒤에 실재적 '내'가 존재한다는 생각은 기표들의 차이에서 오는 효과이다. 내가 여성이라서 정형들이 강제되는 것이 아니다. 이와 반대로 여성성은 기표작용의 효과이다(Butler, 1993).

페미니즘뿐 아니라 문화연구 일반도 재현의 체계들이 동일성들을 생산하는 방식들에 주목한다. 인종, 계급, 성욕[성性], 젠더는 기호체계의 효과들이다. 다시 말해 이것들은 기호학적으로 생산된다. 문화연구, 탈식민주의, 페미니즘은 종종 이데올로기에 대한 구조주의적 개념을 가지고 작업한다. 이데올로기는 선-재하는 개인들에게 강제된, 허구적이거나 거짓된 믿음의 체계가 아니다. 우리는 이데올로기를 통해 우리 자신을 사회의 지배적인 이미지들 속에서 재인함으로써 개인이 된다. 이것은 우리가 텍스트를 그것들이 젠더를 생산하거나 분화하는 방식으로 볼 수 있고, 젠더가 그것의 재현, 즉 우리를 주체로서 개별화하는 재현적 체계일 뿐이라고 주장할 수 있음을 의미한다. 우리는 또한 이것을 차이의 '하향식' top-down 원형으로 볼 수도 있다. 차이의 체계가 있고 그것이 주체들을 생산한다. 또한 우리가 차이 배후의 '실재' 주체에 대해 갖고 있는 그 어떤 의미도 재현의 한계들이 산출한 효과이다.

우리는 이런 구조주의 원형을 따라 여성성은 지배적인 이미지들이 순환하며 생산한 결과라고 말할 수 있다. 이를 통해 생산된 여성성의 이미지들이 연약함, 수동성, 비이성성, 순종성, 가정적임 등이다. 이런 이미지들은 차이의 체계들을 통해 주어진다. 이를테면 선하고 순종적이고 애정이 넘치는 여성과 지배적이고 남자를 무기력하게 하며 권력 지향적인 악녀bitch를 대립시키는 영화들이 그 사례이다. 이것은 영화 「위험한 정사」를 둘러싼 현상을 대중문화가 읽는 방식인데, 이 영화는 한 남자가 아이도 없고 독신이고 권력에 굶주린 직장 여성 때문에 고통받다가, 결국 사랑하는 가정적인 아내에게 위안을 찾는다는 내용을 담고 있다. 대중문화는 이러한 차이를 계속해서 반복한다. 오늘날 남성과 여성의 변별화는 약간 다른 형식을 취하기도 한다. 즉 1990년대엔 권력을 가진 나쁜 여성과 가정에 있는 착한 여성을 분리했다면, 오늘날 우리는 선한 (자제하는) 형식의 권력과 남성성을 침범하는 권력 사이의 차이를 본다. 여성들은 성공적이고 막강한——그러나 연약함이나 성욕에 의해 억제되어야 하는 대상으로 재현될 수도 있다. 바로 이런 방식으로 문화비평가들은 「앨리 맥빌」에서 연약함의 현상을, 「섹스 앤 더 시티」에선 강한 여성 인물들을 읽어낸다. 우리는 더 이상 남성의 능동성에 대한 여성의 수동성을 반대하지 않는다. 우리는 이제 성적이고, 연약함과 (특히) 이성애적인 짝짓기, 적절한 양의 사회적 권력 등에 의해 억제된, 높이 평가되는 여성의 능동성을 가지고 있다(이것은 「프렌즈」와 같은 미국 시트콤의 적극적인 여성 인물들로 유형화할 수 있다). 이는 평가절하된 여성의 능동성에 대한 다른 이미지들, 즉 과도하게 성적이고, 과도하게 강력하고, 공공 및 혼인의 영역에 대해 파괴적인 이미지들과 대조를 이룬다(이 유형은 「위험한 정사」류의 영화에 등장하는 '악몽' 같은 여성 인물들부터 연속극에 등장하는 고전적인 '악녀' 유형의 변형까지 포함한다. 이제 연속극의 악녀는 자주 과도하게 성적이고 탐욕스러우며 난잡하고 냉혈한 사회적 여성으로 그려진다). 그런 구조주의적 혹은 재현적 설명에서 기표는 대립을 통해 가치를 생산한다. 여성성은 변별화하는 체계들을 통해 생산되고, 또 이런 변별화하는 체계들로 인해 사회적 의미들이 생산된다. 이 체계들에 선행하는 본질은 존재하지 않는다. 차이는 이데올로기적 강제이고, 이데올로기는 차이가 강제된 가정假定적 '실재'를 창조한다.

거칠게 말하면, 구조주의와 문화연구의 지배적인 방법들과는 대조적으로, 들뢰즈는 어떤 이데올로기의 개념에도 직접 대립하는 '상향식' bottom-up 차이 이론을 제시한다. 사회적 코드는 그렇지 않았다면 무의미했을 인간 신체를 변별화하지 않는다. 우리는 차이들의 다양체에서 시작한다. 그것은 단지 언어적인 차이들만이 아니라 발생적, 지리적, 미시적 또는 지각 불가능한 차이들을 포함한다. 우리가 결국 두 개의 성을 갖는 것은 차이가 강제돼서가 아니라, 차이가 환원되기 때문이다. 우리는 신체들을 모든 가능한 성적이고 발생적인 변이들로부터 남성과 여성의 이항적 차이로 코드화해왔다. 우리는 '천 개의 작은 성들'의 관념——신체들이 상이하게 되는 모든 방식들 혹은 심지어 '강도 높은 배아적 유입'——즉 신체들과 사람들을 가로지르는 물질의 발생적 흐름 안의 차이들에서 시작할 수 있다. "왜냐하면 두 개의 성은 여성 속의 남성과 남성 속의 여성뿐 아니라 동물, 식물 등과 맺는 각각의 관계를 작동하게 하는 분자적 조합들의 다양체를 암시하기 때문이다. 그것은 천 개의 작은 성들이다"(TP, 213). 좀더 최근의 문화분석 형태들은 차이에 관한 이런 현동적인 해석을 취하는데, 그 중에는 처음에 들뢰즈에게 비판적이던 사람들의 연구도 있다. 로지 브라이도티는 차이의 규정 불가능한 사건들을 생산하는 문화적 사건들에 착목했다(Braidotti, 1994). 이를테면 성전환은 본질적인 생물학적 동일성에 호소하지도, 자기를 단순한 문화적 구성으로 받아들이지도 않는다. 오히려 성전환자는 현재의 자신이 아닌 다른 존재가 되기를 욕망하는 것이 자신의 신체의 '본질'이고 본성이라고 본다.

강도

욕망에 관한 장에서 성차에 대해 더 상세히 살펴볼 것이므로 여기서는 간략히 다루고 넘어가자. 들뢰즈는 성차가 남성과 여성의 구별을 훨씬 넘어선다고 본다(Grosz, 1994a). 문화적 재현의 수준에서도 성차를 강도의 관점에서 바라볼 수 있다. 강도intensity는 기표 혹은 체계적 대립의 산물이 아니다. 들뢰즈는 강도가 직접 욕망되거나 지각된 질들이며, 이것이 그 이후에 우리로 하여금 한 체계의 구별되는 차이들을 형성하게 해준다고 본다. 그것은 구조주의자들의 주장처럼 팔루스를 가졌느냐 갖지 않았느냐에 관한, 마치 성차가 이런 상징적 대립을 통해 생산됐다는 식의 문제가 아니다. 들뢰즈의 영향을 받은 많은 페미니즘 이론가들은 성차를 복수적이고 현동적인 방식으로, 이를테면 신체들에 강제된 의미가 아니라, 신체들과 신체 부분들의 표현으로 볼 수 있다고 주장해왔다(Grosz, 1994b). 우리는 특정한 질이나 강도가 '투여된' 방식들을 생각해볼 수 있다. 지난 세기의 여성성을 대표하는 이미지들 중 하나인 마릴린 먼로를 예로 들 수 있을 것이다. 이미지로서의 그녀가 거둔 성공은 강도들, 예컨대 그녀의 은빛 금발, 입술의 반짝거림, 신체의 곡선, 음색 등에 의존했다. 그녀는 인칭이나 '여성'의 이미지라기보다는, 그리고 의미나 기표라기보다는 직접적으로 투여된 강도였다(욕망된 것은 그녀가 상징하거나 재현한 것이 아니라, 그녀가 가진 이미지의 질들 자체였다). 사랑과 욕망은 이런 식으로, 즉 정념을 통하여 감응적affective 질들에 대해 작동한다. 먼로는 우리 모두에게 강제되었다고 여겨지는 '여성성'의 기표로서 작용할 수 있기 이전에 강도적 차이의 형태로의 투여가 있었음에 분명하다. 의미를 수반하는 기표가 있기 이전에 욕망은 부분 대상들——가슴, 흰색, 곡선을 이룬 엉덩이와 접속함으로써 작동한다. 대조적으로 구조주의 연구는 어떻게 차이가 대립을 통해 생산되는지 분석한다. 예컨대 먼로의 부드러움, 수동성, 신비로움은 플롯과 연기를 지배하는 남성 인물들과 대조를 이룰 것이다. 구조주의 형식의 문화연구는 사회적 의미와 대립들을 찾으려는 경향이 있다. 이때 먼로는 1950년대 여성, 비적극적이지만 강력한 여성의 섹슈얼리티를 재현했다. 그와 같은 여성의 기표들은 변별적 관계들을 통해서만 이해될 수 있다. 가령 부드럽고 아이 같은 먼로의 음색은 말론 브랜도나 제임스 딘의 무게 잡는 딱딱함에 대비된다. 그런 관점에서 차이는 하나의 의미를 유지하기 위해 위로부터 차이를 조직화하는 체계를 통해——이런 경우에는 가부장제나 이데올로기를 통해——창조된다. 물질적 요소들(금발/부드러움 대 어두움/공격성)은 그 자체로는 무의미하고 비정치적이지만, 여성에 대한 남성의 우위와 같은 정치적 목적을 통해 의미를 갖게 되는 것으로 여겨진다.

대조적으로 들뢰즈는 욕망의 정치학을 생산한다. 강도들은 의미 있는 것은 아닐 수 있지만 분명히 정치적이다. 그리고 우리가 문화에서 소비하는 것은 전언이 아니라 강도에의 투여이다. 사회는 의미들의 부여가 아니라 스타일들의 생산을 통해 질서 지어진다. 들뢰즈는 '미시정치학'을 주장한다――흰색, 부드러움, 곡선미와 같은 구체적인 질들――독특하고 비인칭적인 욕망의 기호들――이 어떻게 '여성적인 것'의 기호들로 코드화됐는가? 우리가 여성성을 가지는 것은 강제된 차이 때문이 아니라, 우리가 특정한 질들을 추상화해 기표로서 취해왔기 때문이다. 욕망된 강도들――먼로의 이미지와 같은――이 여성 일반의 기표로 받아들여질 때 문제가 발생하는데, 들뢰즈는 이것이 '사회기계'가 욕망을 '초코드화'하는 방식이라고 설명한다. 그것은 강도적 차이――금발, 곡선, 연약함 같은 비인칭적인 질들에의 투여――를 외연적 차이――'여성'이나 '여성성'에의 투여――로 환원시킨다. 앤디 워홀이 반복한 먼로 이미지를 이와 같은 강도적 차이의 환원에 관련시켜 살펴볼 수 있다. 워홀의 미술은 현대 미국의 기표들――마릴린 먼로에서 캠벨수프 깡통에 이르기까지 모든 것――을 취해 그것들을 강도들로서 반복한다. 먼로는 특정한 모양의 입술과 머리가 된다. 수프 깡통은 디자인 라벨과 그것의 색채, 서체, 로고가 된다. 이미지의 반복은 우리가 그것의 독특함 혹은 존재를 보지 못하게 한다. 다시 말해 그것은 우리에게 이미지화와 외관 그 자체로 주어진다. 그러므로 우리는 여성성이나 미국인의 가정생활과 같은 동일성들을 가지고, 그 이미지들을 통해 의미화하는 것이 아니다――'여성'이나 '미국'은 강도들의 증식에 지나지 않는다. 동일성은 강도들을 하나의 기표로 환원하는 것과 함께 발생하며, 이때 우리는 강도를 어떤 것의 이미지로 상상한다――이때 우리는 애플파이에 대한 우리의 사랑이 우리의 미국인-임Americanness을 의미화한다고 생각한다. 그 반대도 성립한다. 즉 동일성들은 색채, 신체 일부, 취향, 스타일 등에의 투여와 같은 욕망들로부터 형성된다. 욕망은 기원적으로 생산적이고 연접적이고 강도적이며, 남성적인 것도 여성적인 것도 아닌 독특한 질들에의 투여다. 반복과 코드화를 통해 이런 질들은 강도들에 선행하고 강도들을 지배하는 어떤 개별적 본질의 기표들로 읽힌다.

미시정치학

들뢰즈는 이데올로기적이라기보다는 미시정치학적인 정치적 독해를 제시한다. 우리는 텍스트에서 의미 체계들이 강제된 방식들(남성 대 여성, 백인 대 흑인)이 아니라 추상될 의미들로부터 강도들의 생산을 본다. 예를 들어 영화는 어떻게 흰색의 강도와 질을 찬미해왔는가? 먼로부터 현재까지 우리는 어떻게 모든 형태의 —— 육체, 형태, 색채, 감정 등의 —— 강도들을 취해 여성의 이미지들로 환원해왔는가? 들뢰즈·가타리에 따르면 '천 개의 작은 성들'을 남성/여성의 이항으로 환원하는 데서 정점에 이른 욕망의 역사가 존재한다. 그와 같은 '성' 性은 인칭이나 구별 항에서가 아니라 '부분 대상'으로서 출발한다. 우리가 권력관계 —— 남성의 여성에 대한 가부장적 우위 —— 를 가지고 있어서 그 관계의 의미나 이데올로기를 강화하고 전달할 이미지를 사용하는 것이 아니다. 먼저 무의미하지만 정치적인, 강도와 부분 대상(항문, 팔루스, 가슴)에의 투여가 있다. 그런데 이것은 단지 남성 신체 및 여성 신체, 그리고 단순한 인칭들이 아니다. 한 사회의 쾌락 자체 —— 우리가 먹는 것, 이동하는 방식, 입는 것, 욕망하는 상품들, 그 상품들에 대한 욕망 자체――는 정치적으로 코드화되어 있다. 정치적인 것은 이미지와 감정 자체에 대한 욕망이지 그것이 의미하는 바가 아니다.

성聖 금요일에 천주교회에 가는 사람들의 무리가 십자가 행렬 주위로 몰려드는 것을 상상해보자. 가시면류관, 나무 십자가, 고통 받는 신체, 약하게 줄인 조명, 배경에 흐르는 녹음된 바흐 칸타타가 직접적인 감정을 통해 그 무리를 통합한다. 우리는 고통과 고난, 비탄, 우울, 고양됨을 느낀다. 이것은 정치적 사건이지만 그 행렬이 기독교의 의미를 군중에 강제하는 방법이기 때문은 아니다(물론 사후적으로는 그런 일이 벌어질 수 있다). 정치학은 이미지와 지각하는 사람들과의 관계, 감정상의 욕망하는 투여에 달려 있다. 사건은 강도들의 조직과 코드화를 통해 무리를 생산한다(코드화는 단일한 신체――그리스도의 신체를 둘러싼 감정의 조직화와 더불어 발생한다. 즉 이 모든 감정들은 기독교의 수난이다). 들뢰즈에게 영향을 받은 문화이론가들에게 결정적이었던 것은 바로 이런 감정의 정치학이다. 예컨대 브라이언 마수미 Brian Massumi는 미국 대통령 로널드 레이건의 정치적 성공이 일관성 있는 전언의 전달에서 얻어진 것이 아니라, 그의 더듬는 목소리와 신체가 의미로부터 물러난 편안함을 전해주기 때문임을 보여줬다. 그의 스타일과 감응적 질, 그의 신체의 시각적이고 청각적인 경험은 그가 거의 모든 정치적 '입장'과 양립할 수 있는 것처럼 보이게 해주었다 (Massumi, 1996). 폴 패튼Paul Patton 또한 매우 다른 방식으로 미시 정치학 이론에 대한 들뢰즈의 공헌을 강조했다. 우리는 더 이상 법 안에서 이미 형성된 주체들 사이의 관계를 살피지 않는다. 오히려 법의 생성이 하나의 정치적 지형과 그것을 점유한 주체들을 생산하는 방식들을 볼 필요가 있다. 패튼은 원주민 권리의 문제들을 고찰하고 토지권 청구가 옳음과 그름, 인간과 비인간 사이의 경계선들에 작동하지 않는 방식들을 보여준다. 이를테면 호주 원주민의 토지권 청구는 어떻게 하나의 정치적 영역이 열려 탈영토화될 수 있는지를 보여줬다. 그럴 때 우리는 새로운 강도, 감정, 가능성을 대면하지 않을 수 없고, 이때 그것들은 단지 우리 자신의 논리적이고 법적인 체계 내의 '논증'들이 아니다(Patton, 2000, 126~127).

들뢰즈·가타리는 정치학의 역사가 감정들과 강도들이 코드화되는 역사라고 본다. 원시 문화들은 강도들을 집합적으로 체험한다. 공통의 감정이 한 무리의 신체들을 통합하거나 모으기 때문이다. 그런 집단적 강도들이 (위에서 거론한 종교의 예와 같이) 근대성에도 살아남아 있지만 자본주의는 모든 강도들을 자본의 흐름에 귀속시킨다. 강도들은 '탈코드화' 되고 이때 무엇이 느껴지는지(그리스도 신체의 수난, 고양된 팝스타의 히스테리) 더 이상 문제가 되지 않는다. 중요한 것은 어떤 의미나 특정한 이미지가 아니라 모든 이미지들이 자본의 흐름으로 탈코드화될 수 있다는 것이다. 강도들에 대한 직접적인 투여는 여전히 존재한다. 이를테면 먼로의 이미지나 수프 깡통에서 국기國旗와 국가國歌에 이르기까지 느껴지는 미국인-임의 감정들이 그것이다. 그러나 이 모든 강도들은 동일성의 '영토'를 생산하기 위해 조직된다. 자본주의에는 사회적 코드화를 지탱하는 이미지들에로의 직접적인 정치적 투여가 있다. 가장 중요한 것은 전언이나 의미들의 강제보다는 사회적 조직화를 향해 직접 이행하는 욕망들의 생산이다. 말하자면 캠벨수프 깡통이나 코카콜라 로고가 어떤 강제된 가치의 기호들이라서 우리가 믿도록 이끌려온 근대성이나 '미국'을 의미화하는 것이 아니다. 우리는 이미지의 색채, 감정, 질감을 욕망한다. 요컨대 이것은 인칭들을 가로지르는 성욕이고 신념과는 아무 상관없는 욕망이다. 무의식과 욕망은 의미나 신념을 담지하지 않으며, 오히려 욕망이 강도들을 투여한다. 하나의 전언을 위해 이미지를 강제하는 집단은 없다. 즉 이미지들 자체가 바로 사회적 조직화의 '기계'인 것이다.

자본주의와 코드화

원시적 사회기계와 자본주의적 사회기계들의 차이는 코드화와 탈코드화의 차이다. 말하자면 십자가형에서 투여란 집단적인 것을 규정하고 생산하는 구체적인 강도에의 투여로서, '우리'는 고양된 고통 받는 신체에 대한 공통의 느낌과 지각작용을 통해 하나의 사회적 신체가 된다(결국 사회적인 것은 그리스도의 신체를 둘러싼 고통과 감정의 집단적 조직화에서 각인되거나 코드화된다). 반대로 자본주의에서 강도들에의 투여는 탈코드화의 그것이다. 다시 말해 욕망된 것은 이러저러한 구체적인 사물이 아니며 신체와 감정 자체가 아니다. 욕망은 십자가나 깃발이나 왕의 신체와 같은 구체적인 사회적 대상에 따라 관리되거나 코드화되지 않는다. 돈과 상품에 대한 자본주의적 욕망은 구체적인 강도들을 어떤 일반적이거나 '공리적인' axiomatic 가치의 기호로 환원한다. 우리는 모든 사회적 대상들을 어떤 체계에서도 번역자 혹은 암호 해독가로 행동할 수 있는 하나의 일반 가치의 표상 ― 화폐 ― 으로 본다(그러므로 우리는 오늘날 종교의 가치를 노동을 위한 순종적인 신체들을 생산하는 능력 또는 상품으로서 그것의 명백한 용도의 측면에서 생각해볼 수 있다. 텔레비전의 전도 산업, 성지순례 여행 등등). 요점은 자본주의에선 우리의 욕망의 형태가 일반 가치의 흐름으로 흘러들 수 있는 한, 우리가 무엇을 믿든 무엇을 욕망하든 문제가 되지 않는다는 사실이다. 우리는 모든 욕망된 대상들을 어떤 저변에 놓인 일반적 양의 기호들로 볼 수 있어야 한다. 모든 상품은 자본으로 환원 가능하고 모든 성적 욕망은 일반적인 인간의 '삶'으로 환원 가능하다. 성적 투여는 남성성이나 여성성의 기호들로 읽히거나 해석되며 모든 신체 부분들과 몸짓들 뒤에는 인간의 조직화하는 실체가 있다. 우리가 욕망하는 상품들의 모든 이미지들 뒤에는 화폐의 일반적 등가성이 자리한다. 더 이상 강도적 차이를 조직화하고 코드화하는 (그리스도의 신체와 같은) '고양된' 대상은 없다. 코드는 내재적이거나 탈코드화된다. 결국 자본의 흐름만이, 인간의 일반적이고 균일한 성욕[性]만이 있을 뿐이다.

자본주의에서 차이는 신이나 왕과 같은 초월적 대상 주변에 조직되지 않는다. 차이는 내부로부터 동질화된다. 모든 차이들은 두 개의 균일한 등가적 흐름들, 즉 화폐와 인간의 차이들이다. 차이의 강도는 두 개의 연장된 항들, 즉 인간과 그의 타자로 환원된다. 초월성 ─ 혹은 조직화하는 가치 ─ 은 이제 더 이상 위로부터 명시적으로 강제되는 것이 아니라 '우리의' 내적 삶으로서 나타난다. 그것은 내재성 안의 초월성이다. 자본주의와 인간주의에서 우리는 더는 어떤 구체적인 (초월적) 가치들에 종속되어 있지 않은 듯하다. 즉 우리는 조직화하거나 공유되는 종교나 이데올로기나 문화적 신념들을 더는 갖지 않게 된

듯하다. 그러나 이러한 냉소주의(또는 신념의 부재)는 지극히 잠행적인 정복인데, 왜냐하면 이제 우리가 인정하고 주장할 수 있는 자유로운 차이의 흐름——다른 성, 스타일, 문화, 가치——은 모두 차이를 나타내는 인간 저변의 동일성에 정초하고 있기 때문이다. 차이는 이제 모든 차이를 등급의 차이로 만드는 하나의 공리, 하나의 동질적 매개에 종속된다. 우리는 다문화적일 수 있지만, 심층에서 우리는 모두 인간이다. 우리는 어떤 정치학을 신봉해도 되지만, 종국에는 일하러 가서 우리의 노동을 판다. 다른 사회적 코드화의 형태들과는 달리 자본주의는 차이를 통제하는 사회적 대상들을 구축함으로써 간접적으로 작동할 필요가 없다. 자본주의는 차이를 경제적으로 운영함으로써 그것을 직접적으로 정복했다.

그러므로 자본주의 내에서 하나의 사건을 생산하려면 단순히 그것의 불공평함, 모순, 편견들을 지적하는 것으로는 충분치 않다. 우리는 차이를 다르게 사유해야 한다. 더 이상 차이를 유사한 (인간) 존재들의 문화적 차이나 성차로 생각하지 않는다면——근본적이고 현동적인 차이를 생각할 수 있다면——우리는 사유를 공통된 이해와 재인의 경로에서 이탈시킬 수 있다. 그러므로 들뢰즈의 저작에는 두 가지 방향의 기획이 있다. 한편으로 자본주의는 생성을 존재로 환원하는 서양 사유의 경향에 대한 축도縮圖이다. 자본주의에서 욕망의 모든 흐름들과 생명의 모든 강도들은 하나의 단일한 흐름, 즉 자본과 교환이라는 양화 가능한 매개에 근거하게 된다. 다른 한편 자본주의는 우리가 그것의 탈코드화하는 힘을 연장할 때 새로운 사유함의 가능성을 열어 주기도 한다. 어떤 단일한 대상이나 척도도 욕망의 흐름들을 조직화할 수 없다면, 우리는 욕망(과 사유함)을 어떤 고착된 바탕이나 공리로부터 해방시킬 수도 있을 것이다. 이언 부캐넌Ian Buchanan(2000), 마이클 하트Michael Hardt(1994), 유진 홀랜드Eugene Holland(1999)는 자본주의를 그것 자체 너머로 확장시키는 이런 유토피아적 포텐셜을 강조한다. 특히 홀랜드는 정치적 과업이란 욕망의 흐름과 혁명적 힘을 정치적 행동으로 전환하는 것이라고 본다(Holland, 1999, 108). 이것은 단순히 반反-생산이나, 무절제를 멈추어 창조적 힘에 사용하게 하는 사회의 힘에 대한 주장을 통해서만이 아니라 잉여 생산을 통해서도 성취될 것이다. 왜냐하면 삶을 단지 점점 더 많은 생산을 향한 명령어로 노예화해 욕망을 (향락이 아닌) 생산의 코드화된 흐름 속에 잡아두는 자본주의 특유의 경향이 바로 그것이기 때문이다.

자본주의는 보편사를 가능하게 하지만, 동시에 사적 잉여를 집적하기 위한 재코드화와 재영토화를 통해 그것의 실현을 막는다. 들뢰즈·가타리에 따르면 보편사를 실현하는 것은 정신분석[학]과 부르주아 정치경제에게 자기-비판의 지점에 도달하기를 요구한다. 그것은 이론 상 금욕주의와 공리화를 겨냥하여 실천적으로 그것들을 제거하는 것을 목적으로 한다(Holland, 1999, 109).

그러므로 들뢰즈는 우리가 더는 어떤 주어진 논리나 체계에 따라 사유하지 않고 사유의 힘을 변형할 때, 비로소 삶을 변혁할 수 있다고 강조한다. 그러나 우리는 사유 주체의 너머에 놓여 있는 생산 조건에 주의를 기울임으로써만 이런 사유의 힘을 해방할 수 있다. 즉 우리는 사유를 관통하여 흐르는 생명과 욕망을 인식해야 한다(이는 사유의 생물학적, 정치적, 역사적, 스타일적 조건들을 살펴볼 것을 요청한다). 다음 장에서는 들뢰즈가 '이미지 없는 사유'를 생산하고자 하는 목적을 가지고 어떻게 전통적인 '사유의 이미지'에 도전하는지 살펴볼 것이다.

3_ 스타일과 내재성

스타일과 내재적 생성

들뢰즈는 사유의 능동적이고 긍정적이며 부단히 갱신하는 본성을 강조하기 위해 다양한 철학자들, 예술가들, 과학자들을 동원해 복합적인 어휘와 방법을 주조해냈다. 실제로 들뢰즈는 스타일이 우리가 단순히 사유를 전달하기 위해 사용하는 어떤 장식이 아니라고 강조했다. 스타일은 우리 사유의 형식 자체를 생산한다(만일 세계를 사실들의 단순한 집합이라고 믿는다면, 우리는 그 세계가 그저 '그곳에' 있어서 이러저러한 스타일로 재-현되기를 기다리고 있었던 것처럼 주어/술어 명제들의 스타일을 통해 글을 쓰고 말하는 경향을 띨 것이다). 그러나 들뢰즈는 세계가 단순하고 닫히고 불활성인 현전이고 그것이 특정한 재현의 스타일로 표현되는 것이 아니라고 주장한다. 예컨대 발화와 글쓰기는 삶의 외부에 설정된 재현의 형식들이 아니다. 다시 말해 발화나 글쓰기는 삶의 사건을 생산하며 삶과 더불어 생성하거나 변화한다. 어떤 세계가 있고 나서 우리가 그것을 재현하는 것이 아니다. 발화, 글쓰기, 사유함의 행위들은 세계의 의미를 생산하고 삶이 변화하고 생성하도록 허용함으로써 삶 내부의 사건들이 된다.

들뢰즈의 전체 사유에서 핵심적인 강조점은 우리와 세계의 관계가 동적이라는 데 있다. 그런데 그것은 세계에 대한 우리의 관념이 변화하기 때문도 아니고 세계가 변화를 통과해가기 때문도 아니다. 생명 자체가 부단한 변화와 창조이다. 우리는 변화를 부동의 무언가가 움직이는 것으로 생각하는 경향이 있다. 이에 반해 들뢰즈는 우리가 근원적인 정초를 갖지 않는 이동성, 흐름, 생성 혹은 변화에서 출발해야 한다고 강조한다. 그는 이것을 '내재면' plane of immanence이라고 부른다. 들뢰즈는 변화를 내포하는 하나의 세계를 생각하는 대신 (그래서 변화가 어떤 불변의 바탕에 내재적이게 하는 대신) 내재적 생성의 이론을 제시한다. 다시 말해 생성이란 어떤 존재의 생성이 아니다. 생성이 [먼저] 있고, 그로부터 우리는 상대적으로 안정적인 존재의 점들을 지각하는 것이다. 그리고 만일 어떤 세계나 존재가 있고 나서 생성하는 것이 아니라 단지 복합적이고 동적인 변화가 있을 뿐이라면, 우리는 글쓰기와 발화를 이런 변화면 plane of change 내의 사건들로 보아야 한다. 우리는 생성의 힘에 대해 충분히 인식하면서 글을 쓸 필요가 있다. 왜냐하면 우리가 글로 쓰고 있는 세계는 글쓰기를 통해 변형되고 영향을 받기 때문이다. 그리고 우리의 글쓰기는 세계에 대한 우리의 지각에 의해 변형되어야 한다.

브라이언 마수미는 영국에서 들뢰즈의 저작에 대한 도전을 시도한 최초의 저자들 중 한 사람이었다. 그의 『천의 고원―사용자 가이드』*A User's Guide to Capitalism and Schizophrenia*는 들뢰즈·가타리에 관한 책이라기보다는 그들의 스타일을 지속하고 확장하려는 시도이다. 들뢰즈의 주장처럼 세계를 고도로 복합적이고 열린 동적인 생성면plane of becoming으로 본다면, 그때 우리는 암시, 인용, 신조어, 빌려오거나 발명된 이미지, 발화의 문채文彩들을 활용한 좀더 복합적인 문장 형식들로 글을 써야 할 것이다.

우리는 세계를 단순히 독립된 주체에 의해 표상되는―― 혹은 재-현되는―― 어떤 대상으로 생각해서는 안 된다. 이것이 초월성의 오류, 즉 단순히 사유를 초월한, 혹은 외부에서 바라보는 주체에 의해 수동적으로 그려지고 재현되기를 기다리는 세계가 있다는 관념의 오류이다. 들뢰즈는 초월성의 관념―― 혹은 사유의 외부에 놓인 것이 어떤 정적이고 초월적인 대상이라는 관념 ―― 에 반해, 세계·면·표면 혹은 주름을 옹호한다. 오늘날 들뢰즈의 사유로부터 영향을 받은 많은 저작들은 ―― 본서와 대조적으로 ―― 스타일 면에서 설명적이거나 명제적인 것과 거리가 멀다.

정신(혹은 정신들)이 [먼저] 있어서 외부 세계를 재현하는 것이 아니다. 우리는 정신과 세계 (혹은 언어들과 사물들) 사이의 단순한 차이를 가정하는 데서 사유함을 시작해서는 안 된다. 사유, 지각작용, 행위, 생명의 활동은 내부와 외부 사이에 경계를 만든다. 우리는 종종 현실적인 혹은 '외부의' 세계를 재현하거나 묘사하는, 정신의 내부 혹은 '내부성'을 생각한다. 이것은 우리에게 내부와 외부, 주체들과 대상들, 또는 잠재적인 것(재현들)과 현실적인 것(세계) 사이의 단순한 이항 대립을 제공한다. 그러나 들뢰즈는 내부와 외부의 구별이 하나의 단일한 존재면plane of being 내의 구체적인 사건들에 의해 좌우된다고 주장한다. 우리는 이 면을 잠재적 총체성으로 생각할 수 있다. 이런 잠재적 전체로부터 특정한 존재들이 현실화되고 각각의 현실화의 사건은 내부와 외부를 창조한다.

우리는 이 현실적인 것과 잠재적인 것의 비늘구조imbrication*를 유전학과 유전적 창조의 관점에서 생각해볼 수 있다. 예컨대 DNA는 잠재적 힘이고 우리의 유전자들은 정보 혹은 어떤 포텐셜을 담지하고 있는데, 이는 아직 현실화되지 않은 어떤 것이 될 포텐셜로서—무엇과 조우하느냐에 따라—몇 가지 형태를 취한다.** 각각의 현실적 삶은 이런 생성하는 잠재적 포텐셜virtual potential로부터 영향을 받는다. 우리는 잠재적 총체성을 생성하는 일반적 생명의 힘 혹은 포텐셜로 볼 수 있다. 우리는 이런 포텐셜의 차이에 대한 잠재적 총체성이 인간의 눈(이나 다른 유기체들의 다양한 지각 장치들)과 같은 지각자perceiver를 생산할 때 비로소 하나의 현실적 세계를 가질 수 있다. 세계 혹은 어떤 현실화된 외부적이고 객관적인 실재성에 대한 지각은 특정한 차이의 사건들이 내부와 외부 사이에 '주름' fold을 창조할 때만 가능하다.

---

* 'imbrication'이라는 표현은 마치 기와처럼 서로 맞물려 있다는 뜻으로, 현실성과 잠재성의 맞물림을 표현하기 위한 용어이다.
** 사실 DNA는 잠재적 힘 자체라기보다는 잠재적 힘의 누층적 체계의 한 층위일 뿐이다. 말하자면 정작 중요한 것은 DNA가 아니라 DNA의 '체계'인 것이다. 콜브룩의 이러한 예시는 명확한 이해를 돕기 위한 것이나 약간의 오해를 불러일으킬 수 있으니 주의해야 한다.

주름

인간의 삶이 DNA 안의 잠재적 포텐셜로부터 현실화된 것이고 DNA는 인간 삶의 가능성의 실재적 조건이라고 말해보자. 인간의 경우 지각들은 내부(세계를 잠재적으로 재현하는 주체)와 외부(현실적인 외적 세계)를 창조한다. 그러나 우리는 지각이 일어나는 방식에 따라 좌우되는 내부와 외부 사이의 다른 '주름'들을 관찰할 수 있다. 분자적 변화들조차 주름들이다. 요컨대 하나의 분자는 환경에 대한 지각이나 반응에 따라 생성하거나 변화한다. 이 분자가 지금 존재하는 것은 특정한 주름 잡기의 효과, 자극과 반응의 상호작용이다. 결국 한 사물의 본질은 그것이 무엇이냐가 아니라 그것의 생성하거나 지각하는 힘이다. "본질은 언제나 차이다"(PS, 75). 생명의 면面 안에서 진화하는 각각의 존재는 그저 세계에 대해 수동적으로 반응하거나 지각하지 않는다. 그것의 응답 혹은 그것이 현실화하거나 물질화하는 세계는 각 지각의 구체적 차이에 의해 변곡된다. 바위, 동물, 식물, 인간 신체는 모두 존재들이 다름 아닌 환경이나 삶에 대한 능동적 반응인 한에서 세계를 '지각한다'. 결국 우리는 현실적 세계가 [먼저] 있어서 그 세계를 잠재적으로 지각하거나 재현한다고 말할 수 없다. 마치 현실적인 것과 잠재적인 것의 구별이 미리 주어진 엄격한 이항 대립이듯이 말이다. 불활성 질료의 독립된 영역에 반해 설정된 지각의 단일하고 구별되는 (정신과 같은) 영역은 없다. 생명은 세계를 현실화하는, 일련의 분기하는 지각들이다.

들뢰즈는 세계를 창조하는 이런 가능성을 '주름'으로 언급한다

(FLB). 지각하는 자와 지각되는 것, 잠재성과 현실성, 내부와 외부, 주체와 대상 간의 구별이란 존재하지 않는다. 만일 그런 구별이 존재한다면, 이는 우리에게 주체/대상이나, 재현하는 존재/초월적인 혹은 외부의 세계라는 존재의 두 가지 유형을 제공할 것이다. 그러나 들뢰즈는 무한한 주름들, 즉 내부와 외부를 나누는 구별의 창조들이 있음을 강조한다. 두 가지 유형의 존재(불활성의 질료와 재현하는 주체들)가 있는 것이 아니다. 주어져 있거나 무한한 지각들을 통해 현실화되는 하나의 존재의 잠재적 전체가 있으며, 거기에는 세계, 동물, 식물, 바위, 그 밖의 기계들의 '영혼' 이 포함된다. "식물은 그것이 기원하는 요소들——빛, 탄소, 염鹽——을 수축하는 가운데 관조하고, 각 경우에 그것의 다양성과 구성을 질화하는 색채들과 냄새들로 스스로를 채운다. 왜냐하면 그것은 감각작용 그 자체이기 때문이다"(WP, 212).

새로운 글쓰기 스타일과 함께 들뢰즈는 주름 개념을 가지고 존재에 정초하지 않은 생성을 표현한다. 우선 존재하고 나서 생성하는 존재 혹은 동일성에 특권을 부여하려 할 때, 우리는 단일한 시점, 단일한 세계, 세계가 그것을 통해 생성하는 단일한 시간의 선을 가져야 한다. 그러나 우리는 상이한 곡선들이나 주름들을 통해 알 수 있는 단일한 면이나 물질을 생각함으로써 이에 반해 작업할 수 있다. 가령 동물은 인간과는 다른 외부 세계를 갖는 반면, 무생물인 물질은 어떤 '내적' 이거나 외적인 세계를 갖지 않는다. 그러므로 우리는 하나의 세계 안에 위치 지어진 구별되는 존재들의 면이 아니라, 차이를 만드는 지각이나 상이한 생성의 벡터를 창조하는 상이한 주름들이나 변곡들의 면에 대해 생각할 수 있다. 세계 혹은 존재가 [먼저] 있어서 그것이 차이와 생성을 통과해가는 것이 아니다. 오히려 하나의 열린 영원한 생성(혹은 생성들)이 있고, 그로부터 특정한 세계들이 형성되는 것이다.

들뢰즈는 '형성된' formed이라는 단어를 이런 식으로 사용하지 않는다(FLB). 이것은 형상/질료나 이원론적 개념에 지나치게 가깝다—마치 어떤 질료가 먼저 있고 그것이 형성되고 지각된다는 식이다. 그것은 오히려 다양한 스타일들이나 양식들이 있어서 그 각각이 다른 스타일들의 무한한 면 위로 열려가는 것이다(무한한 것은 그것이 생성되는 각 점에서 상이하게 지각되고 그러므로 결코 전체를 아우르는 시점 혹은 신의 시점에 확정적으로 주어지지 않는다). 들뢰즈는 라이프니츠에 관한 그의 책(FLB)에서 물질과 양식에 대해서뿐 아니라 '주름'과 '곡률'에 관해서도 명시적으로 언급한다. 들뢰즈가 라이프니츠에게서 발견하는 것은 바로크 스타일의 철학이다. 질서 지어진 혹은 균일한 체계가 존재하는 고전주의와 달리, 바로크 미술과 사유는 질료의 열림과 접힘을 복수화한다. "우리는 일련의 변곡들 또는 사건들로서의 세계에서 출발한다. 그것은 **독특성들의 순수한 방출**이기 때문이다"(FLB, 60). 우리는 신체와 영혼, 현실성과 잠재성의 구별을 지각할 수 있겠지만, 이것은 두 가지 구별되는 존재들이 있어서가 아니다. 오히려 자체 내에 자신이 아닌 것을 접어넣거나 지각하는 능력을 지닌 물질이 있는 것이다. 영혼, 정신 혹은 '내면'들은 역동적인 생명 속의 특정한 사건들에 의해 생산된다. 따라서 우리는 지각하는 가운데 어떤 정신이나 주체가 된다. 이와 대조적으로, 물질은 고정됨으로써—다른 어떤 것과의 관계 속에서 지각하거나 생성하지 않음으로써—생산된다.

하나의 생명면Plane of Life에서 영혼과 물질적 신체가 모두 생산된다. 영혼들은 질료를 둘러쌈으로써 혹은 접음으로써 생겨나는 반면, 둘러싸지-않음은 질료를 제공한다. "외부성의 조건 하에 있는 질료의 겉주름pleat, 닫힘의 조건 하에 있는 영혼 안의 주름"(FLB, 35). 영혼은 바로 그것이 외부에 있는 것에 직접적으로 응답하지 않는다는 점에서 둘러쌈이고, 그것은 하나의 '극장'을 형성한다(FLB). 영혼은 세계를 향한 투명한 개방구나 창문이 아니다. 그것은 그 나름의 세계를 가진다. 정신이 자극에 단순히 응답하지 않고(세계를 향해 완전히 열려 있지 않고), 세계를 고려하거나 이미지를 만들거나 사유하는 것을 생각해보라. 이와 달리, 질료는 그것의 세계를 표상하거나 접어넣지 않는다. 다시 말해 그것은 자신의 관점* 안으로 세계를 끌어들여 기억하거나 '수축' 하지 않는다. 영혼과 질료는 존재의 두 유형들이 아니며, 존재 안에서 그것들은 주름들에 따라 달라진다. 질료는 주름이라기보다는 '겉주름'으로, 여전히 생성하고 응답하지만 그 자신의 생성을 지각하지 않는다. 들뢰즈는 이런 질료/양식의 구별과 주름이 질료와 형상의 이원론을 극복한다는 관념, 그리고 형식이 무형의 질료를 변별화한다는 관념을 사용한다. 질료 자체는 스타일과 양식을 통해 주름과 겉주름을 잡거나 생성한다. 양식은 질료에 강제된 한 형식이 아니라 바로 질료의 영혼이다. "영혼은 세계의 표현(현실성)이지만, 그것은 세계가 영혼이 표현하는 것(잠재성)이기 때문이다"(FLB, 5).

---

* '관점'은 라이프니츠적 맥락에서 중요한 용어이다. 수축이나 관조는 흩어져 있는 것을 종합하는 것인데, 이때 그 종합의 범주가 그 사물의 '관점'에 해당하고, 또한 그 관점에 따라 세계를 보게 된다는 의미를 지닌다.

그러나 접기 혹은 생성의 상이한 수준들이 있다. 우리는 정신을 감싸기의 주름으로 생각할 수 있다. 정신에서 세계의 부단한 생성은 속도가 줄어들면서 하나의 '세계'를 제공한다. 정신(혹은 영혼)은 지각들의 흐름을 선별하고 종합해 시간을 통해 유지되는 사물들을 생산한다. "감각적이고 동물적인 아래쪽의 영혼이 존재하고, 심지어 영혼들 안에 더욱 아래층에 존재한다. 질료의 겉주름들은 그것들을 둘러싸고 포괄한다"(DR, 4). 영혼은 질료의 능동적인 생성이고 그것이 접는 양식 또는 스타일이다. "질료에는 두 가지 상이한 스타일로 대리석 무늬가 박혀 있다"(FLB, 4). 그리고 이것은 잠재적 영혼 혹은 생성의 양식이 존재하며, 그것이 질료 속에 현실화된다는 의미이다(FLB, 35). 형식은 강제된 차이가 아니고 그것의 양식이나 변곡이나 스타일에서 구별되는 어떤 영혼이나 세계 일반도 존재하지 않는다.

> 그러므로 물질이 상이한 스케일, 속도, 그리고 상이한 벡터들에 따라 표현적인 질료(산과 물, 종이, 천, 살아 있는 조직, 뇌)가 되는 것은 단지 주름이 모든 물질들에 영향을 주기 때문이 아니라, 그것이 **형상**을 결정하고 물화物化하기 때문이다. 주름은 표현의 형상, 게슈탈트, 발생적 요소 또는 변곡의 무한한 선, 독특한 변수를 가진 곡선을 만든다(FLB, 34~35).

양식 혹은 접기는 들뢰즈가 현동적이고 능동적인 차이와 잠재적 전체에서 현실적 세계로의 이행을 말하는 한 방식이다. 『안티 오이디푸스』와 『천의 고원』에서 들뢰즈·가타리는 영토화에 대해 기술한다.

3_스타일과 내재성 **151**

그것은 무한히 복합적인 차이생성적 흐름들이 현실화되는 혹은 지속성이나 안정성을 갖는 것으로 나타나는 방식들을 설명한다. 그들은 또한 빠름과 느림에 대해서도 말하는데, 이때 빛의 모든 차이 나는 광선들을 지각하지 못하고 시각의 속도를 늦춘다면 우리는 색채를 볼 수 있는 반면, 이미지들의 속도를 높인다면 영화적인 움직임을 보게 될 것이다. 즉 우리의 현실적 혹은 지각된 세계는 잠재적 차이로부터 발생하며, 차이들의 창조 혹은 흐름(잠재적인 것)이 있고 그 중 일부만이 '우리'에게 (현실적으로) 지각된다는 것이다. 들뢰즈의 모든 저작들에서 그렇듯이 우리는 현동적 차이 혹은 '발생적 요소'에서 출발한다. 그리고 그것은 정신이나 질료와 같은 어떤 존재가 아니라, 그로부터 우리가 동일화 가능한 존재들을 식별하는 차이, 생성, 발생이다.

내재성과 잠재적 차이

들뢰즈 사유에서 모든 것은 내재성 immanence이라는 결정적인 관념으로 귀결된다(내재성은 들뢰즈적 의미에서의 한 개념이다. 즉 그것은 새로운 관념들과 사유함의 가능성들에 접속하는 한 방식이다. 내재성은 또한 필연적으로 들뢰즈의 다른 개념들, 사유의 새로운 스타일을 개시하는 개념들과 접속된다). 내재성은 소여所與에 대한 위임에서 출발한다. 오직 하나의 생명의 흐름 혹은 하나의 존재면만이 있다. 이 면은 어떤 사물이나 존재 — 우리가 그것에 대해 관계를 갖는 어떤 사물 — 가 아니라, 역동적이고 열린 생성의 흐름이어야 한다. 이것은 생명 전체 혹은 총체성이 주어진 것이 아님을 의미한다 — 전체는 현실적인 것이 아니라 잠재적인 것인데, 왜냐하면 우리가 미래를 미리 알 수 없고 과거의 결과들을 결정할 수도 없기 때문이다. 그리고 이 잠재적인 전체는 존재들의 집합이 아니라, 생성의 포텐셜들 혹은 가능성들이다. 좀더 중요한 것은 이런 생성이 균일하거나 동질적인 것이 아니며 변화가 지향하는 전면적인 목표나 목적이 없다는 점이다. 생명의 각 흐름은 그 생성의 구별되는 힘을 긍정한다. 다시 말해 진화의 경향 일반이란 없으며, 다만 독특성들의 분투하는 혹은 창조적인 변화만이 있을 뿐이다. 변화 혹은 생성은 하나의 목표나 목적에 도달하기 위해 발생하는 것이 아니다. 생명이 바로 변화 자체이다. 예컨대 유전적 돌연변이들은 생명의 변화하는 힘의 표현들이다. 즉 그것들은 어떤 형식이나 존재를 위한 변화들이 아니다.

생명의 힘은 생성, 자신 이외의 목적을 갖지 않는 하나의 생성이다. 들뢰즈는 생성/되기의 구별되는 경향들을 언급한다――동물-되기, 식물-되기, 인간 신체-되기, 심지어 철학-되기나 예술-되기――는 생성/되기의 어떤 일반적인 형태나 목적에 의해 통합되지 않는다. 생명의 흐름 또는 생성은 어떤 일반적인 과정적 발전이 아니다. 이것이 들뢰즈가 흐름들, 생성들, 다양체들, 계열들, 독특성들을 복수형으로 쓰는 이유이다. 존재들이 차이생성하는 차이나 흐름이나 생성에 대해 생각해야 할 때, 우리는 이 차이나 흐름이 또 하나의 존재라는 생각을 피해야 한다. 모든 생명이 그로부터 출현하는 통일체나 **일자**――者는 동일성이 아니라, 그 자체와도 다른 차이라고 들뢰즈는 강조한다. 그것은 잠재적 차이 혹은 순수 차이, 아직 어떤 구별되고 결정된 형태로 현실화되지 않은 차이, 차이생성[미분화]하는 순수 힘이다. 이것은 생명이 그 스스로를 어떤 단일한 형식이나 양식으로 접고 있지 않다는 것을 의미한다. 요컨대 주름들과 흐름의 다양체들이 존재하는 것이다.

다양체

들뢰즈의 생성이론과 초험적 경험론의 과업은 초월성의 가상, 즉 어떤 바탕이나 실체가 [먼저] 있어서 그것이 생성하거나 지각된다는 생각을 극복하는 것이다. 우리는 차이 혹은 힘들의 상호작용 배후에 구별되는 실체가 존재한다고 보는 경향이 있다. 즉 우리는 우리의 지각작용을 정초하는 어떤 '초월면'이 있다고 상상한다. 그리고 우리의 지각들을 현실 세계에 대한 사본이나 잠재적 이미지들로 상상한다. 그러나 들뢰즈는 '실재적인 것' 혹은 생명이 현실적 실체로 [먼저] 존재하고 그 후에 지각되거나 잠재적으로 그려지는 것이 아니라고 본다. 그는 오히려 우리가 잠재적인 것, 즉 물질적 세계가 그로부터 현실화되는 차이의 역량이나 힘, 그리고 생성에서 출발한다고 주장한다. 초월성은 (초험적인 것과는 대조적으로) 서양 사유의 독단dogma이라고 들뢰즈는 말한다. 초월성은 하나의 주체, 실체 혹은 존재를 가정하고, 그로부터 생성, 관계들, 힘들 혹은 차이가 도출된다. 우리가 단지 상대적 차이들 — 말하자면 이 색과 다른 색 사이의 차이 — 의 세계를 알 뿐이라는 것은 사실이다. 그러나 관계들의 세계 배후에 존재하는 것은 현실적 실체(질들을 갖지 않은 무색의 대상들이나 텅 빈 실체)가 아니라 순수한 잠재적 차이다. 색채들의 경우, 우리가 바라보는 차이를 제공해주는 것은 백색 광선의 차이생성하는 힘 혹은 지각 불가능한 차이생성이다. 상이한 사물들의 관계 —— 외연적 다양체 혹은 일단의 구별되는 항들로 지각되는 ——를 생산하는 것은 비관계적 차이, 곧 차이 생성하는 차이다.

이것은 강도적 다양체의 관념을 통해 설명할 수 있다. 만일 내가 붉은 사물들의 연장된 집합을 갖는다면, 한두 가지 사물들을 더하거나 뺀다 해도 여전히 일단의 붉은 사물들을 가지고 있을 것이다. 이것이 외연적 다양체다. 양에 있어서 차이는 그 집합의 본성을 변화시키지 않는다. 왜냐하면 나는 양을 하나의 표준적 단위(빨강의 일반적 색조)에 의해 측정하고 있으므로 좀더 붉거나 덜 붉은 사물들이 그 집합의 동일성을 변화시키지 않고도 더해지거나 빼질 수 있기 때문이다. 그것은 언제나 붉은 사물들의 집합일 것이다. 그러나 내가 동적 힘들의 다양체를 갖는다면, 예컨대 빨강에 대한 지각을 구성했다가 빛의 총량이나 속도를 변화시키는 빛을 가졌다면, 나는 더 이상 동일한 색채를 지각하지 않을 것이다. 양의 차이는 단지 이것이 무엇의 일단 혹은 다양체인지를 변화시킬 뿐이다. 외연적 다양체는 오직 이미 변별화된 것들만을 모은다. 반면 강도적 다양체는 각각의 더하기나 빼기와 더불어 변화한다. 가령 더 많은 빛은 우리에게 상이한 색채를 제공한다. 이로부터 우리는 동일성에 관한 두 가지 사유함의 방식을 얻는다. 우리는 이미 구별된 항으로 출발해 외연적 다양체들을 이런 구별된 양의 집합들로 볼 수 있다. 이를테면 우리는 한 민족을 영국 사람들의 집합으로 상상할 수 있는 것이다. 집단화는 이미 결정된 단위들과 존재에 따라 좌우된다. 예컨대 영국은 얼마나 많은 사람들이 포함되는지에 영향을 받지 않는다. 들뢰즈·가타리는 이런 유형의 정치적 묶음을 '종속 집단'들이라고 불렀다. 여기서는 구성원들의 동일성이 선행하고, 이 동일성은 구성원들의 양이나 집합에는 영향을 받지 않는다(AO, 348). 이와 대조적으로 강도적 다양체는 각각의 더하기와 빼기에 따라 변화한다. 다시 말해 그것은 동일하게 남아 있는 단위들의 집합이 아닌 것이다. 들뢰즈는 이것을 실체적 다양체라고 부른다. 즉 이 다양체가 무엇인가 하는 것은 그것이 포함하고 있는 것에 의해 직접적으로 구성된다. 여기에는 다양체에 동일성을 부여하는 붉음이니 영국인-임 Britishness이니 하는 외적 척도가 없다. 강도적 다양체는 그것을 구성하는 힘들 각각의 변화와 더불어 변화한다. 빛의 더하기나 빼기는 우리에게 동일한 빨강을 제공하지 않을 것이다. 그러나 신체들의 더하기나 빼기가 우리에게 동일한 의미의 영국인-임, 즉 동일한 민족을 제시할 수 없게 될지도 모른다. 확실히 영국은 최근 바로 그와 같은 변종 mutation에의 열망에 사로잡혀 있다. 만일 우리가 '정치적 망명자들' asylum seekers을 영국의 구성원에 포함시키기 시작한다면, 우리는 더 이상 그 사람들의 집합을 지배하는 영국인-임의 표준(영어를 말하는 백인)을 갖지 않게 될 것이다. 어떤 가산적 단위에 종속된 한 집단(종속 집단) 대신 우리는 그 단위들의 본성을 부단히 변화시키는 집단(주체 집단)을 가지게 될 것이다. 자기-임Selfhood이라는 관념 자체는 새로운 구성원들을 추가함으로써 변화할 수 있다. 또한 이것을 집합적 배치로 여길 수 있다. 여기서는 동일한 사물들이 [먼저] 있어서 동질적인 집단을 구성하는 것이 아니라, 배치와 접속이 동일성을 생산한다.

주체 집단/종속 집단

들뢰즈·가타리는 '주체 집단'을 '종속 집단'과 대비해 언급한다(AO). 종속 집단들은 단위들의 동일성에 의해 지배된다. 이를테면 영국인이라는 것을 한 집단에 들어가기 위한 조건으로 이해할 수 있다. 거기에는 배치, 집단 혹은 다양체에 선행하고 그 밑바닥에 잠재하는 하나의 동일성이 있다. 이것이 대부분 우리가 민족주의를 이해하는 경향이다. 요컨대 민족성, 생득권, 혹은 한 '민족'으로 분류될 수 있는 특질이 있다고 보는 것이다. 민족에 대한 수많은 호소들은 바로 이와 같은 구성원들의 집합이나 배치 위에, 그리고 그것을 넘어 존재하는 하나의 동일성에 의지한다. 이를테면 오늘날 호주의 공화주의 운동은 종종 호주인들이 이제 그들 자신의 동일성과 성격을 형성했음을 근거로 영국 군주제를 거부한다. 아마도 이는 호주인들이 그들 스스로 '호주인'으로 명명할 수 있도록 해주는 성격일 것이다.

한 구성원이 누구인가를 하나의 구별되는 동일성이나 실체로 소급하는 종속 집단 혹은 외연적 다양체와 대조적으로, 강도적 다양체 혹은 주체 집단은 각각의 힘이 변화하면서 더불어 변형된다. 그리고 한 구성원이 누구인가 역시 각각의 변형과 더불어 변화한다. 예를 들면 소수자 집단들은 부단한 변형 중에 있다. 왜냐하면 그들은 하나의 이미지나 동일성에 지배받지 않기 때문이다. 들뢰즈·가타리는 소수자를 그 집단의 구성원 수가 얼마나 되는지가 아니라 집단화의 본성에 따라 정의한다. 인구의 다수를 구성하는 여성들은, 항상 그런 것은 아니지만 소수자로 볼 수 있다. 이는 그들이 '인간' 혹은 인간성의 지배적인 표준을 인정하지 않기 때문이다. 이론상 우리 모두는 인간으로 존재한다는 의미를 알고 있다. 또 누군가가 이성적인지 도덕적인지 사회적인지 여부를 결정하는, 포함과 배제를 가능케 하는 인간성의 기준들이 존재한다. 우리는 이성적이지 않거나 도덕적이지 않거나 사회적이지 않은 사람들을 '비인간'적이라고 말할 수 있을 것이다. 인간성은 명백한 표준 혹은 척도로서, 그것에 의해 누가 그 집단에 포함될 수 있는지가 결정되며 우리는 모두 이 표준에 따라 측정된다. 이에 들어맞지 않으면 비인간이 되는데, 이때 다른 어떤 범주도 실재적 차이도 없다. 여성운동이 시작됐을 때, 그것은 남성적 이성의 재인을 거부한 집단화로 출발했지만, 아직 그것이 호소할 만한 다른 표준은 갖지 않은 상태였다. 우리는 이것을 주체 집단이자 강도적 다양체로 생각할 수 있다. 이때 여성으로 존재한다는 것은 물음과 구성에 열려 있고, 각각의 새로운 포함과 더불어 변이했다.

그러므로 민족주의의 정치적 주장에는 두 가지 양태가 있다 할 것이다. '다수자적인' majoritarian 주장은 집단화의 근거이자 합리성으로서의 어떤 정형적이고 지각된 단위 ─ 민족성, 생득권 ─ 에 호소할 것이다. '소수자적인' minoritarian 주장은 그것의 집단화 혹은 배치의 사건들에 의해 지속적으로 변형되는 동일성이 될 것이다.

일례로 오늘날 호주 원주민들의 권리 찾기 운동을 생각해볼 수 있다. 이것을 이해하는 한 가지 방식은 그들을 종속 집단으로 보는 것이다. 이때 원주민들은 그들 역시 '우리들'의 나머지와 같다고 주장할 수 있고, 모든 호주인들이 가지고 있는 권리들과 인식들을 허용하라고 요구할 수 있다. 원주민 공동체들은 호주 주민에 포함되고, 투표권을 부여받고, 토지를 소유하고, 재인될 수 있을 것이다. 아니면 우리는 이 운동을 주체 집단으로서 생각해볼 수도 있다. 왜냐하면 재인에 대한 요구는 종종 미리-주어진 동일성을 갖지 않은 집단으로부터 발생하기 때문이다. 포함을 요구하는 통합된 원주민의 개념은 원주민 문화의 다양한 역사적·문화적·지리학적 차이들에 모순된다. '유일무이한 원주민'의 구성체는 힘에 대한 요구를 통해 발생한 것이지, 그것에 선행한 것이 아니다. 즉 원주민의 동일성은 힘들의 집합 혹은 '배치'에 의한 결과이다.

그러나 이것은 또한 단순히 (호주인들의) 한 집단을 연장해 토착성을 포함하는 문제만도 아니다. 호주가 무엇인가라는 정의가 변화해야 한다. 이를테면 그것은 더 이상 백인이고 이성적이며 핵가족에 속하고 재산을 소유한 개인으로 묶이지 않게 될 수 있다. 나아가 집단과 내포의 개념 자체가 변화해야 한다. 그것은 단순히 재인을 연장하는 (새로운 집단에 권리와 재산과 자율성을 승인하는) 문제만은 아닐 것이다. 왜냐하면 그와 같은 재인의 양태들은 이미 다수자 집단의 것이기 때문이다. 새로운 양태의 집단화까지 생각해볼 필요가 있다. 이를테면 단순히 포함과 재인이 아니라, 수많은 토착적 신체들을 집단화하는 장소의 느낌과 같은 강도적 접속을 생각할 수 있다. 다수자와 소수자의 차이는 양적인 것이 아니라 양의 양태와 관련된 것이어야 한다. 다수자는 집단이 사후적으로 종속되는 하나의 동일성을 통해 그들 자신을 정의한다. 예컨대 그들은 공유되고 분배될 수 있는 호주인-임 Australianness에 대한 어떤 일반적 개념이 있기 때문에 자신들이 호주에 속한다고 인식하는 한 집단이다. 다수자는 외연적 다양체, 기존의 구별되는 단위들의 집합이다. 대조적으로 소수자는 그 구체적인 힘들의 병치 외부에 어떤 동일성도 갖지 않으며 각각의 더하기나 빼기는 그 집단에 새로운 힘을 준다. 가령 원주민들의 경우 주장은 좀더 많은 권리와 자율성이 소수자 집단에 부여됨에 따라, 이 권리와 자율성이라는 개념들 자체가 물음을 향해 열리는 것이다(패튼은 들뢰즈의 '탈주선' 개념을 가지고 이런 열림을 분석했다; Patton, 2000, 126). 원주민들이 투표권을 부여받아 민주주의의 절차에 포함되면서, 그들은 자신을 타인들로부터 보호할 권리를 소유한 전前-사회적 자아의 민주주의적 관념에 대해 문제를 제기할 수 있게 되었다. 좀더 많은 자기-임에 대한 공동의 개념들과 자아에 대한 정의들이 장소와 영혼을 통해 원자화된 서양의 정치적 주체 개념에 이의를 제기했다. 원주민들이 토지 소유자들이 되어 경제에 포함되자, 그들은 또한 토지를 소유되는 어떤 것, 즉 재산으로 보는 서양의 이해에 문제를 제기했다(Malpas, 1999). 토착민의 권리를 위한 운동에서 벌어진 각각의 정치적 사건은 논쟁 대상이 되어온 정치적 전체의 동일성 자체에는 물론, 토착 집단에게도 좀더 넓은 [문제의] 확장과 복잡성을 허용했다.

소수자-되기

우리는 정치적 논쟁을 두 가지 방식으로 바라볼 수 있다. 전통적으로 우리는 모든 사람에게 부여되어야 할 인권과 시민권의 어떤 규범이 존재하며, 그것은 편견·왜곡·권력에서 자유로워야 한다고 가정한다. 이것은 정치학의 힘들이 궁극적으로 어떤 근원적인 목표나 원리에 기반한다는 것을 전제한다. 다수자는 언제나 스스로를 어떤 구체적인 집단이나 우발적인 배치가 아니라, 인간의 혹은 인간성 일반의 대리자로서 현시한다. 힘들의 영역 외에 우리가 대안으로 가정할 수 있는 것은 없다. 각각의 정치적 사건은 단지 우리가 정치적인 것이 어떤 것이어야 한다고 이해하고 있는지를 물을 뿐인데, 이것은 각각의 힘이 새로운 구별들과 차이를 창조하기 때문이다. 소수자 정치학은 스스로를 민중people의 표현이 아니라 새로운 민중의 창조, 즉 '도래할 민중'으로 본다.

그러므로 이미 구별된 실체들로 소급되는 차이와 힘들이 아니라, 구별을 생산하는 힘과 역량의 세계에 대한 사유함의 직접적인 정치적 결과들이 존재한다. 생명은 관계들을 생산하는 역량 혹은 포텐셜이지, 이미 구별된 실체들 사이의 일단의 관계들이 아니다. 그렇다면 이제 과제는 차이를 현동적으로 사유하는 것, 요컨대 구별되는 항들 사이의 차이로서가 아니라, 지속적이고 바탕을 갖지 않으며 한정되지 않은 차이생성의 과정으로서 사유하는 것이다. 세계는 구별된 실체들로 구성된 것이 아니라 차이생성적 힘들, 즉 각각 상이한 방식들로 표현하는 실체들로 구성된다. 우리가 하나의 내재적 실체가 부단히 차이생성하고 스스로를 차이생성적으로 표현한다고 생각한다면, '인간'과 같은 어떤 재현적이고 규범적인 단위나 척도에 근거한 힘과 권력의 관념을 버려야 한다. 그럼에도 불구하고 모든 사회는 힘들과 변별화된 항들을 어떤 비변별화된 기원으로 소급해 연관시키려는 경향을 띠어왔다. 들뢰즈·가타리는 이런 정치적 과정을 '탈기관체' body without organs[*]의 생산이라 말한다. 생명의 힘들은 구별되는 신체들 혹은 유기체들을 생산한다. 그러나 그때 우리는 필연적이지만 오류인 비변별화된 기원(탈기관체)을 상상하는 것이다.

> 탈기관체는 사실 부분들과 함께 전체로서 생산된다—그것은 부분들을 통합하거나 총체화하는 전체가 아니라 부분들에 새로운, 실재적으로 구별되는 부분처럼 덧붙여진 것이다. …… 기관들-부분 대상들과 탈기관체는 근본적으로 하나이자 동일한 것, 하나이자 동일한 다양체다. …… 탈기관체는 언제나 공간을 주어진 강도에 따라 채우는 물질이고, 부분 대상들은 이 정도들, 강도 영零으로서의 물질에서 출발해 공간 속에서 실재적인 것을 생산하는 강도적 부분들이다. 탈기관체는 그 말의 가장 스피노자적인 의미로서 내재적 실체이다. 또한 부분 대상들은 그것의 궁극적인 빈위들과 같아서, 정확하게 그것들이 실재적으로 구별되고 이런 점에서 서로를 배제하고 대립되는 정도에 한해 이 실체에 속한다(AO, 327).

우리는 힘이나 역량이나 욕망이 근원적인 궁극적 기원이나 실체를 가진다는 가상에서 스스로 해방될 필요가 있을 뿐 아니라, 이런 궁극적인 바탕이나 탈기관체의 정치적이고 역사적인 산물들도 살펴보아야 한다. 현동적 차이—생산적이고 복수적이고 바탕을 갖지 않는 차이—에 대한 들뢰즈의 주장은 정치이론과 역사적 프로그램으로

---

* 탈기관체는 비변별화되어 있다가 분화되는 게 아니다. 분화 과정 그 자체가 결정되지 않았다는 의미다. 따라서 탈기관체는 기관 '없는' 신체가 아니며, 이를 기원적인 것으로 보면 그야말로 반反-들뢰즈적인 이해 방식이 되고 만다.

직접 이어진다. 우리가 차이 자체의 흐름을 사유하고 차이를 항들 사이의 차이나 어떤 실체의 변별화로 환원시키지 않을 수 있다면, 우리는 사유함을 그것의 도덕적 정초들로부터 해방하게 될 것이다.

지속

우리는 생각하거나 행동할 때, 차이의 연속적인 흐름을 개별적 대상들이나 정적인 양들로 분할하는 경향이 있다. 우리는 세계 속을 돌아다니기 위해 지각의 흐름들을 구별되고 재인 가능한 대상들로 코드화하고 단일 시점 혹은 그 안에 모든 차이가 위치 지어지는 세계를 수용한다. 이것은 초월면으로, 우리를 모든 차이가 어떤 동일한 기원이나 바탕으로 소급될 수 있다고 믿도록 이끈다. 예컨대 우리는 생성을 역사의 단일선 혹은 단일면 위에 놓는다. 그러나 들뢰즈는 생성이 단일한 선을 따라 연장하는 것이 아니라 천 개의 '고원들', 즉 상이한 지속의 면들이 있다고 강조한다. 예를 들어 서양 문화는 무슨 권리로 다른 문화들을 '개발도상'이라든지 '탈식민적'이라든지 '산업화 이전 단계' 라고 부르는가? 이는 오직 하나의 (서양의) 역사 발전의 선을 취하고 다른 역사들을 이 면面 안에서 측정함으로써만 가능한 일이다. 대조적으로 들뢰즈는 역사적 면들을 지질학적 조건 속에서 언급한다. 그러므로 그가 '원시적' primitive이라는 말을 쓸 때, 그것은 부재하는 과거를 가리키는 것이 아니라 여전히-현재하는 경향을 가리킨다. 자본주의에도 여전히 원시적인 투여가 있다. 이를테면 특정한 종교적 사건들을 여전히 성스럽고 강도적으로 경험된 신체에 투여한다. 자본주의는 원시적이고 전제적인 것과 같은 다른 시간선들과 교차하고 중첩되는 하나의 고원이다(오늘날 서양 문화의 사형 제도에는 야만주의의 흔적이 있으며 원시 문화와 그 문화에서 나타나는 교환의 경향은 자본주의를 암시한다). 상이한 지속들의 범위는 인간의 생명을 넘어선다. 들뢰즈는 시간이 등가적 지점들을 측정하거나 접속하는 방식이 아니라고 본다. 존재는 각각 그 나름의 리듬 혹은 시간성을 가진다. 예컨대 인간의 생명은 기억술들을 발전시켜 생명에 대한 반응의 속도를 늦출 수 있게 됐다──기억은 내가 현재에 좀더 많이 고려하고 행동할 수 있게 해준다. 나는 이제 일련의 가능한 결과들을 참조함으로써 무엇을 할지 고려할 수 있다. 다시 말해 나는 과거를 참조해 미래를 예견할 수 있고, 그 때문에 좀더 여유 있게 행동할 수 있다. 대조적으로 하나의 분자는 그 반응을 고려하거나 선택할 수 없다. 즉 그것은 다른 속도에서 작동한다. 들뢰즈는 사유를 미래로, 더는 인간의 역사를 펼치는 데 머물지 않는 미래로 개방하는 탈인간적 시간을 드러내고자 한다. 존 라이크먼John Rajchman이 최근 저작에서 들뢰즈의 시간 개념 가운데 본질적으로 창조적인 포텐셜이라고 가장 명료하게 표현한 것은 들뢰즈 사유의 이런 측면이다. "들뢰즈는, 우리에 선행하는 이 차이생성하거나 독특화하는 시간, 우리를 또 다른 개별화와 발명의 논리에 노출시키는 시간만이, 우리가 모방하거나 복종해야 하는 '기원적' 본성, 계약 혹은 법에서 우리를 해방시킬 수 있으며, 그러므로 우리가 자신에 대한 진정한 실험을 할 수 있도록 해준다고 본다"(Rajchman, 2000, 111).

들뢰즈·가타리가 『천의 고원』에서 구성하고 있는 역사는 인간의 생성/되기을 다른 생성면들과 나란히 놓는다. 인간의 생명 안에 다양한 빠름과 느림의 흐름들──다양한 정도의 습관, 기억, 약속하기, 욕망하기──이 존재하는 것처럼, (동물, 기계, 분자, 언어를 포함하는) 비-인간적인 되기들의 속도와 흐름도 있다. 이것은 들뢰즈의 주요한 두 개념, 욕망과 주름의 개념과 교차한다. 주름에 대한 관념은 들뢰즈가 생명이 내부와 외부를 생산하는 다양한 방식들에 대해 사유할 수 있도록 도와준다. 가령 인간 신체의 '눈'은 외부의 현실 반대편에 정신의 내부를 생산하지만, 그와 다른 주름들도 있다. 빛, 열기, 습기에 반응하는 분자들은 세포 조직이라는 내부와 환경이라는 외부를 창조한다. 이런 방식으로 무한한 접기들의 면을 생각하면, 우리는 생명을 욕망으로 생각할 수 있다. 먼저 존재들이 있어서 그것들이 외부에 놓인 것을 욕망한다는 의미가 아니다. 생명은 바로 변화·생성·창조이며 점차 더 복잡한 주름들을 창조함으로써 더 많은 변화와 생성의 선들을 생산한다. 이것은 생명이 언제나 능동적이고 창조적이며 생성/되기의 힘을 긍정한다는 의미다. 우리는 '욕망'이라는 말로 이런 창조들과 접기들 전체를 기술할 수 있는데, 그것은 욕망이 사물이나 존재가 아니라 관계나 힘이기 때문이다. 존재 내의 주름은 반응이나 상호작용을 통해 창조된다. 예컨대 빛은 세포 조직과 상호작용한다. 세포 조직은 빛에 반응하고자 함으로써 그 무엇으로 존재하게 된다. 이는 모든 생명과 마찬가지로 그것의 욕망, 그것의 변화의 힘이다. 들뢰즈는 세계를 욕망을 지닌〔욕망보다 먼저 존재하는 선차적〕존재들의 집합으로 보는 입장과 달리, 오히려 생명이 생성 혹은 욕망의 흐름들에서 시작되고 이후에 상대적으로 안정적인 점들을 생산한다고 주장한다.

우리는 살기 위해서 생성의 흐름을 동일화 가능한 존재들로 조직화한다. 우리는 우리의 사유함을 기관과 유기체들, 특히 '인간' 유기체에서 시작하는 경향이 있다. 들뢰즈는 철학과 창조적 사유함이 이런 경향에 반해 작동해야 한다고 본다. 이것이 '정신이나 주체들이 어떻게 세계를 아는가?' 와 같은 물음으로 시작되는 이론들의 오류이다. 또한 그것은 우리의 사유를 단순한 명제들이나 상-식에서 출발하는 오류이기도 하다. 상-식과 일상 언어는 이미 세계를 주체와 객체, 명사와 동사, 외부 세계로부터의 내적 경험, 혹은 신체를 관장하는 눈 등으로 분할해 놓았다. 상-식과 일상 언어는 초월면, 즉 사유의 판단 대상이 되는 대상이나 존재의 집합을 생산한다. 우리는 일반적으로 어떤 독립되거나 변별화된 대상이 있어서 그것이 어떤 주체에 의해 조망된다는 가정에서 사유함을 시작한다. 이처럼 차이를 이미 주어진 (또는 초월적인) 것으로 받아들이는 것에 반해, 들뢰즈의 모든 저작은 차이들이 어떻게 출현하는지를 이해하려 한다. 즉 우리가 변별화된 (그러므로 동일화 가능한) 존재들과 항들을 추상해내는 실재적 차이는 무엇인가? 어떻게 우리는 지각하는 정신을 지각되어야 하는 외부 세계로부터 분리하는가? 어떻게 전적으로 내재적인 생명의 면[내재면] 안에서 ── '자아'나 '인간'과 같은 ── 특정한 점들이 추상되어 생명을 판단하는 데 사용되는가? 왜 우리는 생명의 지속들과 흐름들을 등가적 점들(시간의 균일한 '지금'들, 혹은 규칙적인 공간의 '점'들)의 조건 속에서 생각하는가? 우리는 어떻게 '정신'이나 '인간'이나 '물질'을 전체를 설명하는 데 쓰일 수 있는 명사들 혹은 독립된 실체들로 생각하게 됐는가?

  철학, 예술, 과학은 내재성, 차이 혹은 생명의 흐름과 대면해야 한다. 이때 이들은 판단하거나 규정하기 위한 단일한 중심, 정초 또는 외부의 점을 갖지 않는다. 그러나 이것은 들뢰즈가 자신의 생각이 또 하나의 정초가 되는 항을 제시하지 않는 방식으로 글을 써야 함을 의미한다. 만일 그가 모든 '존재하는' 것을 단일항에 종속시켜 설명하려 했던 사상사에서 벗어나고자 한다면, 단순히 또 다른 항으로 기존의 항을 대체할 수는 없다. 그는 명제들, 용어법, 사유함의 극한에 이르는 방식으로 글쓰기를 해야 한다. 무엇보다 중요한 것은 그가 은유와 재현적 본보기들을 모두 피하고자 한다는 점이다.

재현에 반해

"은유를 죽여라"(K, 70). 은유와 재현이 무엇이 문제인가? 은유의 관념은 바로 문자적이고 현재하는 객관적인 세계가 〔먼저〕 있어서 우리가 이미지나 형상을 통해 생각한다는 것이다(들뢰즈는 '우리에게 있는 것은 은유뿐'이라는 생각도 거부한다. 이는 우리가 그것에 대해 가지고 있는 이미지들이 도달할 수 없는 곳에 영원히 존재하는 실재 세계가 있음을 암시하기 때문이다). 들뢰즈는 현실 세계가 존재하고 우리가 잠재적인 형상들이나 은유들로 재현한다는 식의 사고를 수용하지 않는다. 그는 대신 잠재적인 것(혹은 이미지화의 힘)이 선차적이며 현실적인 것을 생산한다고 본다. "변신은 은유에 반대된다. 더 이상 그 어떤 고유한 의미나 조형적 의미는 없으며 단지 전세계의 부분으로 존재하는 사태들의 배분만이 있을 뿐이다"(K, 22). 들뢰즈는 은유 혹은 재현이라는 관념 자체가 사유함과 철학을 떠받쳐왔다고 주장한다. 우리는 마치 문자적 세계가 있고 그것이 정신에 의해 발생된 은유나 재현을 통해 전달되어야 하는 것처럼 행동한다. 철학자들은 자신들이 은유를 가지고 객관세계를 기술한다고 생각한다—예컨대 한 철학자가 시간에 대해 기술하기를 원한다면, 그는 우리에게 시간을 하나의 선 혹은 하나의 강 혹은 점들의 계열이 사슬의 고리들처럼 연결된 것으로 생각해 보라고 요구할 것이다. 그러나 이것은 시간이라는 것이 있어서 우리가 이런 실재적 시간을 다양한 2차적 이미지들을 통해 생각함을 전제한다. 혹은 철학자는 우리에게 정신을 카메라나 창이나 거울로 상상해 보라고 요청할 수도 있다. 이런 은유 역시 우리로 하여금 사유 주체가 단순히 거기에 있어서 우리가 특정한 형상과 이미지들을 가지고 그것을 재-현한다고 생각하게 한다. 이것은 이미지들이 세계에 대한 수동적인 복제들로서 이미 변별화된 존재들에 부가됨을 의미한다. 그리고 이는 또한 세계가 이미지들 없이 즉자적으로 실존함을 암시한다.

그러나 만일 세계를 어떤 외적이고 정적인 대상 혹은 대상들의 집합으로 보는 것을 거부한다면, 우리는 세계에 대한 사유함이나 '이미지화'가 곧 세계를 구성한다는 것을 받아들여야 한다(나아가 우리는 이미지화가 인간 정신의 특권화된 활동이 아니라는 것도 인정해야 한다. 가령 어떤 식물이 태양을 향하는 것은 그 자체가 아닌 것을 '지각'하거나 그것의 이미지를 갖는 것인데, 다만 그 자신의 지각 스타일로 그렇게 하는 것이다). 들뢰즈는 세계가 이미지화 혹은 이미지들의 계열의 상호작용하는 면面에 다름 아니라고 주장한다. 그럴 때 각각의 사건은 세계 내에서 다른 모든 것을 이미지화하거나 그것에 응답한다. 세계는 미리 주어진 점들이나 존재들의 전체라서 지각작용과 이미지화를 통해 상호작용하는 것이 아니다. 오히려 구체적인 한 점은 오직 이미지화와 지각작용의 사건을 통해서만 현실화된다. "이미지들이 있고, 사물들은 그 자체가 이미지들인데, 왜냐하면 이미지들은 우리의 머릿속, 우리의 두뇌 속에 있는 것이 아니기 때문이다. 두뇌는 다만 다른 여러 이미지들 가운데 하나일 뿐이다. 이미지들은 부단히 서로 작용하고 반작용하며, 생산하고 소비한다. 이미지들, 사물들 운동 사이에는 아무런 차이가 없다"(N, 45).

이것은 반-실재론적 이론이 아니다. 들뢰즈는 실재성이 '단지 하나의 이미지일 뿐'이라거나 정신에 의해 구성된 것이라고 주장하는 게 아니다. 반대로 그 모든 차이와 복잡성을 수반하는 실재는 '우리가' 그것에 대해 형성한 연장된 이미지들로 환원될 수 없다. 마찬가지로 정신이 모든 이미지들의 저자나 기원으로 여겨질 수도 없다. 실재성 자체는 이미지화의 무한하고 탈인간적인 면이다. 가령 하나의 세포가 다른 세포에 반응할 때, 혹은 하나의 식물이 태양을 향해 자랄 때, 혹은 하나의 바이러스가 돌연변이를 일으킬 때, 우리는 이것들 각각을 이미지화로 부를 수 있다. 생명의 한 사건은 두 점을 창조함으로써 상이한 사건을 파악해왔으며, 각 이미지화의 점은 그 자신의 세계를 가진다. 주체가 [먼저] 있어서 그가 지각하는 것이 아니다. 오히려 주체들이 접혀 있는 비인칭적 지각작용의 면이 있는 것이다. 영혼이나 주체의 관점은 구체적인 지각작용의 양식이나 그것의 스타일 또는 변곡으로부터 산출된다.

…… 전세계는 오직 자신을 표현하는 영혼의 주름들 안에서만 현재적

으로 실존하는 잠재성이다. 이때 영혼은 둘러싸인[조직화된] 세계의 재현을 자기 자신에게 제공하는 내부적인 펼침을 수행한다. 우리는 마치 잠재적인 것에서 실재적인 것으로 가듯이 변곡에서 주체 내의 둘러쌈[조직화]으로 나아간다. 변곡은 주름을 정의하지만, 둘러쌈[조직화]은 영혼 또는 주체, 즉 주름과 그 최종 원인과 그 완성된 행위를 포괄하는 것을 정의한다(FLB, 23).

인간의 생명이나 사유는 단지 여러 이미지화나 지각작용들 가운데 한 가지 유형일 뿐이다. 말하자면 세계가 단순히 존재하거나 초월적인 것이라서 인간 인식자에 의해 조망된다는 생각은 오류이다. 내재성에서 시작한다면, 그와 같은 외적 시점을 받아들일 수 있는——정신이나 사유나 재현과 같은——특권화된 지점은 있을 수 없다.

우리는 세계에 대해 생각할 때 현실적으로 그것에 형식 혹은 들뢰즈의 용어를 빌리면 '일관성' consistency을 부여한다. 사유함은 창조와 변형의 행위로, 생명의 역동적 흐름을 취해 그 자신의 개념, 이미지, 연장된 질료의 관념을 생산한다(사유함은 독립되고 자율적인 정신의 행동으로 초월적이거나 외부적 세계 위로 혹은 그것에 반해 배치되어 있는 것이 아니다. 사유함은 지각함을 통해 스스로를 실현하거나 생성한다. 이를테면 한 명의 사상가와 같은 어떤 것이 사유되는 것에 응답해 형성되도록 한다. 사유함은 하나의 흐름과 다른 흐름의 접속이다). 재현의 문제는 그것이 (재현하는) 정신과 (재현되는) 세계 사이의 구별을 가정하는 것이다. 은유의 문제는 '우리'가 하나의 사물을 다른 것에 비유함으로써 사유한다고 믿도록 이끄는 데 있다. 마치 사유가 단순히 이미

객관화된 실재성에 덧붙여진 재인과 비교의 한 형태라는 듯이 말이다. 그러나 실재성은 이보다 훨씬 풍부하다. 실재적인 것은 무한히 차이화하고 영원히 생성하는 생명면이다. 이미지들과 이미지화의 힘은 일상 언어와 재현의 영역을 훨씬 넘어선다. 진정한 사유함은 인간의 어리석음과 예술에서 동물의 삶과 영화에 이르기까지, 새로운 지각자들과 새로운 세계들을 창조하는 그 모든 기괴하고 탈인간적인 이미지화의 양태들과 대면해야 한다. 상-식과 일상 언어는 한 사물을 다른 것에 은유하거나 비교함으로써 작동한다. 그러나 철학, 예술, 과학은 이 습관적인 사유함의 양태들을 버림으로써, 생명과 차이의 혼돈으로부터 동일화 가능한 사물들 —주체와 대상과 같은— 이 어떻게 출현하는가 하는 문제와 대면해야 한다. (우리는 또한 혼돈을 차이와 질서의 결여나 부재가 아니라 아직 사유되거나 조우되지 않은 차이들로 생각해야 한다.)

이런 이유로 들뢰즈의 글쓰기는 본질적으로 어렵다. 철학은 사유를 재인과 상-식 너머로 가져갈 때 창조적이고 도발적이 된다. 특히 철학은 스타일의 발명을 요구한다. 전형과 명제는 사유를 그것이 이미 존재하는 곳에 놓아두는 경향이 있다. 우리는 주어와 술어 문장들의 경직된 스타일 안에 머무른다. 그러나 만일 생명 그 자체가 스타일이어서, 그곳에서 생명의 각 사건이 그 자신의 변곡들 혹은 그것의 세계를 내포하는 양식을 산출한다면, 그때 우리는 이런 생명을 스타일상으로 대면해야 한다. "언어는 이 여성적이고, 동물적이고, 분자적인 우회들에 도달하는 데 전념해야 하며, 모든 우회들은 가사假死적으로-되기becoming-mortal이다. 언어에도 사물에도 직선이란 없다. 구문은 각각의 경우에 사물들 안의 생명을 드러내기 위해 창조된 필연적 어휘들의 집합이다"(ECC, 2). 복합적이고 간접적인 문장 형식들은 우리로 하여금 세계를, 표현되기를 기다리는 사실과 진리의 영역이 아니라, 부단히 새로운 사유와 갱신된 대면을 요하는 동적인 개방으로 생각할 수 있게 해준다. 재현에 대한 서양의 원형은 언제나 존재와 재현, 생명과 우리가 생명에 대해 가지고 있는 지식이나 사유, 현실적 세계와 잠재적 사본 사이의 대립을 전제해왔다. 이에 반해 들뢰즈는 잠재적인 것과 현실적인 것이 모두 완전히 실재적인 내재적 생명의 면이라는 점을 강조한다. 사유는 생명의 잠재적 재현이 아니다——그것은 생명의 무한하고 열린 생성의 일부이다.

여기에 들뢰즈 저작의 광범위한 적실성과 영향력이 자리한다. 그는 차이를 하나의 동일성으로 환원하는 모든 문학과 사회이론들에 대한 도전을 표명한다(우리는 종종 세계를 변별화하는 정신, 언어, 문화 또는 인간사가 있다고 생각한다. 마치 생성을 설명하는 특권화된 존재가 있다는 듯이, 그리고 차이를 어떤 비변별화된 기원으로 소급해 언급함으로써 그것을 설명할 수 있다는 듯이 말이다). 들뢰즈의 일의적 존재의 개념을 받아들인다면, 우리는 더는 생명의 차이를 (인간 존재와 같은) 특권화되거나 고양된 존재에 따라 설명할 수 없을 것이다. 만일 오직 하나의 존재만이 있다면, 인간의 삶은 이 내재적 차이의 면 안의 사건이지, 그것의 조건이나 기원이나 목적은 아닌 것이다.

4_ '철학하기' : 학제성

들뢰즈의 저작들은 방대한 수의 학문 분야, 주제, 상이한 저자들은 물론 영화, 성도착, 군중, 동물, 기술技術 등의 광대한 문화 현상들까지 포괄한다. 그의 백과사전적 접근은 펠릭스 가타리와 공저한 대단히 어렵고 광범위한 책들에서 정점에 이른다. 그들의 마지막 공동 저작 『철학이란 무엇인가?』(1991; 영역판 출간은 1994)는 예술, 과학, 철학의 복합적인 관계를 제시하고, 수학, 진화론, 철학사, 현대미술, 문학과 각 분야 고유의 특유한 용어를 사용한다. 이와 대조적으로 들뢰즈의 초기 저작들은 좀더 전통적이고 철학적이며 주해적인 것으로, 철학사 속 주요 인물들의 구체적인 기획들을 해석했다. 들뢰즈는 대부분 내재성 혹은 존재의 '일의성'을 긍정하는 철학자들의 저작을 선택했다. 전환점이라고 할 만한 지점은 (1968년에 쓰이고 1994년에 영역된) 『차이와 반복』*Différence et répétition*인데, 들뢰즈는 이 책에서 처음으로 자신이 '철학사'를 가지고 작업하는 것이 아니라, '철학을 하고' doing philosophy 있다고 생각했다.

'철학하기'

들뢰즈는 초기 철학사적 연구들에서도 한 명의 철학자를 역사적으로 접근하는 것의 의미에 대해 매우 독특한 견해를 가지고 있었다. 그는 18세기 스코틀랜드 철학자 데이비드 흄을 다룬 처녀작에서 철학사는 의견들을 망라하고 논쟁들을 분류하는 것이 아니라, 철학자들이 어떻게 새로운 개념들을 통해 새로운 문제들을 창조하는지 보는 것이라고 주장했다(EM). 들뢰즈는 훨씬 후에 과거에 대한 이런 접근법을 회상하면서 그것을 더욱 새로운 언어로 기술했다.

> 나 자신이 오랫동안 철학사를 '했었고', 이러저러한 저자에 관한 책들을 읽었다. 그러나 나는 다양한 방식으로 이를 보완했다. …… 나는 그때 내가 그것에 맞선 주요한 방식이 철학사를 일종의 계간鷄姦이나 (만일 그것이 동일한 것에 이른다면) 무염시태無染始胎로 보는 것이었다고 생각한다. 나는 나 자신이 한 저자를 뒤에서 취해 그가 아이를 갖도록 한다고 보았다. 그 아이는 그 저자의 소생이되 괴물과 같은 존재일 것이었다(N, 6).

철학은 한 철학자가 내놓은 주장의 정확성이나 정밀성을 검토하는 문제라기보다는, 각각의 철학자가 응답하려 하는 구체적인 문제를 다루는 것이다(들뢰즈는 단지 인간 생명에만 국한되지 않는 생명을 문제들에 대한 능동적인 응답이라고 보았다. 말하자면 유전적인 혹은 진화론적인 돌연변이는 실존의 '문제'에 대한 응답인 것이다). 위대한 철학자는 우리의 사유함 속의 오류들을 정돈하는 데 그치는 것이 아니라, 새로운 문제들을 구성함으로써 사유함의 새로운 스타일을 창조한다. 그러므로 명백한 철학적 물음——'태아는 생존권을 갖는가?'와 같은 유의 물음——이전에 사유함과 물음의 매개인 좀더 폭넓은 문제들이 있다. 특정한 존재들이 권리를 갖는지 아닌지 여부를 물을 수 있으려면, 그 이전에 권리의 문제가 산출되어 있어야 한다. 다시 말해 인간 존재를 권리의 측면에서 사유해야 하며, 도덕적 문제를 사유하는 방식으로 권리를 창조해야 하는 것이다. 철학에 관한 사유함은 하나의 물음 안에 머물러서는 안 되고, 철학이 어떻게 그 물음들을 산출할 수 있는지를 살펴보아야 한다. 예컨대 우리는 "선善이란 무엇인가?"와 같은 일반적인 물음을 하고 이런 물음에 가장 효과적으로 답했는지 살펴보는 것이 아니라, 오히려 플라톤이 어째서 선善의 문제에 흥미를 가졌는지, 이와 대조적으로 칸트가 지식의 문제에서 출발한 까닭은 무엇인지 살펴볼 필요가 있다(만일 우리가 이런 접근법을 들뢰즈에게 적용한다면 많은 물음들을 얻어낼 수 있겠지만, 그의 최후의 저작들 중 하나인 『철학이란 무엇인가?』의 제목은 들뢰즈에게서 더는 철학 내의 물음들을 발견할 수 없음을 지시한다. 차라리 우리는 철학이나 예술이나 과학을 '할' 때 우리가 대체 무엇을 하는 것인지 물어볼 필요가 있다).

초기 저작들에서 들뢰즈는 자신이 다룰 철학자들을 매우 조심스럽게 선택했는데, 그들은 사유한다는 것이 무엇을 의미하는가 하는 생각에 도전하고 매우 상이한 물음들을 통해 그 일을 수행했다고 여겨졌던 인물들이었다. 오늘날 철학의 상황이 어떤지 생각해보자. 아마도 철학의 중요한 물음들 가운데 하나는 기계가 인간처럼 사고할 날이 올

것인가이다. 우리를 지배하는 물음들은 인공지능에 관한 것들, 혹은 좀더 넓게는 무엇이 인간 생명의 경계를 구성하는가 하는 것들이다. 생명복제, 유전공학, 인공지능, 심지어 동물의 권리에 이르기까지 이 모든 것들은 인간 생명의 경계에 관한 물음들이다. 무엇이 합법적 인간 활동으로 간주되고, 무엇이 인간성의 한계 바깥에 있는지 분류할 필요가 있다. 우리는 생명복제나 유전학을 어디까지 밀고 나갈 것인가? 태아는 인간 존재인가? 철학적 논쟁들은 인간에 해당하는 것이 무엇이고, 그렇지 않은 것이 무엇인지에 관한 논쟁 속에서 제기되는 경향이 있다.

들뢰즈는 대부분의 철학자들이 자기 시대의 물음들을 수용하는 데 반해, 어떤 사람들은 새로운 문제들을 구성할 능력을 갖는다고 주장하는데, 그들이야말로 '탈시대적' untimely[*]인 인물들이다. 예컨대 들뢰즈는 자신의 철학을 많은 부분 인간성의 문제 자체를 전복하는 데 할애했다. 그의 흥미를 끈 것은 인간과 비인간의 경계가 아니었다. 그는 철학과 문학이 인간 생명의 경계들, 즉 언어, 의식, 재현, 역사의 경계들에 지나친 관심을 기울여왔다고 생각했다. 들뢰즈는 새로운 물음들은 우리가 다른 차이들과 다른 한계들——이를테면 인간과 동물의 생명을 가로지르는 이미지와 지각작용의 유형들 사이의 차이와 같은 것——을 살펴볼 때 비로소 가능하다는 것을 깨달았다. 왜냐하면 지각작용은 물론, 심지어 '언어'에도 인간의 영역 너머로 연장되는 상이한

---

[*] 'untimely' (unzeitlich)는 본래 니체적 맥락에서 '반시대적'으로 번역되는 말이다. 그러나 '반시대적'이라는 말은 그것이 가진 '반동적' 성격상 지양되어야 할 번역어라고 볼 수 있다. '비시대적', 아니면 더욱 긍정적인 의미로 '탈시대적'이라는 말이 적당해 보인다.

스타일들이 존재하기 때문이다. 우리는 '인간이란 무엇인가?' 와 같은 우리 시대의 물음들을 수용해서는 안 된다——우리는 우리의 시대를 변형할 새로운 문제들을 구성해야 한다. 들뢰즈는 이것이 '생명이란 무엇인가?' 혹은 '사유함이란 무엇인가?' 혹은 '시간이란 무엇인가?' 를 묻는 것을 의미한다고 보았다. 요컨대 인간의 생명, 인간의 사유, 인간의 시간이 아니라 생명, 사유함, 시간 일반을 묻는 것이다(이는 많은 사람들이 매우 비철학적이라고, 또 탈인간적이거나 독해 불가능하다고 생각했던 방식들로 글쓰기를 했다는 의미다).

그러나 들뢰즈가 이와 같은 시도를 했을 때는 이미 철학에 대한 매우 신중한 도제 기간을 거친 뒤였다(Hardt, 1993). 그는 흄(EH), 니체(NP), 칸트(KCP), 베르그손(B), 스피노자(ES)에 관한 책들을 쓰고 난 후에야 백과사전적 저서인 『차이와 반복』을 내놓았다. 이 책은 그가 최초로 철학사 저술이 아닌 '철학하기' 를 시도한 작품이다. 우리는 들뢰즈가 단지 철학을 극복하고자 본질과 논증을 제거한 포스트모던 철학자들 중 하나라고 생각해서는 안 된다(Lucy, 1999). 들뢰즈는 철학이 가진 긍정적이고 본질적인 성질을 강조했다. 철학과 같은 어떤 것의 본질이 무엇인가를 물을 때, 우리는 그것의 실례들이나 본보기들을 가리켜 '이것이 철학이다' 라고 말해서는 안 된다. 본질은 우리가 이미 결정된 것으로서 가리킬 수 있는 것이 아니다. 이를테면 철학의 본질이란 철학이 무엇인가가 아니라, 그것의 구체적인 생성 양태이다. '철학하기' 는 이전 철학의 모방이 아니라, 철학적 사건들을 산출하는 모든 힘들과 차이들을 활성화하는 것을 의미한다. 본질들은 존재하지만, 본질을 그것이 구현하는 것들과 혼동해서는 안 된다. "개인들이 세계를 구성하는 것이 아니라, 세계들이 개인들을 구성하는 본질들을 봉인하고 있는 것이다"(PS, 43). 사유함 혹은 철학의 본질은 어떤 하나의 사유 행위나 철학적 텍스트로 주어지지 않는다. 오직 사유와 철학이 어떻게 생산되는지를 사유함으로써만 그 본질을 파악하게 된다. 들뢰즈는 본질의 실존을 명확하게 언급했지만, 상호 구별되는 힘이나 독특성에 대해 말하기를 선호했다. 힘이나 독특성은 구별되는 방식으로 생성하는 포텐셜이다. 우리는 철학의 본질을 기존의 철학이 무엇인가에서가 아니라, 그 생성의 힘에서 찾아야 한다. 하나의 철학적 텍스트를 창조적으로 본다는 것은 그것의 독특한[고유한] 힘, 그 사상가가 하나의 새로운 문제를 창조함으로써 삶에 덧붙인 구체적인 방식을 파악하는 일이다.

들뢰즈에 따르면, '철학하기'란 창조와 긍정의 행위다. 들뢰즈는 『차이와 반복』에서 두 가지 방대한 창조적 기획들을 스스로 떠맡았다. 그것은 차이와 반복의 새로운 개념들을 구축하는 것과 새로운 사유의 이미지를 생산하는 일이었다(그는 이 새로운 사유의 이미지가 단순히 사유를 정의하는 또 하나의 방식이 아니라고 주장했다. 오히려 그것은 우리가 사유를 어떤 구체적인 이미지에 결박되지 않은 것으로 볼 수 있게 해주리라는 것이다). 『차이와 반복』은 들뢰즈의 가장 어려운 텍스트 가운데 하나다. 그의 초기 저작이 특정한 저자들이 관심을 보이던 어휘들과 물음들을 채택한 데 반해, 『차이와 반복』은 (소크라테스부터 하이데거에 이르는) 철학사, 수학이론, 언어학, 정신분석학, 문학, 예술 전반을 따라 이동한다. 동시에 들뢰즈는 이 모든 학문 분야로부터 용어들을 가져다 각색하고 이후의 저작들을 지배하게 될 특유의 용어들을 예견함으로써 자신의 어휘를 정식화하기 시작한다. 『차이와 반복』에서 들뢰즈는 '면', '내재성', '독특성', '노마디즘', '강도', '배치' 등의 용어를 언급하는데, 이것들은 이후의 저작들에서 확장되고 해명되고 복잡화된다. 그는 또한 그의 후기 저작들을 특징 짓는 광범위한 관심들을 개시하기 시작한다. 비록 그의 뒤이은 기획들에 익숙해진 이후에야 비로소 해독 가능하지만, 『차이와 반복』은 많은 점에서 들뢰즈의 후기 사유 전체에 대한 열쇠 혹은 통로이다. 『차이와 반복』에서 들뢰즈는 프로이트와 죽음에서 수학과 지각작용으로 이동하고, 그리고 다시 도스토예프스키와 어리석음의 문제로 돌아온다. 또 그러는 가운데 종종 하나의 단락 안에서도 이 주제에서 저 주제로, 이 저자에서 저 저자로 옮겨다닌다. 그러나 생명과 사유 일반에 대한 그의 접근은 바로 이런 저술 방식을 통해서 비로소 승인된다. 우리는 책(잘 질서 지어진 세계를 반영하는 균일화된 총체들)을 생산해서는 안 되며, 배치(새로운 사유함과 삶의 방식들을 창조하는, 예기치 않고 이종異種적이며 생산적인 접속들)로서 텍스트들을 생산해야 한다.

리좀학

들뢰즈는 펠릭스 가타리와 함께 쓴 후기 저작들, 특히 '자본주의와 정신분열증'의 둘째 권 『천의 고원』에서 이러한 책이라는 개념의 붕괴를 마침내 긍정했다. 들뢰즈·가타리는 이 저작의 명백한 공저 형식이 실제로는 다양체적이라고 —— 왜냐하면 각 저자 혹은 인물person이 이미 막대한 수의 인칭성personality들을 내포하고 있으므로 —— 주장할 뿐 아니라(TP), 글쓰기란 수목형이 아닌 리좀적이 되어야 한다고도 주장한다. 수목형 책은 나무를 원형으로 균일화된 중심과 구조와 종속된 가지들로 이뤄진다. 다양체적이라 여겨지는 위대한 모더니즘의 저작들조차도 모든 것을 내포하는 저자라는 인칭성으로 여전히 중심화된다(TP, 6).

들뢰즈·가타리는 '위대한 책'에 반해 리좀을 내세운다. 그것은 단순히 가지들이 증식하여 이뤄진 그물망이 아니라 혼돈된 뿌리 구조로서, 모든 지점이 다른 모든 지점과 접속하고 모든 방향으로 움직이며 분기하여 새로운 방향들을 창조해낸다. 나무가 위로 자라는 것이 바탕과 윗부분의 가지들의 위계적 구조를 암시하는 데 반해, 리좀은 단일한 표면을 따라 움직여 표면들을 층화하거나 창조하는 운동을 기술하는 들뢰즈의 여러 도식들 가운데 하나다. 어떤 지점도 다른 지점보다 높이 올라가지 않고, 운동과 활동이 발생하는 어떤 바탕이나 표면도 존재하지 않으며, 단지 운동과 활동 자체만이 있을 뿐이다. 전통적인 책은 그것이 재현하거나 표현하는 하나의 의미와 하나의 주체를 가진다. 반면 리좀적 텍스트는 단 하나의 의미를 갖지 않는다 — 그것은 그 자체로 하나의 저작, 사건 혹은 생산이다.

들뢰즈 초기의 좀더 철학적인 저작들조차 이런 원칙을 긍정한다. 즉 위대한 철학자들에 관한 그의 책들은 현재의 관점에서 그 인물들을 재창조한다. 과거에 대한 글쓰기는 단순히 문서고로부터 어떤 대상을 부활시키는 것이 아니다. 만일 우리가 과거의 한 철학자에게 능동적으로 개입한다면, 그것은 우리가 현재를 재배치하도록 도와줄 것이다. 왜냐하면 과거에 현재를 더하면 새로운 미래가 나타나기 때문이다(과거는 어떤 정적 존재가 아니고 앞선 현재가 아니며 지나간 현재도 아니다. 과거는 부단히 갱신되고 갱신하는 그 나름의 동적 존재를 가진다). 글쓰기는 단순히 현재의 또 다른 변이가 아닌, 과거로 도약함으로써 예기치 못한, 어렵고 거의 제어할 수 없는 접속들을 만드는 것이어야 한다. 게다가 들뢰즈는 단지 특정한 문학 텍스트들을 조명하는 경제 이론에 통찰력을 가진 학제적 저자가 아니다. 그는 각각의 학문 분야를 각각의 조우[마주침]으로써 변형하는 것을 목적으로 한다. 철학은 현대 과학이나 영화로부터 은유나 정보를 동원하는 것이 아니다. 오히려 철학은 유전학과 아방가르드 영화의 사건들을 대면한 이후에 완전히 다른 사유의 양태가 되고자 한다. 이는 또한 사유 양태가 각각 그 나름의 고유한 차이를 가진다는 의미이기도 하다. 이를테면 '다양체'라는 개념은 과학과 철학에서 각기 상이한 공명을 가진다.

철학과 다른 생산의 힘들

들뢰즈는 과학과 수학이론의 복잡한 발전들에 대한 악명 높은 유용流用과 곡해로 비난받아 왔다(Bricmont & Sokal, 1999). 그런 공격은 과학적인 학문, 즉 하나의 올바른 사유함의 양태가 있어서 다른 분야들은 이를 따라야 함을 전제한다. 이에 반해 들뢰즈는 철학이 과학과 예술에 대면할 수 있어야 하지만, 이때 철학은 고유하게 철학적인 양태로 사유할 필요가 있다고 강조했다. 과학자는 질서를 부여하고 통제할 수 있는 사태나 대상들의 특정한 집합에 관해 사고한다. 예를 들어 과학은 경험의 유동적 흐름으로부터 추상해, 상이한 실례들을 가로질러 안정적으로 남아 있는 세계에 대한 관점을 형성한다. 이것이 물리학과 같은 과학들이 다리를 건설하거나 현실을 관리하는 데 사용될 수 있는 이유다. 과학은 삶의 혼돈에 질서를 부여해야 하는 반면, 철학의 과업은 혼돈을 사유하고 직면하는 것이다(WP, 133). 철학자는 개념들에 입각해 사유한다——이는 이러저러한 대상이 아니라 모든 객관성의 면, 주관성의 면 또는 존재면에 대한 사유를 목적으로 하는 개념들이다.

들뢰즈는 영화, 문학, 정신분석[학], 미술에 관해 책을 썼지만, 그럼에도 접근 방식에서는 고유한 철학적 성격을 강조한다. 예를 들어 영화에 관한 책들은 우리가 시간과 운동을 어떻게 사유하거나 개념화하는지를 다룬다. 즉 바로 이러한 점이 그 책들을 철학적으로 만드는데, 그 까닭은 철학이 개념들의 기예이기 때문이다. 그러나 들뢰즈는 영화가 또한 우리로 하여금 철학을 갱신하도록 이끈다고 주장한다. 철학자가 시간과 이미지들 사이의 관계 자체를 개념화하게 된 것은 현대영화가 시간의 이미지를 포착하고자 한 이후에야 가능했다. "영화는 그 자체로 이미지와 기호의 새로운 실천이며, 철학은 그 이미지와 기호의 이론을 개념적 실천으로서 생산해야만 한다"(TI, 280). 따라서 들뢰즈가 한 편의 영화나 소설이나 예술 작품에 접근할 때, 그는 실례를 들고자 하는 것이 아니다. 이는 한 편의 소설이나 한 점의 회화가 문학이나 예술의 실례나 본보기임을 의미하게 될 것이고, 그때 철학자는 일반적인 정의를 제시할 수 있다. 그러나 각각의 실례나 특별한 경우는 예술, 문학 혹은 무엇이든 고려되는 그것에 대한 재-개념화를 요구한다. 예컨대 영화는 시간과 운동의 이미지들을 제공하지만, 영화의 각 형식(리얼리즘이나 표현주의나 인상주의)은 시간의 개념에 이르는 새로운 경로를 불러낸다. 들뢰즈는 언제나 독특한 경우들로부터 자신의 철학적 개념화를 시작한다. 이 특정한 작가의 차이, 특수성, 독특성 자체가 어떻게 문학을 생산하는가? 이것은 일의성의 이면이다. 삶에 오직 하나의 내재적 영역만 있다면, 우리는 결코 예술이나 문학의 궁극적인 개념에 도달하지 못할 것이다(특수한 경우들에 대해 판단하는 기준이 되는 궁극성〔합목적성〕이나 종점이나 중심은 없다).

내재면은 필연적으로 재-개념화에 개방되어 있다. 왜냐하면 그것엔 예술의 유일무이한 개념, 문학의 유일무이한 개념을 구성할 수 있는 준거로서의 특권화된 지점이 없기 때문이다. 그리고 그 면이 내재적이라면, 거기에는 또한 대체 이 내재성이란 무엇인가 하는 물음들을 끝내줄 외부의 목적이나 궁극성이 없다. 예술, 과학, 문학, 영화의 각 실례는 우리로 하여금 예술, 과학, 문학, 영화의 개념을 재고하라고 종용한다.

그러므로 들뢰즈의 저작은 진정으로 학제적이며, 예술과 과학에 단순히 적용할 수 있는 하나의 '이론'이 아니다. 예술과 과학에서 각 사건은 그 자체로 사유함과 삶의 전 과정을 재발명하는 기회이다. 삶을 구성하는 생산의 상이한 수준들을 설명하기 위한 단일한 생산의 바탕——이를테면 언어나 개념의 생산, 심지어 물질적 생산——은 없다. 『안티 오이디푸스』와 『천의 고원』에서 들뢰즈·가타리는 생산의 역사를 기술한다. 이 생산은 동시에 발생적이고 경제적이고 사회사적인 것으로서, 유기체의 생산, 물질적 대상들의 생산, 사회구조들과 관념들의 생산을 참조한다. 이런 학제성의 요지는 단순히 우리가 유전학의 통찰들이나 은유들을 가지고 사회 형태들을 설명할 수 있다는 것이 아니다. 들뢰즈는 사회가 유기체와 같다고 말하지 않는다. 그의 근본적인 주장은 유전학 수준에서의 생산 혹은 변화가 사회의 생산과 교차하고 그것을 변형시키며, 반대로 사회의 생산은 신체들의 생산에 접속하고 그것을 변모시킨다는 것이다. 들뢰즈·가타리는 생산의 개념을 사용해 서로 교차하지만 상이한 생명의 계열들, 예컨대 비유기체적 생명, 유기체, 기술 기계, 사회, 환상을 기술한다. 구체적인 사건과 학문 분과들을 다루는 일반 형식을 제공할 수 있는 독립적인 '이론'의 관점은 있을 수 없다. 이것은 단순히 우리가 각 분과의 상대적인 경계를 받아들인다는 것, 그리고 진실 일반은 없다는 것을 의미하지 않는다. 반대로 철학은 내재면—그 모든 상이한 형식의 생산의 장에 대면할 때 비로소 철학인 것이다. 철학은 이미 주어진 사유함의 정의와 원형을 받아들여서는 안 된다. 오히려 철학은 지속적으로 사유가 그 자체를 넘어서서 그 실재적 조건에 도달하도록 해야 한다. 그러므로 철학은 예술이나 과학과 판명하게 구별되지만, 그 자체를 변화시키기 위해 철학이 아닌 것—예술의 감응적 생산과 과학의 객관적 생산—과 교통한다.

들뢰즈는 사유의 지속적인 쇄신이 분과들이 외부로 개방되었을 때에만 가능하다고 확고하게 주장했다. 그가 가타리와 함께 쓴 '보편사' universal history는 정신분석학과 맑스주의를 취해, 그것들을 활용하여 원시적이고 동물적인 생명으로부터 과학과 정치학의 출현을 설명한다. 학제적으로 되기란, 그저 문학적 통찰과 철학을 결합한다든지 인류학을 사용해 심리학을 강화하는 것이 아니다. 그것은 사유가 혼돈으로부터 질서를 생산해내는 모든 상이한 방식들을 밝히는 것을 의미한다. 그것은 맑스주의 경제이론을 확장해 자본주의의 출현 과정뿐 아니라, 사회가 어떻게 처음으로 교환 체계를 형성하기 시작했는지 설명하는 것을 의미한다. 또 정신분석학을 확장해 개인의 환상만이 아니라, 우리가 우리 자신을 가족과 욕망을 지닌 개인들로 여기게 된 과정을 설명하는 것을 의미한다. 그것은 전체적으로 사유하라고 요구한다. 말하자면 그것은 어느 하나의 분과 내에 머무르지 않고, 단순히 분과들을 결합하지도 않고, 분과에서 분과로 가로지르며* 우리가 사유하는 수단이나 '환경' millieu 자체를 지속적으로 개방하고 쇄신하는 것을 의미한다.

주체성

들뢰즈의 기획은 분과들 사이를 가로지르면서 자율적인 사유 주체라는 개념을 끊임없이 공격했다. 그는 이 자율적으로 사유하는 주체야말로 서양 전통의 유일무이한 교의라고 본다. 우리는 사유하는 자아라는 미리 주어진 어떤 이미지, 우리가 인간적이고 보편적이고 자명한 것으로 인식하는 상-식이라는 어떤 개념으로부터 철학이나 이론화를 시작한다(DR). 이에 반해 들뢰즈는 매우 근본적인 사유의 역사를 썼

---

* 가로지르기〔횡단성〕transversalité는 본래 가타리가 입안한 개념이다. 그는 이 개념을 수직성과 수평성으로 이뤄진 사회적 격자들을 '가로질러' 운동함으로써 기존의 동일적 사고에서는 포착할 수 없는 차이의 괴물, 말하자면 '이-것' héccéité을 새롭게 발견/발명하려 했다. 이후 들뢰즈와 접속해 가로지르기〔횡단성〕는 더욱 급진성을 띠게 되며 이들이 『천의 고원』 10장에서 전개하는 '되기' devenir는 이 점에서 가로지르기의 극한적 형태로 볼 수 있다.

는데, 그것은 단지 주장들의 역사나 관념들의 역사가 아니라, 사유의 존재함이 사건들의 분기하는 계열들의 소산임을 보여주고자 하는 시도였다. 사유는 폭력적인 대면들의 결과이며, 문제들에 대한 응답이다. 사유는 혼돈과 차이로부터 출현한다. 만일 우리가 사유한다는 것이 무엇인지를 이해하기 원한다면, 전前인간적이고 탈인간적인 기원으로부터의 사유의 발생 또는 출현에 대해 생각해볼 필요가 있다. 이는 사유함과 주체성이 출현하는 소음, 혼돈, 어리석음, 탈인간적 요소와 대면하는 것을 의미한다. 예를 들어 발화는 신체의 일부인 입이 만들어내는 소음들로 환원될 수 없으며, 오히려 발화의 의미는 입의 무-의미non-sense로부터 출현한다(LS). 글쓰기는 단지 일단의 물질적 표시화가 아니며, 문신, 바디페인팅, 조각, 심지어 신체에 대한 고문 등, 등기의 '원시적' 체계들로부터 야기된다(TP). 인칭, 자아 혹은 개인 같은 개념조차 생명에 대한 증가하는 조직화 또는 영토화의 결과이다.

일의성과 내재성을 받아들인다면, 우리는 사유 주체의 개념에서 출발할 수 없다. 이는 단순히 어떤 개별적이고 이미 동일화 가능한 존재가 [먼저] 있어서, 그 존재가 존재 일반에 대해 판단하고 설명할 수 있다고 가정하기 때문이다. 그러나 존재가 단순히 그 모든 복잡성과 무한한 생성 속에서 존재하는 것이라면, 우리는 근대적 주체나 개인 같은 것이 어떻게 이 내재면으로부터 변별화됐는지, 그리고 이 주체가 그 자신을 어떻게 모든 차이의 기원으로 승격시켰는지 설명할 필요가 있다. 즉 사유, 언어, 재현의 기원으로서의 인간이 그것이다. 들뢰즈는 주체의 출현을 몇 가지 방식으로 진단한다. 그와 가타리가 정신분석[학]에 관해 쓴 글들은 욕망의 역사를 추적한다. 어떻게 생명이 부족적이고 집단적인 배치로부터 개인과 '그의' 가족으로 이동했는지 그 경로를 따라가는 것이다. 그는 맑스주의 경제학을 사용해, 생산과 욕망이 마침내 자본의 양적 단위들(화폐와 노동)을 통해 측정 가능해지는 과정을 설명한다. 들뢰즈는 또한 철학사에 관해 쓰면서 철학자들이 근원적인 '사유의 이미지'를 가정하거나, 그것을 결과로 만드는 방식들을 기술한다. 그 사유의 이미지의 결과로 각각의 철학적 문제는 이미 바람직한 사유함〔'양-식' bon sens의 의미〕을 구성하는 어떤 규범에 응답하는 것이다.

『차이와 반복』은 차이를 직접적으로 이론화하지만, 들뢰즈의 다른 모든 저작들은 차이라는 물음에 의해 추동된다. 어떻게 차이의 일의면으로부터 중심화된 주체가 정초나 바탕의 특정한 유형으로 형성되는가? 이런 문제는 개별적인 존재들이 동일화되는 일의면을 파악하고자 하는 시도라는 점에서 철학적이다. 하지만 철학적인 문제는 또한 과학, 문학, 〔정치〕경제학, 정신분석학에 대한 고려를 요한다.

강도적 차이와 차이 자체

들뢰즈는 『차이와 반복』에서 차이 자체를 대면하고자 하는 시도로 '철학하기'를 시작한다. 이것은 한 사물과 다른 사물 사이의 차이가 아니다. 이것은 사물들을 차이화하고, 재인 가능하고 반복 가능한 동일성들의 출현을 허용하는 능동적인 차이다. 이런 차이는 단일한 형태를 갖지 않는다. 가령 바이러스의 돌연변이는 언어의 불변화사 particle〔어형 변화를 하지 않는 단어]의 차이와 같지 않으며, 또한 사유함에 영향을 미치는 차이들과도 다르다. 이는 우리가 이미 대상화되고 동일한 사물들의 세계를 가지고 있다는 것도, 차이가 단순히 한 사물과 다른 사물들을 관련시킨다는 것도 아니다(이것은 일의성을 배제한다. 이때 우리는 한 가지 이상의 존재 유형 혹은 '다의성'에서 출발하게 될 것이다). 즉자적 차이는 근본적이고 우선적이다. 따라서 다른 존재들이 결과적으로 동일화되는 것은 바로 차이로부터이다.

가령 색의 스펙트럼을 생각해볼 수 있다. 파랑이라는 한 색을 상상해보자. 가장 어두운 파랑에서 가장 밝은 파랑 사이에는 무한히 분할 가능한 차이의 계열들이 있다. 강도=0은 전혀 파랑이 아닌 색일 것이고, 그 후 우리는 가장 어둡고 강도 높은 파랑으로 움직여갈 것이다. 이 차이의 강도적 계열들 주변에서 사유하고 행동하기 위해 우리는 그것을 점들 혹은 단위들로 변별화하려는 경향이 있다. 그래서 우리는 강도의 순수한 흐름을 재인 가능하고 지각 가능한 차이들로 잘라낸다(매우 밝은 파랑과 밝은 파랑의 차이와, 밝은 파랑과 그리 어둡지 않은 파랑의 차이는 같은 것으로 보일 수 있다. 다시 말해 우리는 양쪽 모두가 한 단계의 '음영'이나 '명도' 차이를 가진다고 말할 수 있지만, 이는 우리가 두 가지 차이들을 어떤 공통된 척도에 따라 비교하는 한에서만 성립하는 얘기다). 물감 가게의 색상표는 스무 가지 정도의 지점들을 우리에게 제시하고, 공간적으로 분할된 색면들을 통해 이들을 외연적으로 재현한다. 색의 스펙트럼 같은 강도들을 다루려면, 차이를 환원해서 균일한 측정 규모에 종속시켜야 한다. 즉 우리는 간신히 지각 가능하거나 지각 불가능한 음영들 전부를 인식하지 않는다. 그리고 우리는 음영을 (마치 양들이 동일한 것처럼) 등가적 단계 내지 양으로 본다. 우리는 하나의 색채가 다른 색채보다 4도 밝다든지 어둡다고 말한다. 우리는 두 지점 사이의 결코 동일하지 않은 차이화의 강도를 취해(왜냐하면 그것은 사실상 지점들의 계열이 아니라 차이화하는 흐름이므로), 모든 지점들이 마치 단순히 등가적 단위들의 측면에서 증가하는 것처럼 (수많은 음영이나 정도들의 더하기나 빼기로) 다룬다. 이제 우리는 파랑이 단지 좀더 밝은 색에서 어두운 색으로 가는 것이 아님을 안다. 거기에는 차이의 상이한 질들이 있다. 질감과 같은 전혀 다른 질들과 관련된 차이들은 물론이고, 적청red-blue, 무지갯빛 파랑도 있을 수 있다. 사실상 우리는 이 모든 차이의 계열들을 다루기 쉬운 지점들로 조직화해야 한다. 그러나 강도는 그로부터 우리가 추상해낸, 연장되고 변별화된 지점들이나 단위들보다 훨씬 복잡하다.

나아가 강도의 차이들은 그 자체가 '순수한' 차이로부터 출현한다. 이는 저 파랑은 강도 면에서 차이 나고, 저 파랑은 빨강과 다르다는 단순한 이야기가 아니다. 이 또한 순수 차이가 있어서 파랑의 강도가 빨강의 강도와 차이를 갖도록 해주는 것이다. 강도로서 경험되는 색채는 백색광의 차이의 결과이며, 이때 백색광은 색채 스펙트럼의 강도들을 위한 실재적 조건이 된다. 그렇다면 우리는 우리가 순수 차이 — 빛의 차이화하는 힘 — 에서 시작하며, 그것이 경향들로 분기한다고 말할 수 있다. 이를테면 색채를 통한 다르게 되기의 경향 혹은 음파 속에서 다르게 되는 경향으로 말이다.

색채 스펙트럼은 차이의 한 실례에 불과하다. 유전적 차이의 힘도 있다. 그것은 우리에게 DNA의 다양한 포텐셜들을 제공한다. 그러나 들뢰즈는 훨씬 복잡한 성질을 지닌 무한히 분기하는 차이의 계열들을 주장한다.

> 생명이 물질에서 조우하는 저항으로부터 차이생성이 발생한다는 데는 의심의 여지가 없다. 그러나 그것[차이생성]은 무엇보다도 생명이 자체 내에 가진 내적인 폭발력으로부터 발생한다. …… 잠재성은 스스로를 분리하는 과정에서 자신을 실현하는 방식으로, 그것이 스스로를 분리함으로써 자신을 실현하도록 강요되는 방식으로 실존한다. 자기-차이화는 스스로를 현실화하는 잠재성의 운동이다. 생명은 그 자신과 다르며, 그것은 우리가 진화의 분기하는 선들 앞에서, 그리고 각각의 선 위에서, 기원적 절차들 앞에서 우리 자신을 발견하는 것과 같다. 그러나 그것은 오로지 그 자신과의 차이만을 가지며, 그리하여 각각의 선상에서 우리는 또한 특정한 장치, 즉 상이한 수단으로 획득된 특정의 동일한 기관 구조들을 발견할 수 있게 된다(LS, 51).

우리는 생명을 인칭들이나 경계 지어진 유기체들의 측면에서 생각하고, 차이를 남성과 여성 혹은 인간과 동물이라는 연장된 단위들의 차이로 생각하는 경향이 있다. 그러나 여기에서도 우리는 주체 혹은 '인간'이 강도적 차이들—모든 가능한 유전적 변이들—을 어떤 형태나 재인 가능한 이미지로 환원한 역사의 소산임을 보아야 한다. 우리는 '인간'의 범주 같은 것이 [먼저] 있어서, 그것이 인종, 계급, 성별 등에 의해 변별화된다고 생각하는 경향이 있다. 그러나 들뢰즈는 그 반대라고 주장한다. 생명은 복합적인 차이들의 흐름이지만, 우리는 '인간' 혹은 '인간성'이라는 범주를 광범위하게 분기하는 장場 위에 강제해왔다. 우리는 인간 생성의 모든 흐름들——기억, 습관, 개념성, 사회성, 그리고 환상의 선線들——을 취해 '인간'이라는 연장된 대상을 생산해왔다.

사유함의 과업은 인간 생명의 연장적 이미지로부터 물러나서, 우선 경향들의 현시[발현]로서의 강도적 차이들에 대해 사유하는 것이다. 즉 인간은 재인 가능한 형태로서 동물의 생명과 많은 유사한 차이의 선들을 공유하지만, 쓰고 기억하고 상상하고 사회를 생산하는 힘을 통해 판명하게 인간이 되어왔다고 보는 것이다. 우리는 인간의 생명이 현실적으로 무엇인지 수용하는 대신, 그것이 어떻게 그 모든 잠재적 포텐셜들로부터 생성되어왔는지 물을 수 있다. 인간 생명의 종種적 차이들을 생산하는 생성/되기의 스타일은 무엇인가? (동물들도 '의식적'이 되려는 경향을 갖고 있지만, 동일한 방식으로 그렇게 되는 것은 아니다.) 둘째로 인간 생명은 정적이고 이미 주어진 것이 아니라 생성의 한 형태다. 그것은 생성하려는 고유한 경향을 가지며, 생명의 이 모든 경향들은 인간 존재가 아니라 인간-되기로 지칭할 수 있다. 그러나 우리는 언제나 인간을 주체로서, 혹은 생성의 근거가 되거나 근거짓는 존재로, 즉 동일하게 머물러 있는 것으로 정의해왔다. 이런 이유로 들뢰즈·가타리는 우리가 여성-되기 혹은 남성이 아닌 것으로부터 출발할 필요가 있으며, 인간-되기란 있을 수 없다고 말한다(TP, 276). 들뢰즈는 또한 탈인간-되기를 말하는데, 그것은 사유의 힘, 즉 우리 자신이 아닌 것을 상상하는 힘에 직결되어 있다.

문제는 이런저런 인간으로 존재하는 것이 아니라, 탈인간이 되고 보편적인 동물이 되는 것이다. 우리 자신을 어떤 어리석은 동물로 보는 것이 아니라, 우리 신체의 조직화를 해명하고, 신체적 강도의 이런 영역과 저런 영역을 탐사하는 것이다. 그 자신의 특정한 영역과 그 안에 거주하는 무리, 주민, 종種들을 발견하는 모든 이들과 더불어 말이다 (N, 11).

철학은 인간 뇌의 활동으로서, 다른 인간-되기의 현실화들과는 그 성질이 다르다. 왜냐하면 그것은 우리가 모든 생성 자체를 사유할 수 있도록 해주는 개념들을 창조하기 때문이다. 그러므로 모든 생명이 생성이고 창조라면, 철학은 우리를 창조의 사유로 인도하는 개념들을 창조할 수 있다. 철학적 개념은 사물들을 인식하는 상-식의 일상적 개념들과는 달리, 생명과 같은 것을 사유하는 새로운 방식을 창조한다. 예를 들어 들뢰즈의 '주름'이나 '욕망' 같은 개념은 우리가 차이나 생명의 힘 자체를 사유하도록 도와준다. 즉 그 개념은 차이를 대면하고 사유하고 차이에 일관성을 부여하는 생명과 차이의 한 사건이다.

철학이 이런 순수 차이를 사유할 수 있으려면 우선 모든 주체주의[주관주의]의 교의들에서 스스로를 해방시킬 필요가 있다. 우리는 한 주체나 사유하는 '인간'이 있고, 생명은 우리가 사유하거나 재현하는 어떤 것으로 남아 있다는 관념에서 벗어나야 한다. 사유함은 생명 내의 창조적 사건이고, 주체들을 생산하는 것은 사유의 사건 혹은 행동이다. 사유는 단지 이미 변별화된 존재들의 수동적 반복이 아니다. 다시 말해 사유는 그 자체가 생성 혹은 차이로서 우리로 하여금 즉자적 차이를 고려할 수 있게 해주는 개념들을 창조한다. 그러므로 들뢰즈가 차이 자체[즉자적 차이]라는 물음에서 출발한다면,『철학이란 무엇인가?』가 그의 마지막 저작들 중 하나라는 것은 전혀 놀랍지 않다. 철학은 우리가 사유와 생명의 무한한 강도를 취해 그것을 '주체'나 '인간' 같은 어떤 기준에 따라 측정하는 방식들 중 하나이다. 우리는 철학이 어떻게 차이를 단일한 이미지에 종속시켰는지 이해해야 하며, 나아가 철학이 차이를 '십자가형에 처하지' crucify 않는 어떤 이미지를 형성할 수 있는지 살펴보아야 한다. 어떻게 차이의 한 사건―뇌―이 차이 전체를 설명하는 하나의 이미지를 스스로에게 제공할 수 있는 것이 가능한가? 들뢰즈는 이것이 철학이라고 본다. 왜냐하면 그것은 영원하고 전前인격적이고 혼돈스러운 폭력적인 차이에 일관성을 부여하는, 혹은 그것을 대면하는 한 방식이기 때문이다. 들뢰즈의 과제는 차이 일반을 설명하는 또 하나의 이미지를 만들어내지 않고서 차이의 내재면을 사유하는 것이다.

다르게 되기 : 강도

들뢰즈는『차이와 반복』에서 차이에 대한 개념을 제시할 수 있을 정도로 근접하면서도 실제로 어떤 개념을 제시하지는 않는다. 이 책의 언어가 극도로 추상적이고, 구체적인 본보기들과 은유들을 결여하고 있는 것은 이 때문이다. 그 어려움은 우리가 언제나 생명의 동적 강도들―공간, 시간, 그리고 그것들의 차이들―을 정적인 단위들이나 구체적인 본보기들에 결부시켜온 사실에서 비롯한다. 우리는 공간을 점들의 장場 내지 컨테이너라고 생각한다. 또한 우리는 시간을 '지금'들 혹은 현재들의 계열로 생각하며, 차이를 사물들 간의 관계라고 본다. 이런 생각이 일상적 삶에서는 필연적일 수 있지만, 실재적 사유함은 아니다. 실재적 사유는 그것이 지각한 것을 기존의 단위와 척도에 따라 정돈하는 것이 아니라, 강도적 차이들에 의해 그 스스로가 강탈당하고 그것에 대면하여 훼손당하는 것을 허용하는 것이다. 『차이와 반복』은 차이와 사유함에 대해 우리가 가진 모든 상-식의 이미지와 교의에서 벗어나 사유하고자 한다.

차이가 들뢰즈에게 그처럼 중요한 것은, 서양의 사유를 지배해온 것이 차이에 대한 동일성의 특권화, 즉 정치적이고 미감적이고 윤리적인 결과들을 수반하는 하나의 특권이라고 그가 믿기 때문이다. 우리는 정치적으로 이데올로기와 관심의 개념들로부터 이론을 시작하는 경향이 있다. 우리는 '인간'의 관심들이라는 것이 [먼저] 있어서 경쟁하는 이데올로기들에 의해 잘못 재현될 수 있다고 가정한다. 만일 우리가 좀더 근본적인 차이의 이론을 수용한다면, 우리는 일반적인 인간의 관심들이라는 개념에 의문을 제기해야 한다. 들뢰즈·가타리가 그들의 기획을 '미시정치학'이라고 부르는 것은 이 때문이다. 우리는 어떻게 강도들의 전前인간적 집합들로부터 재인 가능한 인간의 관심들을 구성하는가? (인간을 백색, 남성성, 얼굴, 팔루스의 지배로부터 구성된 것으로 생각해보라.) 우리는 어떻게 생명의 무한한 차이들을 '인간'이라는 단일한 규범으로 조직화하거나 코드화해 왔는가? 우리는 어떻게 우리 전부를 표상하는 일반적인 인간 주체를 생각하기에 이르렀는가? 우리는 '인간'의 이미지를 구성하는 그 모든 분자적인 혹은 전前개체적인 강도들에 주의를 기울일 필요가 있다.

우리는 이것을 정치적이거나 문화적인 특징들이 어떻게 강도들로부터 생산되는지 살펴봄으로써 이해할 수 있다. 하나의 강도는 분화된 사물이나 대상이 아니다. 그런 사물이나 대상은 질들을 소유한다. 넓게 말해서 하나의 강도는 하나의 경험, 느낌, 지각작용 혹은 사건이다──그것은 시간과 공간이 식별되어 나오는 여러 흐름들 가운데 하나인 배열된 시공간 안에 위치하고 있지 않다. 생명은 다만 한 '떼'의 강도들──색채, 몸짓, 색조, 질감, 운동──로서 우리는 그로부터 연장된 사물들을 배열하거나 지각한다. 예컨대 한 인칭과 그들의 개별성에 대한 우리의 지각작용은 변동하는 강도들의 구성이다. 그 강도들은 그러한 구성이 아니었다면 비인칭적이었을 것이다. 우리는 인물이나 인칭을 그들의 고정된 신체로부터가 아니라, 그들의 움직임과 발화의 스타일로부터, 그리고 우리가 그들에게서 기대하거나 예견하는 것으로부터 추상한다. 하나의 성격은 다양하고, 시간의 흐름에 따라 하나의 집단이나 다양체가 되는 어떤 것이다──그것은 사물들이 아니라 스타일, 몸짓, 취향, 버릇과 같은 강도들로 이뤄진다. 나아가 이런 강도들은 또한 그것을 지닌 것이 어떤 인칭이든, 혹은 정체성이 무엇이든 상관없이 지각될 수 있다. 텔레비전의 한 인물이 특정한 헤어스타일로 주목받고, 그 스타일이 유행이 되어 반복되면서 그 인물의 어떤 의미와도 분리〔독립〕되는 현상을 생각해보라. 이때 그 스타일은 한 세대를 요약하는 것일 수 있다. 그러므로 1960년대에 대한 우리의 욕망이나 투여는 비인칭적 뉘앙스들에 의존한다──과장되게 삐

쳐 올라간 엘비스 프레슬리 헤어스타일은 엘비스 자신조차 실제로 해 본 적이 없다. 영화 스타, 정치가, 문학 속 인물들은 스타일, 몸짓, 음색, 분위기의 조합이다. 제임스 딘은 모자, 거드럭거리는 걸음걸이, 반항적 기질, 청바지, 특유의 머리 모양이다. 셰익스피어의 맥베스는 권력, 살해, 오만, 피로 물든 손을 가진 아내, 단검, 마녀들, 뱅쿠오의 유령 등의 통접conjunction이다. 우리는 『폭풍의 언덕』의 히스클리프를 그의 신체적 특징들의 어두움, 거친 말투, 무어인들 사이에서의 방랑, 몸에 흉터를 남긴 노동의 흔적들로 경험한다. 많은 미국 대통령들이 전임자들의 몸짓이나 독특한 버릇에 의존함으로써 '대통령다워' 졌다. 빌 클린턴이 존 F. 케네디의 신념을 반복한 것은 아니지만, 그의 연설은 케네디식의 리듬, 휴지休止, 운율을 사용했다.

우리는 재현의 관념 — 우리가 질을 통해 알게 되는 인칭이나 사물이 있다는 관념 — 에 반해, 지각작용, 강도 혹은 다양한 질의 세계가 있고, 우리가 그로부터 연장된 사물들 혹은 근원적 인간 본성을 생산한다고 말할 수 있다. 이는 문화적이고 예술적인 작품들이 이미 주어진 인간 본성을 재현하기보다는, 강도들로부터 일반적인 관심들을 생산한다는 것을 의미한다. 예컨대 서양의 '남성'man은 (분자적이거나 전-개체적인) 강도들에 대한 특정한 투여로부터 시작되는 '몰적' 구성체이다. '남성'은 오늘날 '인간'human의 전형으로 여겨져온 강도들의 집합이다. 하지만 들뢰즈는 실재적 사유함이 우리에게 무엇이 됐든 (예컨대 남성과 같은) 일반적인 범주나 몰적 구성체를 취해 그것을 구성하는 분자적 강도들을 살펴볼 것을 요구한다고 본다. 몰적 구성체는 강도에의 다양한 투여로부터 형성된다. 그것은 신념이나 의미보다는 특정한 질들의 고양과 관련이 있다. 그러므로 우리는 정치적 기계들이 '인간'에 대한 일반 개념을 생산하는 구별되는 방식들을 볼 수 있다.

이런 미시정치학 또는 분열분석은 성차별주의 신념이나 이데올로기를 분석하는 것과는 다른 일이다. 즉 그것은 그런 신념들이 형성되도록 하는 이미지들을 살펴보는 일이 된다. 가령 1990년대 광고에 반복적으로 등장한 근육질 남성의 복부 이미지에서, 햇볕에 탄 흰 피부의 일반적 강조나 시트의 흰색, 멜빵바지, 짙은 색의 그리스나 바디오일의 끈적함 같은 특정한 질감들을 병치한 방식을 생각해보자. 이는 다른 강도들에서 비롯한 이전 시기의 '남성'이라는 생산물들과 대조를 이룬다. 1950년대에는 매우 다른 신체의 형태들 — 엘비스와 제임스 딘의 엉덩이와 데님 진, 높이 세우는 헤어스타일 — 과 다른 이미지 질감 — 예컨대 광택이 있는 광고 게시판이나 잡지들과 대조되는 흑백 필름 — 에 대한 투여가 있었다.

강도는 단순히 대상의 일부가 아니며, 감정에 결부된다. 서양의 남성에 대한 이런 지각작용들이 명석하고, 판명하고, 경계 지어지고, 질서 지어진 것이라면, 탈인간적인 것은 전적으로 다른 지각작용의 스타일이다. 예를 들어 동물성과 외래성은 종종 어둡고 혼돈스러우며 경계가 없는 이미지들로 제시된다. 외국인 '대중' mass 을 제시할 때, 자주 어둡고 편집되지 않은 지저분한 필름을 사용해 의도적으로 무질서하게 재현하는 것을 생각해보라. 대조적으로 서양의 남성은 오래 전부터 명석하고 개인적인 특징들과 잘 계몽된 존재로 표상되어왔다. 어떤 이미지의 백색은 단순히 우리가 지각하는 어떤 것이 아니라, 그 나름의 지각작용의 강도를 가진다. 백색, 선線, 빛은 눈에 특정한 효과를 일으키면서 어떤 감정을 생산한다(우리는 공포영화에서 그 극단적인 예를 본다. 공포영화에서 시각 자료들은 너무 밝거나 너무 빨리 움직여서 그 내용의 폭력과 무관하게 눈에 강한 자극이 되거나 아예 눈을 돌리도록 만들 수 있다. 이것은 애정영화의 부드러운 초점과 대조를 이룬다).

결국 우리가 공유하는 '남성'의 체험은 미리 주어진 어떤 대상에 대한 지각작용을 통해서가 아니라, 특정한 강도들을 통한 우리 지각작용의 코드화와 조직화를 통해 성립한다. 영화, 문학, 철학 속의 인물들은 강도들이 종합된 결과이다. 철학이 사유함의 교의들을 폭로함으로써 사유의 새로운 길을 창조하는 것이라면, 예술은 나아가 우리의 지각작용 스타일의 경직성을 폭로함으로써 새로운 지각작용의 스타일을 창조할 수 있게 한다.

예술과 기호

들뢰즈가 어떤 예술가나 저자에 주목할 때, 그는 예술이 차이를 대면하는 독특한 방식들을 다룬다. 철학자는 내재면을 대면할 수 있지만, 예술가는 가장 작은 차이들, 즉 특정하거나 독특한 강도들에서 출발한다. 프랑스 소설가 마르셀 프루스트에 관한 들뢰즈의 책에서 차이로 가는 경로를 창조하는 것은 기호의 개념이다(PS). 우리는 모든 생명을 일련의 기호들로 이해할 수 있다. 동물은 기호들을 따라가면서 먹이를 찾는다. 내가 불이 난 것을 아는 것은 연기나 타는 냄새의 기호를 '읽기' 때문이다. 나는 당신의 몸짓을 '읽음'으로써 당신이 화가 났음을 식별한다. 어떤 바이러스가 다른 종으로 도약하여 돌연변이를 일으킬 때, 그것은 자신의 새로운 환경을 '읽는다'. 그러나 우리를 생명 그 자체의 강도로 이끄는 기호들이 있다. 이것이 들뢰즈가 프루스트의 소설들에서 발견한 기호들의 경로이다. 여기서 들뢰즈는 기호들의 네 가지 수준에 대해 기술한다.

대부분의 경우 경험은 '현세적 기호' worldly sign의 형식을 취한다(PS, 6~7). 우리는 사물들을 다른 어떤 것의 측면에서 바라본다. 신체는 특정한 성격의 기호이고, 의복은 계급이나 직분이나 성차의 기호이다. '현세적' 기호는 차이들을 공유 가능한 복합체라는 어떤 의미들로 소급하여 연관시킨다. 예컨대 곡선미 있는 신체, 비쳐 보이는 의상, 하이힐, 우아한 걸음걸이는 우리가 '여성'을 인식[재인]할 수 있게 해준다. 이런 재인과 해석의 과정 덕분에 우리는 세계 내에서 우리의 방식을 만들고 행동할 수 있다. 하지만 들뢰즈에 따르면 프루스트는 사랑의 기호들에 대해서도 기술한다. 여기서 우리는 기호 뒤에 놓인 것이 무엇인지 인식하기 위해 기호를 해석하는 것이 아니다. 그 기호는 우리를 이것에서 저것으로 이끌지 않는다. 사랑의 경우에 기호는 해석을 중단한다. 연인의 신체, 스타일, 옷, 움직임들은 인식될 수 없고 단순히 알 수도 없는 것을 나타낸다. 누군가를 사랑할 때 우리는 그들을 우리의 사물들의 세계에 포함시키지 않으며, 행동할 수 있는 어떤 것으로 여기지도 않는다. 우리가 사랑하는 인물은 전적으로 다른 세계, 즉 우리의 것이 아닌 경험의 '기호'이다(PS). 그러므로 현세적인 기호들이 세계 내에서 이것에서 저것으로—연기에서 불로—옮겨다니는 반면, 사랑의 기호들은 우리를 또 다른 세계로 이끈다. 이때 그 세계는 내가 결코 알 수 없는 것을 연인이 지각하는 그런 세계이다. 그녀의 얼굴, 내가 사랑하는 이의 얼굴은 결코 내가 경험할 수 없고 지각할 수 없는 것의 기호이다. 그렇게 사랑의 기호는 잠재적인 것, 주어지지 않고 다만 예견될 뿐인 것을 향해 활짝 열려 있다. 이보다 더 복잡한 것은 들뢰즈가 프루스트를 통해 '감각으로-드러나는'sensuous 기호들이라고 기술한 것이다. 이때 감각적인 기호들은 물질적이며 예술에 대해서만 해당한다. 어떤 그림의 붉음redness이 기호일 수 있는 까닭은, 그것이 우리가 다룰 수 있는 대상을 재현(현세적인 기호들)하기 때문도, 다른 사람의 경험을 지시(사랑의 기호들)하기 때문도 아니고, 그것이 '붉음'을 구현하기 때문이다. 예술은 사물이나 사람과 무관한 물질적이거나 감각으로-드러나는 기호들을 표현한다. 이것은 다시 잠재적인 것을 향해 열린다. 여기서 내가 보는 것은 단지 현실적인 캔버스 위의 물감이 아니다. 오히려 나는 이 특정한 사례를 넘어, 그 위로 색채에 대한 감각 또는 시각성 ― '보아야' 할 것 ― 을 얻는다. "예술 작품에서 드러나는 본질은 무엇인가? 그것은 차이, 절대적이고 궁극적인 차이다. 차이는 존재를 구성하는 것, 우리로 하여금 존재를 생각하게 하는 것이다"(PS, 41). 예술을 단지 우리를 하나의 사물에서 다른 것으로 (그림에서 의미로) 이끄는 현세적 기호로 여겨서, 어떤 감춰져 있는 현실적 의미 ― 저자가 말하고자 했던 바 혹은 텍스트에 코드화된 전언 ― 로 그것을 해석하는 것은 잘못일 것이다. 예술은 우리에게 물질적 기호들을 제공한다. 요컨대 그 모든 독특성과 특수성을 가진 이 붉음은 어떤 현실적 사물이나 의미에 결부된 것이 아니라, 색채의 가능성possibility 혹은 잠세성potentiality 자체, 이런 방식으로 붉음일 수 있는 힘을 보여준다. 이런 감각으로-드러나는 기호들은 그때 우리를 본질의 최종적인 수준으로 이끈다. 들뢰즈는 그것이 기호들의 궁극적 수준이라고 보았다. 우리가 이 빨강의 물질성 자체와 대면한다면, 그때 우리는 붉음의 본질 자체를 경험하는 우리의 도정에 서게 된다. 왜냐하면 더는 의미나 행동이나 인칭에 종속되지 않기 때문이다. 그리고 일단 우리가 이런 본질적인 방식으로 예술을 경험하고 나면, 우리는 그 모든 차이에서 경험의 진실을 보게 된다. 이는 어떤 대상이나 의견이나 사태에 결부된 진실이 아니다. 그것은 오히려 전체의 진실 혹은 경험 가능성의 진실이다. 이때 경험은 우리의 현실적이거나 유한한 지각작용들 너머에 있는 비인칭적이고 차이생성적인 흐름으로서의 경험이다. 경험의 진실은 우리가 그것에 대해 가진 어떤 현실적 이미지도 넘어서서 연장하는 힘 혹은 능력이다. 예술은 마치 사랑과 같이, 하지만 훨씬 덜 인칭적인 방식으로 우리가 우리 자신을 벗어나 비인칭적 경험에 이르도록 해준다. 이것은 우리를 판단에 대한 모든 정위되거나 인간적인 지각작용을 넘어서 경험 자체의 감각으로, 하나의 비인칭적 전체로서의 생명의 진실로 데려간다. 들뢰즈에게 본질이란 경험의 배후에 놓여 있는 일반적 범주나 의미가 아니라, 어떤 경험에서 현실화되는 독특한 가능성을 의미한다. 나는 빨강을 지각할 때, 여기에 있는 이 빨강을 보는 동시에 그것을 색의 본질에 대한 한 가지 표현으로 생각할 수 있다. "본질은 대체될 수 없고 또 아무것도 그것을 대신할 수 없기 때문에, 그것[본질]을 반복하지 않는다면, 궁극적인 차이인 본질을 가지고 무엇을 할 수 있을 것인가?"(PS, 49)

그렇다면 들뢰즈에게 본질이란 독특한 것이고, 일반성들과 절대적으로 대비되는 것이다. 우리는 주로 일반성의 현세적 기호들을 가지고 살아간다. 가령 우리는 '이것은 의자다', '이것은 테이블이다', '이것은 양탄자다', 그리고 '이 양탄자는 우연히도 그 빨간 의자와 마찬가지로 빨간색이다'라는 식으로 생각한다. 그러나 예술은 우리를 본질들의 독특성에 대면시킨다. 이를테면 여기에 있는 이 빨강은 물질적이고 감각적이며, 그 독특성에 있어 상이하다고 보는 것이다. 그것은 독특한 붉음에 대한 관념적 본질의 기호이다. 그리고 예술의 경험은 그렇게 우리의 모든 다른 기호들을 변형시킬 것이다. 일단 우리 자신과 우리가 습관처럼 세계에 강제하는 일반성들에서 벗어나면 우리는 세계를 그것의 강도 속에서, 구별되는 인칭들·사물들과 더불어 살기 위해서 필연적으로 '망각하는' 차이들의 증식하는 확장으로서 지각할 수 있다. 우리는 현세적 기호, 사랑의 기호, 감각적 기호가 모두 하나의 강도 높은 차이의 수축들, 즉 세계들의 다양체를 개방함으로써 계속 반복해서 사유를 붕괴시키는 차이의 수축들임을 깨닫는다. 우리는 이 본질적 차이를 재현할 어떤 단일한 기호에도 머무를 수 없다. 또한 우리는 예술의 감각으로-드러나는 기호들을 계속해서 재창조함으로써, 차이를 그 모든 독특성 안에서 재-조우해야 한다. "예술은 질료의 참된 변환이다. 실체, 기원적인 세계의 성질을 굴절시키기 위해, 실체는 예술에 의해 정신화되고 물리적 환경들은 비물질화된다"(PS, 47).

들뢰즈는 프루스트에 관한 책(PS)에서, 이 소설가가 창조한 기호들에 대한 특유의 이해를 통해 차이와 반복에 대한 그의 긍정을 표현한다. 프루스트가 쓴 소설에서는 현재의 경험들, 예컨대 냅킨의 촉감이 어떤 과거의 경험을 상기하도록 해주고, 이는 감각이-일깨우는 sensual 각 사건의 특수성에 대한 의미로 이어진다. 과거의 특수성은 현재의 질서를 붕괴시키는데, 그것은 이런 감각이-일깨우는 본질들——이를테면 맛이나 촉감이나 특정한 빛의 음영——이 우리가 삶에 강제하는 서사적 질서에서 벗어난 하나의 본질을 지니기 때문이다. 들뢰즈는 모든 예술이 본질적인 독특성들을 불러내는 이런 힘을 가지고 있다고 본다. 회화에서 붉음에 대한 각각의 독특한 사건은 붉음의 본질, 즉 변하고 복수화하고 부단히 다른 방식들로 반복되는 빨강의 능력을 반복한다. 그 본질은 동일한 어떤 것의 반복에 의해서 반복되거나 긍정되는 것이 아니다. 반복이 차이다. 왜냐하면 우리가 반복하는 것은 매 사건이 계속해서 다른 방식으로 스스로를 긍정하는 힘이기 때문이다. 예술은 결정적으로 차이와 반복에 결부되어 있다.

    예술은 동일한 것의 반복이 아니다. 그것은 끝없는 속편이나 모사나 흉내의 생산이 아니다. 예컨대 우리는 엘비스를 흉내 내는 사람을 다음〔시대의〕엘비스라고 부르지 않는다. 대중음악의 본질을 실제로 반복한다는 것은 최초의 엘비스가 가져온 충격과 변화의 반복을 요구하는 일일 것이다. 아카데미에 앉아서 옛 거장들의 작품을 성실하게 모사하는 학생은 모네를 반복하는 것이 아니다. 모네나 엘비스가 어떤 의미와 의의를 가지는지를 우리에게 말해주는 미술평론가나 문화연구 주석가는 분명 미술이나 음악의 본질을 반복하고 있지 않다. 지금의 개라지 밴드garage band나 설치미술가가 엘비스나 모네의 반복에 가까워지는 것은, 오직 그들이 '원작' original과 같은 (그러므로 다른) 힘을 가지고 소리와 시각성의 차이들을 긍정하는 한에서만 가능하다. "가장 정밀하고 가장 엄격한 반복은 차이의 최대치를 그 상관물로서 가진다"(DR, xxii; 폴 패튼 역자 서문). 하나의 사건을 실재적으로 반복한다는 것은 우리가 그것에 대해 가진 현세적 이미지를 반복하는 것이 아니라, 차이의 초험적 조건을 파악하는 것이다. 요컨대 모네나 엘비스가 긍정한 차이와 창조의 힘은 무엇이었던가? 예술은 독특한 차이들, 즉 음향, 색조, 색채, 다른 감각적인 것들에 대한 차이뿐 아니라, 감정 ─사랑, 공포, 두려움, 쾌락─의 차이의 반복이다.

들뢰즈는 일반적으로 다른 사상가나 예술가를 해석하는 것에 반대한다. 우리는 작품이 표현하는 어떤 의미를 찾으려고 해서는 안 된다. 예술 작품은 차이를 창조하기 때문이다. 차라리 우리는 그들의 작품에서 차이가 조우되는 특수한 방식들을 이해하려고 해야 한다. 프루스트의 소설들은 기호의 층들을 창조함으로써 상이한 독특성들의 본질 자체를 향해 열리는 기호들을 제시했다. 들뢰즈 같은 철학자가 프루스트 같은 예술가나 작가에 주목할 때, 그는 철학적 배경이나 설명을 제시하는 것이 아니다. 또한 그는 예술가가 미감적으로 표현한 것의 철학적 판본을 제공하는 것이 아니다. 예술이나 철학 모두 어떤 독립적인 내용을 가지고, 그것을 철학의 명제와 예술의 은유라는 식의 상이한 스타일로 표현하는 것이 아니다. 예술은 우리가 실천적 실존을 목적으로 강제한 일반성과 비교에서 해방된 감성의 모든 독특성을 제공한다. 철학은 우리가 이 모든 독특성들의 면을 사유하도록 도와주는 개념들을 제공한다. 프루스트의 경우, 들뢰즈는 '기호', '본질', '진실', '모나드'라는 개념들을 가지고 즉자적 차이[차이 자체]에 대한 프루스트 자신의 탐색을 재창조한다. 철학이 예술과 다른 점은, 예술이 독특한 방식으로 제시하고자 하는 것을 개념화하고 그 자체로서 파악하려고 하는 데 있다. 예술은 우리에게 이런 특수한 빨강을 그것의 독특성을 통해 제시함으로써 '붉음'의 본질을 제공할 것이다. 또한 우리는 더는 빨강을 어떤 빨간 대상 혹은 빨강으로 상징화된 어떤 의미에 종속시키지 않을 것이다. 철학이 이런저런 독특성이나 감각으로-드러나는 기호에서 출발하지 않는다면, 즉자적 차이를 사유하는 철학의 기획은 언제나 예술이나 다른 철학자들이 제공한 차이의 특수한 드러남들과 더불어 작동할 것이고, 그리고 나서 독특성들이 어떻게 출현하는지 사유하려고 할 것이다.

차이 읽기

들뢰즈 자신의 저작은 지속적으로 다른 용어들, 다른 전략들, 다른 문제들을 창조한다. 들뢰즈는 특수한 사건들에 우선해 존재하고 그 사건들을 설명하는 정적인 이론 체계에 명백하게 비판적이었지만, 그의 사유는 호출된 문제나 저자에 따라 다른 형식을 취하는 어떤 긍정, 차이의 긍정으로서 상대적으로 통합되어 있다. 들뢰즈는 '형식' form이라는 말을 형상과 질료 사이의 구별을 암시하는 의미로 사용하지 않았다. 그와 같은 구별을 상정할 때, 무형의 질료가 존재하고 그 후에 특수한 형상들을 취하게 된다. 그는 대신 '양식'이나 '스타일'이라는 말들을 사용한다. 물질은 그 자체가 차이고 나름의 다른 스타일들을 통해 생성한다. 왜냐하면 자신의 특수하고 독특하고 다른 표현들과 무관한 차이 일반은 없기 때문이다. '순수 차이'는 잠재적이다. 현실에는 다만 특수한 차이들만이 있을 뿐이다. 들뢰즈의 강도적 혹은 현동적 차이의 이론은 하나의 이론, 지고한 설명적 정전이라기보다는 지속적이고 영원한 도전이다. 요컨대 우리는 어떻게 각각의 사건, 각각의 작가, 각각의 예술 작품, 각각의 지각작용의 특수한 차이를 생각하는가?

물론 들뢰즈에 대한 어떤 개론이든 문제가 되는 것은 그의 비판이 겨냥했던 은유, 일반화, 본보기 등의 모든 수단들을 사용해야 한다는 점이다. 그러나 들뢰즈는 이를 다루는 방식을 제시한다. 우리는 언제나 차이에 접근하는 자신의 세계나 방식에서 출발한다. 우리는 차이 자체를 어떤 다른 사물의 측면에서 사유하는 경향이 있다. 이런 식의 진행에는 아무런 문제도 없다(사실 철학이 오류나 판단의 형식들을 비난하면서 사유함을 도덕화하기 시작하면 여러 가지 문제가 발생한다). 다만 우리가 특수한 것들 배후의 일반성들을 포착할 수 있다고 여겨 우리의 본보기들을 차이에 대한 어떤 일반적 진리의 특수한 경우들로 보지 않는 것이 중요하다. 오히려 우리는 그 이상의 차이를 재창조하는 일을 계속해야 한다. 그러므로 우리가 출발한 경우들〔은유, 일반화, 본보기〕은 차이 일반의 본보기들이 아니라 차이의 실례들*로서, 그것에 접근하는 방식에 따라 매번 다를 것이다. 우리가 단번에 포착할 수 있는 일반적인 차이란 있을 수 없다. 우리는 각각의 예술 작품, 각각의 개념, 각각의 과학적 발견이 우리의 사유 방식들을 변형하는 상이한 방식들

---

* 이는 차이생성이 흘러가다가 잠시 멈춘 경우들이라는 뉘앙스를 띤다. 즉 차이의 개별화된 경우들 혹은 차이가 현실에 드러난 경우들이라고 할 수 있다.

을 평가해야 한다.

우리가 일의성, 내재성, 차이를 사유해왔다면, 어떻게 이 개념들에 대해 설명할 수 있을까? 초기 낭만주의자 윌리엄 블레이크William Blake(1757~1827)의 짧은 시 「병든 장미」The Sick Rose를 살펴보자.

오 장미여, 그대 병들었다!
보이지 않는 벌레,
밤이면 날아다니며
울부짖는 폭풍 속에서

그대의 침상을 발견했다
진홍색 기쁨의.
그리고 그의 어둡고 비밀스런 사랑이
그대의 생명을 파괴한다.

우리가 시를 '해석'한다면, 우리는 그 의미가 무엇인지 묻고 책장에 쓰여진 단어들 배후의 어떤 의미를 찾을 것이다. 이 시는 종종 생명과 욕망에 대한 태도들의 반어적 표현으로 읽힌다. 화자는 욕망을 타락의 형식으로서만 볼 수 있고, 그래서 사랑을 비밀, 파괴, 어둠에 결부한다. 우리는 이 시를 좀더 일반적인 의미(경건한 18세기의 도덕주의)의 본보기나 표현으로 읽을 수도 있다. 우리는 종종 특정한 의미들, 사유함의 방식들 혹은 특정한 화자의 유형들이 있다고 생각한다. 블레이크의 시의 경우, 우리는 그것이 18세기를 특징 짓는 신체와 생명에 대한 억압적 태도를 재현한다고 말할 것이다.

그러나 들뢰즈는 우리에게 하나의 텍스트가 의미하는 바를 묻는 대신, 그것이 어떻게 작동하고 무엇을 실행하거나 생산하는지 물음으로써 내재적이고 강도적으로 읽기를 요청한다. 그는 뜻이나 의미나 심지어 발화 주체가 [먼저] 있어서 언어를 통해 표현되는 것이 아님을 강조하고자 한다. 주체들은 그들의 발화방식에 따라 형성된다. 의미는 언어의 배후에 놓여 오직 그것의 소통을 위해서만 언어를 필요로 하는 것이 아니라 언어로부터 출현하는 사건이다(LS). 의미는 책장 위의 물질적 단어들로 환원되지 않고, 각각의 의미의 사건은 물질적 무-의미non-sense로부터 생산된다. 우리는 스타일의 사건, 즉 (글쓰기의 경우) 구문의 물질성의 표현에서 출발한다. 이것은 스타일이 우리가 의미들 위에 놓는 장식이 아님을 의미한다. 다시 말해 뜻과 의미가 출현하는 스타일이 있는 것이다. 특정한 발화 방식들, 즉 발화하고 판단하는 자와 판단되는 대상 사이에 조성된 경계가 있다면, 우리는 단지 도덕 주체만을 가질 수 있을 뿐이다. 이것은 또한 의미를, 즉 언어의 잠재적이고 비-현실적인 혹은 비물질적인 요소로서 의미를 창조한다. 그러나 예술에서 문제는 의미나 뜻을 제시하는 것이 아니라, 현실적 혹은 감각적인 것으로부터 의미 또는 잠재적인 것이 출현하는 데 있다 (주체가 위치하거나 주체성들이 생산되는 것이 — 비인칭적으로 제시된 — 지각들과 감정들로부터임을 기억하자).

들뢰즈는, 이를테면 프루스트의 경우에, 그가 '감각으로-드러나는 기호'들 — 감각작용의 경험 — 을 제시하지만, 이것은 감각적인 것들로부터 인물과 삶의 특정한 스타일들이 형성되는 방식에 대한 긍정의 일부분이라고 주장한다. 세계의 의미, 즉 그 모든 의미심장한 기호와 목적으로부터 우리에게 인칭과 인물과 장소의 특수한 스타일을 구성하는 강도들이 제시된다. 그러므로 블레이크의 시는 도덕성에 대한 주석뿐 아니라 도덕성의 스타일, 즉 특정한 유형의 인칭이 언어 양식에서 형성되는 방식으로 읽혀야 한다.

첫째로 시의 리듬의 강도가 있다. 단음절의 어휘 선택과 짧게 생략된 구절들은 단순성의 리듬, 묘사된 단위들의 리듬, 정연한 대조의 리듬을 생산한다. 이것은 마치 세계가 긍정적인 것과 부정적인 것으로 분류되는 대상들의 집합이라는 듯이 특정한 사유의 구문, 단순한 대립과 명석한 판단의 경계선의 구문을 생산한다. 또한 시는 마치 진단하는 시점을 채택할 수 있다는 듯이 단순한 선언의 형식을 취한다. 예컨대 "오 장미여, 그대 병들었다!"라고. 이 시는 『순수의 노래, 경험의 노래』 Song of Innocence and of Experience라는 연작 가운데 하나로, 이 연작 시집의 많은 시들이 이런 식의 단순한 단정적 선언 및 기술로 시작된다. 우리는 진단하고("그대 병들었다"), 판단하고("그대의 생명을 파괴한다"), 혹은 해석해 어떤 숨겨진 타락을 발견하는("보이지 않는 벌레 …… 그대의 침상을 발견했다") 발화 행위와 같은 구체적인 수사의 유형들을 통해서 도덕화하는 주체를 가질 수 있을 뿐이다. 도덕성은 또한 특정한 속도와 리듬을 가진다. 블레이크의 경우만이 아니라 격언과 일상의 교의에서도 도덕성은 음악적 반복들과 짧고 빠른 선언들에 의해 작동한다(상-식과 유아적 도덕주의의 교의들이 종종 표현되는 방식을 생각해보라. "가는 것이 있으면 오는 것이 있다", "수고 없이는 소득도 없다", "모든 것이 합력해 선을 이룬다"). 블레이크는 도덕주의의 의미의 스타일 혹은 물질성materiality을 제시한다. 『순수의 노래, 경험의 노래』는 단순한 리듬을 가진 짧은 시들로서, 도덕성의 핵심에 자리하는 무-의미와 그것이 의존하는 운율, 리듬, 보격의 스타일을 보여준다. "그러면 연민을 소중히 하라, 네 문밖으로 천사를 내몰지 않도록"(「성聖 목요일」), "자비, 사랑, 연민이 머무는 곳에 / **신** 또한 머물고 계신다"(「신의 모습」), "그러므로 모두가 자신의 의무를 다한다면, 그들은 해를 두려워할 필요가 없다"(「굴뚝청소부」). 「병든 장미」가 억압성에 대한 하나의 본보기가 아니라고 하는 것은, 억압이란 다름 아닌 하나의 구체적이고 단일한 스타일이라고 말하는 것이다. 어떤 일반적인 분위기(억압)가 있어서 하나의 스타일로 묘사될 수 있는 것이 아니라, 우리의 모든 분위기들과 의미들이 스타일로부터 생산되는 것이다.

시는 억압이나 도덕성을 재현하지 않는다. 그것은 억압과 도덕성이 말하기[발화]의 양식에서 출현하는 방식을 보여준다. 그것은 언어를 현동적으로, 즉 한 세계의 반영이나 재현으로서가 아니라 한 세계의 창조로서 바라본다. 「병든 장미」는 『순수의 노래, 경험의 노래』에 실린 블레이크의 다른 많은 시들이 그렇듯, 타락과 파멸과 파괴의 세계가 매우 구체적인 발화 방식들로부터 초래되는 과정을 보여준다. 비-억압적으로 혹은 비-도덕주의적으로 사유하기 위해서 우리는 훨씬 복잡한 스타일을 상상해야 하며, 사유를 단순한 구절들, 동일성들, 판단들로 환원해서는 안 된다. 이것이 실로 블레이크가 후기작들에서 시도한 바이다(어쩌면 그것이 들뢰즈처럼 블레이크 또한 그토록 읽기 어려운 이유이다). 어떤 목소리를 전형적인 것으로 취하는 순간, 우리는 하나의 특정한 사유 양태, 발화 방식을 일반적 원형으로 승격시키고 만다. 우리는 사유를 멈춘 것이다.

5_ 욕망의 역사

생산으로서의 욕망

욕망을 어떻게 사유하는가는 차이를 어떻게 사유하는가와 밀접한 관련이 있다. 들뢰즈는 일련의 저자들을 읽어나감으로써 현동적 차이에 대한 자신의 기획을 표현했다. 그러나 그가 욕망 개념을 통해 차이라는 쟁점을 정치화한 것은 펠릭스 가타리와 함께 쓴 정신분석〔학〕 비평을 통해서였다. 욕망의 표준적인 개념들과 정신분석학적 설명은 욕망을 본질적으로 결여, 부정, 주체에 결부한다. 일반적으로 나는 오직 내가 가지지 못한 것만을 욕망할 수 있다고 여겨지며, 그러므로 욕망은 욕망하는 주체와 욕망의 대상이라는 두 항 사이의 외재적 관계로 이해된다. 정신분석〔학〕에서 이는 한층 더 나아간다. 나는 오직 이런 본질적인 욕망의 결여를 통해서만 '나' 혹은 주체가 될 수 있다고 보는 것이다. 어머니의 가슴에 매달려 모든 욕구가 충족된 아이를 상상해보자. 그 아이에게는 자아에 대한 어떠한 감각도 없고, 세계에 대한 어떠한 감각도, 어떠한 차이도 없다. 자아에 대한 감각이 있다면, 그것은 오로지 이런 순수한 충족일 뿐이다. 그러므로 '내'가 출현하는 것은 욕망된 기원으로부터 나를 변별화하는 것에 다름 아니다. 정신분석〔학〕은 그 이후의 삶 동안 우리가 이런 기원적 현전과 충만을 욕망하지만, 그와 같은 충만의 획득은 자아의 상실, 즉 죽음이라고 주장한다(이것은 정신분석〔학〕이 '죽음-욕동'을 자기-임selfhood의 본질로 가정하는 이유다. 다시 말해 욕망은 모든 차이 혹은 결여의 극복을 지향하고, 그러므로 그 자신의 종말을 욕망하는 것이다). 전통적이고 정신분석학적인 구도에서 차이와 욕망은 본질적으로 부정적이다.

우리가 이처럼 비극적인 이야기에 도달하게 된 경로를 이해하기 위해 들뢰즈·가타리는 그들이 '보편사'라고 부르는 것을 쓴다. 『안티 오이디푸스』에서 이런 역사는 우리가 욕망을 해석함으로써 그것〔욕망〕을 부정하는 긴 역사의 끝에서 정신분석〔학〕의 출현과, 어떻게 강도적이고 현동적인 차이에서 외연적이고 부정적인 차이로 이행하는지 기술한다. 들뢰즈는 플라톤에서 프로이트에 이르기까지, 욕망은 생명이 아닌 것 혹은 해석되어야 할 어떤 것으로 이해되어왔다고 주장한다. 다시 말해 우리는 우리가 갖지 않은 것을 욕망하고, 우리의 욕망은 한낱 '이미지', '환상', '재현'이라고 여겨져왔다는 것이다.

그러나 들뢰즈·가타리는 욕망을 항項들의 관계로 보지 않는다——그들에게 주체의 욕망과 부재하는 대상은 없다. 왜냐하면 욕망이 바로 생산이기 때문이다. 모든 생명은 욕망, 현동적 차이와 생성의 흐름, 생산적 접속〔연접〕의 완전한 계열들이다(가슴을 만지는 손은 욕망이자 접속이고, 음식에 닿은 입이나 심지어 새로운 유기체 안에서 변화된 바이러스조차 욕망이고 접속이다. 왜냐하면 욕망이란 곧 생명의 창조적 투쟁 일반이기 때문이다). 그렇다면 욕망으로서 생명의 내재면이 있을 뿐, 불활성의 생명 없는 대상적 세계에 반해 설정된 욕망하는 주체는 없다. 들뢰즈에 앞서 욕망의 개념을 급진적인 정치적 용도로 사용한 경우들이 있었는데, 그 대부분은 헤겔과 맑스에게서 나왔고 엄격하게 인간주의적이었다. 헤겔 해석으로 들뢰즈 이전 세대 프랑스 저자들 사이에 결정적인 영향을 미친 알렉상드르 코제브Alexandre Kojève는 욕망은 인간적이고 부정적이라고 주장했다. 오로지 인간의 생명만이 생명이 아닌 것을 재현할 수 있다. 다시 말해 인간의 생명은 아직 존재하지 않는 것의 이미지를 가질 수 있으며, 이런 욕망은 현재 행동의 근거가 될 수 있다. 욕망은 생명과는 다른데, 이는 생명이 그 자체로는 미래나 아직 주어지지 않은 것과 관계를 갖지 않기 때문이다. 대조적으로 들뢰즈는 욕망을 재현에서 해방시킨다. 왜냐하면 욕망은 우리가 결여한 것에 대해 가지고 있는 이미지가 아니라─모든 신체들의 모든 지각작용들과 감각적인 조우들을 포함하는─현동적 사건들이기 때문이다. 일단 욕망을 재현에서 해방시키면, 즉 욕망을 재현이나 행위를 야기하는 소망의 빈칸*이 아니라 신체 자체의 행위

---

* 원문에는 '한 행위의 소망적 망상' wishful hallucination이라고 표현되어 있으나, 맥락상 의역했다. 저자가 'hallucination'이라는 단어를 선택한 이유는, 외부적 욕망의 대상은 곧 자기 내부의 결여를 의미하고, 결국 영원히 충족될 수 없는 빈칸으로서 돌아다니는 욕망의 속성을 표현하기 위해서다. 가령 내가 내 앞에 있는 사과를 욕망한다고 하자. 이때 욕망의 대상인 사과는 나의 외부에 있으므로 동시에 나의 내부에는 없고, 따라서 나의 욕망은 빈칸 내지는 무無에 해당한다. 그러나 내가 그 사과를 취했다고 해서 빈칸이 충족되는 것이 아니라 다만 미끄러지며 유예될 뿐이다. 요컨대 빈칸으로서의 욕망은 영원히 충족되지 않고 빈칸으로서 옮겨다니는 것이다.

로 보게 되면, 그때 비로소 우리는 욕망을 인간으로부터 해방시킬 수 있다. 인간은 말하는 존재로서, 더 이상 욕망을 위한 장소만이 아니다. 반대로 발화는 우리의 욕망이나 우리가 결여한 것을 재현하지 않는다. 발화와 언어 — 입에서 나는 소음, 기호들의 등기, 한 문화의 표시나 코드 — 는 욕망으로부터 출현한다. 생명 일반은 모든 종류의 표시, 소음, 등기, 코드를 생산한다. 즉 이것은 그 생산적 창조성의 일부이다. 우리가 욕망의 한 가지 형태 — 합리적인 인간 — 를 욕망의 기원이자 설명이라고 상상할 때, 우리는 생명을 거역하게 된다. 하나의 영원히-차이생성하고 생산적인 욕망의 면面이 있다. 구별되는 항들 — 예컨대 인간 — 은 욕망의 조직화, 즉 욕망의 흐름들을 구별되는 유기체들로 코드화하는 데서 출현한다.

그러므로 모든 생명은 영원히-증식하는 차이와 생산을 향한 욕망하는 흐름이다. 최초로 욕망된 것은 인칭적 모성의 대상이 아니라 전前인칭적 '생명의 배아적 유입' germinal influx of life이라고 들뢰즈·가타리는 주장한다(AO, 164). 욕망은 흐름과 차이를 향한 경향이며, 이것은 또한 욕망이 본래적으로 어떠한 닫힌 질서에 대해서도 혁명적이거나 파괴적인 것임을 의미한다. 욕망은 어떤 인물이 어떤 대상에 대해 가지는 욕망으로서 출발하는 것이 아니다 — 오히려 생명의 흐름, 비인칭적으로 차이생성하는 '성욕' sexuality이 있어서 신체와 유기체를 생산한다. 그러므로 욕망하는 어떤 주체가 존재하기도 전에 욕망의 생산이 있는 것이다.

『안티 오이디푸스』에서 들뢰즈·가타리는 가장 먼저 이런 생산을 흐름들의 접속으로 표현한다. 하나의 흐름과 다른 흐름의 차이, 혹은 하나의 생성과 다른 생성의 차이는 절단과 접속의 측면에서 이해될 수 있다. 식물은 태양을 향하고, 벌레는 식물을 향해 날아가며, 인간의 신체는 동물을 사냥한다 ― 각각의 접속은 생명의 흐름의 생성이지만, 고립된 생성이 아니다. 다시 말해 그것은 다른 생성과의 접속을 통해서만 생성한다. 두 강도들이 생명의 흐름에서 '절단'되도록 해주는 것은 이런 접속 혹은 종합이다. 입이 가슴을 찾을 때, 그것[입]은 [가슴과] 접속될 것이 분명하지만, 또한 저항에 부딪힐 것도 분명하다. 그러므로 하나의 흐름은 접속되는 한에서만 지속되고 생성하지만, 어떠한 흐름도 첫번째 흐름을 절단하고 들어오는 것이다. 두 강도들 ― 입과 가슴 ― 은 접속된 상태로만 생성한다. 생명의 유일무이한 흐름, 즉 우리가 이 모든 구체적인 강도적 흐름들의 기원에 자리한다고 상상하는 흐름은 현실적으로 실존하지 않는다. 그것은 상호접속하고 중단하는 강도적 흐름들의 잠재적 전체인 것이다. 이런 강도들은 차이 자체로부터 출현한다.

탈인간-되기

생명은 차이의 생산 혹은 차이화하려는 경향의 현실화다. 그러나 들뢰즈·가타리가 생산으로서의 욕망을 강조하는 것은 또한 가능성의 보편적인 개념과도 구별된다. 우리는 하나의 현실적인 세계가 [먼저] 있어서, 그것이 특정한 가능성들을 품는다고 생각하는 경향이 있다. 이때 특정한 가능성이란 이런저런 식으로 생성하는 가능성을 의미한다. 들뢰즈·가타리는 이런 견해를 전복한다. 생명은 차이화하는 포텐셜로서 현실적 존재들을 생산한다. 이때 발생할 수 있는 오류는 우리 자신의 관점과 세계로부터 현실적 세계에 기반한 가능성들을 상상하는 데서 온다. 예컨대 일단 한 존재가 현실화되면——말하자면 근대의 인간——우리는 생성을 그 이미지에 제한한다. 즉 인간의 다른 역사들이나 문화들, 인간 삶의 모든 가능성들을 생각한다. 우리는 좀더 근본적이고 열린, 현실화되지-않은, 인간과는 매우 다른 어떤 것-되기의 포텐셜은 보지 않는다. 차이의 이런 생산적 힘——현실 세계와 그 현재의 가능성들이 아닌, 다른 것이 되는 힘——을 드러내기 위해서 들뢰즈·가타리는 욕망의 생산을 보다 열린 출현까지 소급해 추적한다.

생명의 차이들은 이미 결정된 현실적 대상에서 발생하는 가능성들이 아니다. 특수한 강도에 차이를 띠는 경향을 부여하는 순수 차이는 가능적이라기보다는 잠재적이다. 현실적 생명이 출현하는 차이는 이미 완결된 집합으로 주어진 것이 아니다. 그것은 잠재적인 혹은 열린 것으로서, 차이 각각의 현실화가 새로운 가능성들을 산출한다.

> 전체는 닫힌 집합이 아니다. 반대로 전체 덕분에 집합은 결코 절대적으로 닫히지 않고, 결코 완전하게 덮여 있지 않으며, 그 전체는 집합을 마치 가장 섬세한 실로 우주의 나머지에 부착시키고 있는 것처럼 그것[집합]의 어딘가를 열어둔다. …… 전체는 스스로를 창조하고, 지속적으로 다른 차원에서 부분들 없이 그 자신을 창조한다——마치 하나의 질적 상태의 집합을 다른 것[집합]으로 가져가는 것인 양, 마치 이 상태들을 통과하는 부단한 순수 생성인 듯이 말이다(MI, 10).

들뢰즈·가타리는 『안티 오이디푸스』에서 이 열린 생성의 문제를 인간의 생명, 혹은 사회기계와 욕망하는 기계의 관계를 이해하는 데 적용한다. 궁극적으로 그들의 비판은 하나의 현실화되고 연장된 (혹은 초월적) 대상 — 인간 — 이 잠재적 차이를 설명하고 정초하는 데 사용되는 방식들에 대한 비판으로 귀착된다. 인간의 생명에 나타나는 모든 유전적 차이는 마침내 인간의 이미지를 형성한다(서양의 개인에 의한 모든 부족, 인종, 성별의 식민화라는 역사적 결과). 그리고 우리는 이런 인간이라는 대상을 취하고 그것을 이용해 차이의 출현을 기술한다. 즉 모든 인종, 성별, 부족이 어떤 근원적인 인간의 형상形相 혹은 본질로부터 차이화한 것으로서 이해되는 것이다. 우리 전부가 공유하고 있는 인간성의 관념은 내재적 차이가 하나의 초월면에 종속되는 또 한 가지 방식일 뿐이다. 즉 하나의 변별화된 사물 — 인간 — 이 모든 차이의 기원이 되어온 것이다. 이런 초월성의 가상은 하나의 사회적 역사를 갖는데, 그것은 차이의 동일한 과정의 두 체제들로 설명될 수 있다. 이른바 욕망하는 기계와 사회기계가 그것이다.

들뢰즈·가타리의 역사적 해석은 내재적이고, 단일면의 원형 위에서 사유될 수 있다(그러므로 이것은 인간의 역사가 아니라 — 어떤 초월적 항에 정초한 역사가 아니라 — 역사, 문화, 정치학의 가능성 자체가 출현하는 생명에 대한 분석이다). 이런 내재적 분석에 착수하기 위해서 우리는 어떠한 고정된 항도 없이 인력과 척력(혹은 영토화와 탈영토화)에 의해 작동하는 힘의 장을 상상할 수 있다. 혹은 힘 대신에 '기계적 배치'machinic assemblage의 과정을 생각해볼 수 있다. 그것은 한 방향으로는 조직화를 향해, 또 다른 방향으로는 자유로운 흐름을 향해 움직인다. 『안티 오이디푸스』에서 들뢰즈·가타리는 인간 역사의 내재적 생산을 기술한다. 이 역사는 자본주의와 근대성이라는, 우리가 모든 초월성의 정치적 가상들을 생산해온 욕망 혹은 차이를 인식할 수 있는 지점으로 인도한다. 이때 가상이란 말하자면 정치학과 역사를 정초하게 될 단일한 항들(인간, **국가**, 법 등의)의 가상을 의미한다. 그들은 욕망하는 기계들의 인간 유기체들로의 조직화에 앞선, 욕망하는 기계 일반의 개념에서 출발한다.

욕망하는 기계

욕망하는 기계는 생산적이고 연접적〔접속적〕이다. 가령 입은 가슴과 접속되고, 말벌은 양란와 접속되며, 동물들은 〔상호접속해〕 무리를 이룬다. 이런 접속은 항들 사이의 접속〔연접〕이 아니다. 그것들은 생명의 흐름의 표현으로, 그로부터 연장된 항들이 추상될 수 있는 것으로 이해되어야 한다. 예컨대 성욕은 다른 사람을 욕망하는 한 인물이 아니라, 생명이 생산하고 지속되는 방식으로 가장 잘 이해될 수 있다——이때 신체들은 이런 비인칭적 생명이 흘러 지나가는 지점들이다. 구별되는 신체들은 잠재적 차이 혹은 경향의 강도 높은 긍정이 될 것이다. 예컨대 우리는 남성성과 여성성을 생명이 계속되기 위해서 생산하는 응답과 창조의 두 가지 형태로 볼 수 있다. 다시 말해 그와 같은 성적으로 구별되는 신체들은 생명이 생성하는 특수한 방식들이다. 성적으로 상이한 신체들과 마찬가지로 생명이 스스로를 상이한 방식들로 긍정하고 표현하는 생명의 흐름이 존재한다. 그러나 남성과 여성이라는 두 성(性)의 일반적인 개념은, 유전적 흐름들이 더 넓은 영토들로 차이화하는 것에서 출발하는, 훨씬 더 복잡한 정치사가 환원된 결과이다.

욕망에 대한 우리의 보편적인 설명이 지닌 문제점은, 우리가 가족 삼각형, 즉 아이, 어머니, 아버지에서 시작한다는 데 있다. 모든 욕망은 이 원형으로부터 설명된다. 우리는 개인의 연장된 단위를 상정한다. 우리는 강도적인 생명의 흐름('강도 높은 배아적 질서')에서 연장된 신체들('신체적 세대들의 체제' regime of somatic generations)*로 이행한다. 그러나 욕망은 기원적으로 사람들 사이에 있지 않다. 사실 우리가 '인칭'의 관점에서 생각하게 되는 시점부터 욕망은 이미 억압되어 있다. 우리는 욕망의 비인칭적 흐름——강도 높은 배아적 유입——에서 그 후에 욕망을 가지게 된, 구별되는 인칭들로 이동해왔다.

> 신체적 복합체는 배아적 유입에 귀속된다. …… (식별 가능한 인물들의 형태로) 금지된 근친상간은 (강도 높은 대지의 실체인) 욕망된 근친상간을 억압하는 데 기여한다. 강도적 배아의 흐름은 욕망의 대리자다. 다시 말해 억압이 지향되는 것은 이런 흐름에 반해서이다(AO, 162).

『안티 오이디푸스』에서 들뢰즈·가타리는 문화가 근친상간의 금지에서 시작된다는 정신분석[학]과 구조주의의 논증에 도전한다. 그

---

* 이것은 개체에서 개체로 이어지는 메커니즘을 뜻한다. 말하자면 아직 분화되기 이전의 전前-개체적인 배아적 흐름이 할아버지-아버지-손자로 현실화되어 이어지는 현상을 말한다. 달리 말하면, 생식질이 체세포들로 현실화되는 것이라고 볼 수 있다.

것은 오직 어머니를 욕망의 대상으로서 금지하는 것이 우리가 혼인하고, 교환하고, 조직하도록 강제한다는 생각이다. 반면 그들은 근친상간이 금지되거나 억압되는 것이 아니라고 주장한다. 근친상간은 인물들—어머니와 아이—사이의 관계이지만, 욕망은 전前-인칭적이다. 욕망은 다른 사람을 욕망하는 것이 아니고, 오직 그 자신의 계속되는 흐름과 생산을 욕망할 뿐이다. 이것이 욕망 자체가 혁명적인 이유이다. 요컨대 욕망은 본질적으로 구조, 조직화, 연장된 체계에서 소외되어 있다. 들뢰즈·가타리는 또한 욕망이 오직 '실패할' 때만 작동한다고 계속해서 주장한다. '성공적인' 욕망은—한 남자가 그가 꿈꾸는 여인과 결혼할 때—창백한 이미지고 욕망의 억압이다. 욕망이 정말로 작동하는 것은 오직 그것이 고장 났을 때—어떠한 인식된 대상도 그것의 기대되는 충족이 아니라고 거부될 때—뿐이다. 왜냐하면 욕망은 단지 구조, 항, 동일성을 가로질러 흐르고, 파괴하고, 해체하는 흐름일 뿐이기 때문이다("그래, 그게 나야, 나는 여성이고 완전하게 인간이야"라고 말하는 페미니스트는 자신의 욕망을 하나의 이미지에 종속시킨다. "아니, 나는 당신들과 같은 종류가 아니야"라고 말하는 페미니스트야말로 욕망을 열린 채로 유지하는 사람이다).

안티 오이디푸스

들뢰즈·가타리의 근대 오이디푸스적 인간에 대한 비판은 단순히 프로이트 정신분석〔학〕에 대한 공격이 아니다. 욕망의 우선성을 주장하는 그들의 설명 자체가 정신분석〔학〕에 빚지고 있다. 그러나 그들은 또한 정신분석〔학〕을 좀더 큰 역사적 경향의 한 징후로 본다. 생명이 그 자체를 상대적으로 안정적인 점들로 조직화하는 것과 마찬가지로, 인간의 역사도 그 자신의 생명을 이미 형성된 욕망의 산물들로 조직화하는 경향을 가져왔다. 오이디푸스 콤플렉스의 구도——모성적 기원에 대한 '자연적' 욕망을 억압함으로써 문화에 입문하는 인간 자아의 구도——에 대한 공격은, 욕망과 생명을 그와 같은 상상의 고착된 본능에서 해방한다. 우리는 우리가 인간이 되기 위해 거부해야 하는 자연적 대상——어머니 또는 기원——을 가지고 있다는 생각 자체로 인해 억압받는다. 우리의 어머니를 욕망해서는 안 된다고 말함으로써 서양 문화는 최초의 욕망이 어머니를 향해 정향되어 있던 것으로 제시한다. 곧 금지가 인물을 생산하는 것이다.

  이것은 결여가 있기 전에 창조적 강압의 사건이 있었음을 의미한다. 우리의 어머니에 대한 욕망을 억압해야 한다는 금지 혹은 관념——강압의 행위——은 우리를 억압하는 동시에, 욕망하는 주체들로서 생산하기 때문이다. 그러므로 금지, 강압, 처벌은 생산적이다. 욕망을 인칭과 근친상간의 측면에서 기술하는 것은, 정신분석〔학〕이 그러하듯이 욕망을 인간의 항들 안으로 조직화함으로써 그것을 억압하는 것이다. 나아가 어머니는 모든 관계들이 그로부터 설명되는 연장된 항으로서, 금지의 환상을 통해 생산된다. 욕망이 대상화되고 사회화되고 인간화되는 것은 자신의 어머니를 욕망하지 말라는 말을 들을 때이다. 근친상간이 금지되었다고 말할 때, 비로소 사회기계(와 정신분석〔학〕)는 욕망의 이미지를 가족적인 것으로 생산한다. 가족에서 출현하는 욕망에 대한 오이디푸스적 이야기는 욕망을 연장된 항들의 인칭적이고 사적인 복합체로 환원한다. 그리고 일단 이 연장된 항들 (어머니-아버지-아이)이 구획되고 나면, 욕망은 하나의 항과 다른 항 사이의 (이접적disjunctive) 관계로 설명된다. 아이는 아버지의 권위를 받아들이거나 비매개적인 모성적 죽음으로 후퇴해야 한다.

> 외연적인 신체적 기억은 (부계적이거나 모계적이거나) 연장된 부자 관계들과 이것들이 전제하는 결연들로 형성되었으므로, 이 기억을 위해 강도적인 배아의 부자 관계의 위대한 밤의 기억이 억제된다. ……
> 외연을 가진 체계는 이것을 가능하게 하는 강도적 조건들에서 생기지만, 이것들에 반작용하고, 이것들을 무효하게 하고, 이것들을 억제해 신화적으로만 표현하게 된다. 동시에 기호들은 양의적이기를 그치고 넓혀진 부자 관계와 측면적 결합과의 관계에서 규정된다('이것이거나 저것이거나'의 택일이 강도 높은 '…이건 …이건' 대신에 들어선다). 즉 이름들, 호칭들은 더는 강도적 상태들을 가리키지 않고, 식별 가능한 인물들을 가리킨다(AO, 160).

욕망과 차이에 대한 인칭적인 오이디푸스적 설명과는 대조적으로, 들뢰즈·가타리는 욕망이 어떻게 자본주의와 (정신분석학자의) 개인에서 정점에 달하는 강도적이고 정치적인 역사를 갖는지 보여주고자 한다. 이런 정치이론은 전前-인칭적 욕망에서 시작할 것이다. 전-인칭적 욕망은 어떠한 조직화된 동일성이나 안정성에 대한 암시에 앞선, 단순한 생명의 흐름과 힘이다.

종합

들뢰즈·가타리는 욕망의 정치적 이론에 대한 다양한 역사적 단계들을 기술하는데, 각각은 그 나름의 지배적인 종합 혹은 생산의 형식을 갖는다. 『안티 오이디푸스』는 욕망과 그것의 종합의 역사이다(위에 인용한 부분은 두번째 '이접적 종합' disjunctive synthesis을 언급하는데, 그것은 그 강도 높은 형태에서는 내포적이지만—우리는 이것 혹은 이것 혹은 이것을 욕망할 수 있다—그것의 오이디푸스적이고 연장된 형태에 있어서는 배타적이다. 이를테면 너의 아버지가 아니면 너의 어머니를 선택하라).

들뢰즈는 이미 철학사에 관해 논했던 『차이와 반복』을 통해 종합에 대한 적극적인 개념의 중요성을 크게 강조했다. 흄과 칸트와 같은 철학자들은 하나의 세계 혹은 경험되고 질서 지어진 대상들의 영역을 갖기 위해서 종합의 과정이 필요하다고 주장했다(KCP; ES). 우리는 우리의 지각작용들을 공간적이고 시간적인 연속성들에 접속할 필요가 있다. 즉 우리는 세계를 인과율과 논리에 따라 배열한다. 세계는 종합 과정의 효과이다. 들뢰즈는 이런 논변을 대부분 수용하지만, 두 가지 구별되는 점들을 강조한다.

첫째로, 하나의 세계가 있는 것이 아니라, 생명을 구성하는 모든 상이한 종합들에서 기인한 세계들이 존재한다. 종합된 세계들 곁에는 또한 (우리가 그의 어떤 책을 읽느냐에 따라) '카오스모스', '강도 높은 배아적 유입', 내재면, 탈기관체, '기계권' mechanosphere이 존재한다. 종합이 발생하는 이 면面은 그 자체로 하나의 생산 혹은 종합이다.

다시 말해 그것은 나란히 생산되는 것이다. 요컨대 종합과 접속의 과정이 존재한다. 즉 이것이 관계들과 항들을 생산하면, 우리는 종합이 출현하는 어떤 전前-종합적이고, 질서 지어지지 않거나 혼돈된 기원 혹은 면을 상상하는 것이다.

> 우리는 언제나 그 면을 기술할 수 있으나, 따로 떨어진 것으로서만, 그 면이 부여하는 것에 주어지지 않은 것으로서만 기술할 수 있다. ...... 삶의 면, 음악의 면, 글쓰기의 면. 모두 마찬가지다. 면은 그 자체로서는 주어질 수 없고, 그 면이 발전시키는 형태에 의해서, 그리고 그 면이 형성하는 주체에 의해서 추론될 수 있을 뿐이다. 왜냐하면 면은 이 형태와 주체를 위해 존재하기 때문이다(TP, 266).

일자—者나 총체성이 있다 해도, 그것은 상이한 부분들에 선행하는 어떤 현실적인 바탕이나 존재가 아니고, 부분들을 더 의미 있는 하나의 전체로 통합하는 어떤 유기체도 아니다. 그것은 접속과 공간화(따라서 '면'의 관념)의 사건들을 통해서, 그리고 그 사건들과 나란히 생산된 잠재적 공간이다. 그러므로 '탈기관체'는 일반적인 비변별화된〔미未-분화된〕 바탕이 아니라, 그것이 직관될 수 있는 사건들이나 조직화나 배치에 특수한 것이다.

탈기관체는 알이다. 그러나 이 알은 퇴행적이지 않다. 반대로 그것은 더없이 현대적이다. 사람들은 항상 그것을 자신의 고유한 실험 환경으로서, 그리고 그와 결부된 자신의 환경으로서 스스로 갖고 있다. 이

알은 순수한 강도의 환경 …… 알은 항상 이런 강도적 실재를 지칭하지만, 이는 차이생성적인 것이 아니라 사물 및 기관으로서, 오직 그래디언트, 이주, 이웃 지대에 의해서만 구별된다(TP, 164).

세 가지 역사적 종합: 연접, 이접, 통접

첫번째 종합인 연접[접속]connection은 한 욕망의 흐름이 다른 욕망의 흐름과 교차함으로써(아직 인칭이나 완전한 대상으로서 조직화되지 않은 입/가슴) 구별되는 강도들을 생산하는 생명을 수반하는 것으로, 영토화로도 볼 수 있다. 요컨대 그것은 한 부족이 각자의 신체에 상처를 내거나 문신으로 낙인[표시]mark을 찍는 집단적이고 연접적인 낙인의 제의를 통해 대지에 모이는 것이다. 이것은 또한 코드화의 과정이기도 해서, 강도의 흐름들을 잘라 신체 부분들 혹은 특수한 강도들로 배치한다.

두번째 종합인 이접disjunction은 다른 강도에 반해 배치된 하나의 강도를 수반한다. 말하자면 하나의 신체는 마치 두 수준들 사이에 구별이 있는 것처럼 다른 신체 위로 고양될 수 있다. 여기서 연접은 어떤 바탕이나 질서로 나타난다. 낙인 찍힌 신체들 혹은 연접들이 있으며, 이 낙인들이 어떤 법이나 질서의 기호로 보이는 것을 허용하는 전제군주의 신체가 있다. 이것은 또한 탈영토화라고 기술될 수 있다 — 집단화 혹은 코드화된 집단은 공통의 표면을 가로질러 배분된다. 즉 점유된 영토들은 지배적인 혹은 초월적인 권력에 의해 질서 지어진다. 그것은 또한 초코드화의 운동이기도 하며, 단순히 부족을 조직화하고자 신체 위에 새겨진 직접적 낙인이나 흉터——공유된 감정이나 강도——가 아니다. 낙인이나 흉터(코드)는 전제군주의 권력에 대한 복종의 기호로 읽힌다. 고통은 더 이상 강도의 집단적 제의가 아니라, 전제군주 권력의 위협이다(고통은 고통 그 자체 이상이 되어 잉여적 가치를 생산한다).

다음으로 세번째 종합인 통접conjunction이 있다. 흐름들은 그것들이 출현하는 어떤 바탕, 이성, 논리로 설명되거나 소급된다. 우리는 연접이, 말하자면 어떤 일반적인 자연법에 좌우되는 것을 본다. 부족적 등기의 잔혹성은 단순히 전제군주의 공포에 의해 질서 지어지는 것만이 아니다. 또한 법은 더 이상 초월적이고 명백하게 압도적인 공포가 아니다. 그것은 내면적이고 내재적인 생명의 법이 된다. 하나의 신체나 투여가 공포의 위협과 더불어 전체를 명백하게 초코드화하는 대신에, 모든 생명은 하나의 단일한 내재적 흐름으로 탈코드화된다. 모든 생명은 노동이고 자본이며, 어떠한 외부의 질서나 가치에도 종속되지 않는다. 세번째 종합인 통접은 모든 흐름들을 자본의 흐름과 같은 어떤 일반적인 추상적 본질로 소급한다. 연접의 질서는 외부(부족을 공포에 몰아넣는 전제군주의 신체)에서 강제되지 않으며, 바탕에서 생산된다——모든 연접과 이접, 모든 차이와 흐름은 어떤 근원적인 전체의 심급들로, 기호나 표현으로 읽힌다. 우리가 차이가 출현하는 경향들을 지닌 차이의 잠재적 전체, 요컨대 탈기관체, 카오스모스, 내재면, 생명, 잠재적 차이를 상상할 수 있는 것은 이 세번째 종합〔통접〕을 통해서이다.

잔혹에서 공포로

종합의 세 가지 역사적 단계나 체제에 대한 한 가지 사례는 들뢰즈와 동시대인인 미셸 푸코에게서 볼 수 있다. 단, 첫번째 단계에 들뢰즈와 푸코 사이에는 주된 차이점이 있다. 푸코는 생명을 이접적 종합에 앞서 고려하지 않는다. 즉 생명이 단지 열린 연접들에 불과한 지점은 생각하지 않은 것이다. 우리는 마치 자아같이 우리가 사유할 수 있는 어떤 이접적 지점을 가져야 한다. 들뢰즈는 권력의 정치적 초코드화에 앞서 글쓰고 사유하는 것이 가능하다고 보았다. 또한 그는 인간 성욕의 측면에서 아직 인식되지 않은 전前-인칭적 욕망을 언급했다. 대조적으로 푸코는 욕망의 두번째, 세번째 체제들에 관해 쓰면서, 욕망이 독재자나 전제군주 같은 외부의 힘에 의해 명백하게 통제된다고 보았다(Foucault, 1979). 또 이어서 근대성에서 욕망은 자기-종속적이 되고 주체로 소급된다(Foucault, 1981). 푸코는 물론 어떠한 일반적인 코드에도 우선하는 '신체와 그것의 쾌락'에 관해 썼지만, 그는——고대 그리스에서조차——욕망은 오직 규범과 규칙성을 통해서만 사유될 수 있음을 강조했다.

우리는 『안티 오이디푸스』에서 원시적(잔혹), 전제군주적(공포), 자본주의적(냉소적)인 것으로 기술한 세 단계들을 내재성과 초월성의 개념을 통해 사유할 수 있다. 잔혹 또는 원시적 사회기계에서 권력은 내재적이다. 부족들은 힘들의 순환을 통해 조직화되고, 하나의 신체 위에 찍힌 낙인은 전체의 힘을 긍정하며, 신체들은 힘들의 능동과 반동을 통해 조직화되고 모여지고 분리될 (혹은 배치될) 뿐이다. 그와 같은 신체들 중 하나, 즉 족장의 신체가 초월하고 위로부터 권력을 조직화하려는 경향은 언제나 있다. 그러나 이런 경향은 신체들을 가로지르는 비인칭적 힘들, 예컨대 제사, 토템, 동물적 강도들에의 투여와 같은 그 이상의 힘과 투여의 행위들에 의해 물리쳐진다.

두번째 (전제군주적) 단계에서 욕망 혹은 힘은 어떤 초월성에 종속된다. 즉 신체 위에 찍힌 낙인들은 전제군주의 '향락하는' 눈이 과한 처벌로서 나타난다. 들뢰즈·가타리는 그들의 저작에서 이 세 단계를 명백하게 했지만, 공포의 전前-근대적 체제에 대한 생각은 미셸 푸코 역시 탐구했다.

푸코의 『감시와 처벌』 *Surveiller et punir*(1975; 영역판 출간은 1979)은 바로 그와 같은 공포의 혹은 구경거리[스펙터클]의 체제와, 이 구경거리 혹은 눈의 향락이 어떻게 권력의 초월성을 생산하는지 기술한다. 힘들은 더 이상 능동과 반동을 통해 작동하는 것이 아니라, 그 자체를 힘의 기원이나 법으로 제시하는 하나의 신체에 의해 조직화된다. 한 신체가 국왕 시해의 죄를 저지른 탓에 공개적으로 고문을 당한다. 부채의 체계는 우리가 이 신체의 고통을 범죄에 대한 징벌로 볼 수 있기 때문에 생산된다. 이와 같은 등식은 불균형disequilibrium을 통해서만 가능하다. 요컨대 하나의 신체 —— 왕의 신체 —— 가 모든 신체들의 힘을 측정하고 분배하고 판단하는 법을 표상해야 하는 것이다. 불균형 혹은 독립된 초월적 권력의 출현은 구경거리를 통해 획득된다. 부족에서 모든 신체들이 절단되고 상처 나는 곳에 신체의 낙인을 보이고 기관을 집단적으로 투여하던 것 대신에, 하나의 신체가 고문당하는 모습이 이제 처벌이 된 것[신체에 대한 고문]을 감독하는 법에 의해 전시된다. 사회체socius의 다른 신체들은 지켜보면서 공포에 의해, 즉 언제든 부채로서의 처벌을 추출할 수 있는 법——혹은 왕의 눈——의 위협에 의해 질서 지어진다. 법 혹은 처벌을 발포하는 고양된 신체는 [처벌의] 척도를 감시할 수 있어야 한다. 잔혹의 체제가 낙인 찍힌 신체의 공공전시를 통해서 공포의 체제로 바뀐다. 그 신체는 단순히 낙인만 찍힌 것이 아니라 처벌된다. 범죄자의 신체에 대한 고문은 법의 위반에 대한 징벌과 '등가적이다'. 법은 적극적이고 과잉적으로 시작된다. 전제군주의 신체가 고양되고 생산되는 것은 더 많은 힘을 행사함으로써이다. 즉 좀더 많은 사회적 에너지와 권력이 특정한 지점에, 하나의 이점을 창조함으로써 모여드는 것이다.

이것은, 법이 결여에서 출현하는 오이디푸스적 설명과 대조를 이룬다. 여기에서 우리가 우리의 기원적 욕망을 강탈한 법이나 아버지를 상상해야 하는 것은, 우리 자신이 기원이나 어머니가 아닌 다른 것이기 때문이다. 반면 푸코와 들뢰즈의 해석은 바로 그들이 법을 생산과 과잉에 부차적인 것으로 본다는 점 때문에 반反-오이디푸스적이다. 잔혹에 있어서 기원적인 기쁨과, 이어지는 전제군주의 감시하는 향락과 공포에 있어서의 잔혹의 과잉이 사회적 구별과 법을 생산한다.

우리가 내재성, 초월성, 구경거리 사이의 새로운 관계를 보는 것은 푸코가 기술한 '훈육'discipline으로서의 권력의 근대 체제에서이며, 바로 이 부분에서 그의 주체에 대한 해석이 들뢰즈·가타리의 오이디푸스적 인간의 역사와 꼭 들어맞는다. 『감시와 처벌』에서 푸코는 위협하는 전제군주의 현실적이고 고양된 향락하는 신체가 어떻게 종속의 잠재적 권력이 되는지 기술한다. 감옥에 갇힌 신체는 중앙 탑에서 '감시당하'게 되는데, 이것은 그 탑 안에 감시자가 있거나 없거나 마찬가지다. 수감자는 감시할 수 있는 잠재적 시선 혹은 가능성에 의해 훈육된다. 권력은 더 이상 신체에 물질적으로 작용하지 않고, 비물질적이고 잠재적으로 작용한다. 그리고 나서 감옥이 인문과학의 모든 기계장치들──범죄학, 심리학, 사회학──을 사용해 범죄자의 의도와 심리 상태에 관해 물을 때, 그것들은 신체 안에 스스로를 설치하는 비물질적 권력을 생산한다. 인간을 '알고자' 하는 실천들──인문과학들──이 사실상 감시 대상으로서 인간을 생산한다(근대성에는 더 이상 어떤 독립된 권력의 지점이 없다. 권력은 주체로서의 인간이라는 관념 혹은 개념 자체를 통해 미시정치학적으로 모든 신체들을 통과해 흐른다). 범죄자에 대해 검사하고 알고 질문하고 문제를 제기함으로써, 감옥·법정·인문과학은 객관적 '인간성'을 생산한다. 근대성에서 욕망이 그 스스로 생산한 초월적 항들 가운데 하나에 종속되는 것은 우리 자신을 앎으로써──특히 성욕의 물음들을 통해서──이다. 법은 더 이상 처벌하는 전제군주가 아니라, 우리 모두 안에 있는 영혼에 귀착된다. 이런 새로운 권력과 구경거리의 체제는 근대의 성적 개인이라는 개념에서 정점에 달한다. 나는 무엇을 원하는가? 정상적인 것 혹은 인간이 해야 하는 것은 무엇인가? 나는 누구인가? 나의 성욕은 무엇인가? 정신분석〔학〕은 한때 원시적으로 순환하다가 전제군주의 신체에 귀속됐던 힘을 취해 그것을 개인의 영혼 안에 설치한다(그래서 우리는 모든 흐름들이 하나의 점──인간의 생명 혹은 '인간'의 중간치──으로 수렴되는 통접conjunction을 얻는다. 나의 성욕은 무엇인가? 이 모든 욕망들은 무엇을 의미하는가?).

우리는 신체와 개인을 생산하는 역사적이고 정치적인 종합들을 억압해온 탓에 자기-훈육적이 됐다. 우리는 영혼 혹은 개인을 모든 종합들의 기원이자 바탕으로서 설치했다. 말하자면 생명의 흐름은 표준화되고 해석된다—어떤 저변의 근원적인 실체로 귀속된다. 『안티 오이디푸스』의 과제는 인간 신체들을 사회적 개인으로서 생산하는 종합을 설명하고, 이 종합들이 어떻게 그것들의 초월적 생산물들 중 하나, 즉 가족적인 인간으로 종속되기에 이르렀는지 설명하는 것이다.

종합의 내재적이고 초월적인 작동

들뢰즈·가타리는 종합의 각 형태에는 정당한(내재적인) 작동과 부당한(초월적인) 작동이 있다고 주장한다. 이것은 그들의 정치이론을 결정 짓는 특성으로서, 욕망과 차이의 재정의를 요구할 뿐 아니라 새로운 정치비평의 양태를 가능하게 한다. 종합의 정당한 이해는 욕망의 생산을 어떤 우선적 항에 정초하지 않는다. 예를 들어 내재적 연접〔접속〕은 강도나 '부분 대상'들을 흐름으로부터 생산된 것으로 이해할 것이다. 즉 입과 가슴의 교차가 두 표면들의 쾌감이나 강도를 생산하는 것이다. 그러나 초월적 이해는 이미 종합된 항들에서 출발해 욕망을 그 효과들 중 하나로서 설명한다. 정신분석〔학〕은 욕망을 어머니와 아이의 욕망의 관계로부터 설명한다. 그러나 들뢰즈·가타리가 주장하듯 그와 같은 '전체적 인칭'들은 그 자체가 강도들의 효과이다. '어머니'로 존재하는 것은 아이의 입과 연접한 이후에만 가능한 것이 아니라, (독립된 부족들의 구성체나 연합의 선線들을 포함하는) 일련의 다른 강도들과 더불어서도 가능하며, 그리하여 '어머니'는 사회-정치적 기능이 된다. 어머니는 족장에 의해 그녀의 신체가 욕망의 대상이 되는 것이 금지된 사람이고, 족장의 권력은 강도들의 투여를 통해 획득된다. 다른 신체들보다 더 향락하면서 생산의 힘들을 끌어모으는 것은 바로 (족장의) 이 신체이다. 사회기계의 조직화하는 권력은 과잉 및 잉여의 가치와 더불어 획득된다. 요컨대 생산의 힘들을 더욱 향락함으로써 전제군주의 신체는 권력과 법의 점이 되는 것이다. 그때 이것은 사회질서의 창조를 허용한다. 또한——어머니의 신체와 같은——특정한 신체들의 향락을 금지함으로써 가족과 같은 어떤 것이 창조된다. 가족은 사회기계들을 통해 창조되며, 그와 같은 사회기계들은 오직 욕망을 코드화함으로써만 작동할 수 있다. 손이 그러하듯 가슴은 생산 기관으로서 출발하고, 그 물질적 상품들은 족장에 의해 추상화된다. 우리는 아직 사적인 인칭들의 체제가 아니라, 집단적으로 투여된 기관들의 체제에 있다.

그러므로 연접에 해당하는 첫번째 종합(입과 가슴)은 사회적으로 이접 안에 기록되어진다. 생산들은 잉여로 분할, 분배, 분리된다. 들뢰즈·가타리는 사회가 결핍이 아닌 과잉에서 시작됐음을 강조한다. 사회기계는, 마치 소비되지 않은 손의 생산과 같은 생산의 과잉 혹은 생명의 요구를 초과하는 신체 부분들의 향락이 반反-생산의 장소에 의해 '철회될' 때 형성된다. 이때 반-생산의 장소란, 생산은 하지 않으면서 신체들의 노동을 향락하는 족장이다.

따라서 연접과 이접의 처음 두 종합들은 내재적이고 초월적인 작동을 가진다. 사회기계를 생산하고, 욕망이 스스로의 생산에 의해 제한되는 방식이 바로 초월적 작동이다. 내재적 연접은 인칭들이 조직화된 '지대'들로 형성되는 욕망의 흐름들에서 시작된다. 그렇기에 우리가 이런 강도의 지대들을 미리-주어진 연장된 대상들에 위치시킬 때 연접은 초월성의 가상에 종속된다. 이때 우리는 연접을 사람들 사이에서 작동하는 것으로 상상하고 이미 종합된 항들에서 분석을 시작한다. 이접의 두번째 종합 역시 내재적이고 초월적인 작동을 가진다. 내재적 이접은 포함적inclusive*이다. 욕망의 흐름은 그것이 통과하는 모든 지점들을 내포한다. 예컨대 어린아이의 입은 동시에 그것이 달라붙어 있는 가슴이기도 하며, 어린아이의 신체는 그가 가지고 노는 장난감, 그가 매혹된 동물의 이미지와 하나이다. 이접을 배타적으로 이해하는 것은 정신분석학적 해석이며, 바로 여기서 초월성이 나타난다. 욕망은 어머니를 향한 (반-사회적이고 퇴행적인) 것이거나, 아니면 아버지를 향한 (사회적이고 자기-생산적인) 것이어야 한다. 정신분석〔학〕에서 아이는 근본적으로 그 욕망의 대상(가슴)과 다른 것인 동시에 욕망을 조직화하는 신체 부분(아버지의 팔루스)에서도 분리되어 있다. 아이, 어머니, 아버지는 욕망의 흐름에 외부로부터 질서를 부여하는, 요컨대 자신의 아버지와 동일화하거나, 전前-오이디푸스적이고 비변별화된〔미未-분리된〕 모성의 밤으로 물러나는 배타적 위치들이 된다.

---

* 이때의 'inclusive'는 '내포적'이라는 뜻이 아니다. 이 말을 명확히 이해하기 위해서는 '배타적 이접' exclusive disjunction과 비교해볼 필요가 있다. '배타적 이접'이 둘 중 어느 하나만을 배타적으로 선택할 수 있는 데 반해, 포함적 이접은 적어도 어느 하나 혹은 둘 다를 포함적으로 선택할 수 있는 것을 말한다. 이를테면 전자가 'A냐 B냐?'와 같은 질문이라면, 후자는 'A이든 B이든'에 해당한다. 다시 말해 포함적 이접은 'A이거나 B이거나' 또는 'A와 B이거나'라는 포함적 관계를 말한다.

사회-정치적 측면에서 들뢰즈·가타리는 배타적 이접, 즉 한 사람이 백인이거나 혹인, 남성이거나 여성이라는 이접의 부당한 작동을 기술한다. 내재적 이접은 포함적이다. 요컨대 "나는 남성이고 여성이며, 백인이고 혹인이며, 세계의 모든 성별이고 모든 인종이다". 배타적 이접은 질서를 부여하는 법과 대상들의 계열 사이의 구별에 의해 생산된다. 그럴 때 우리는 이것 아니면 저것이어야 한다.

세번째 종합 역시 그 내재적이고 초월적인 작동을 가진다. 우리가 탈기관체를 다름 아닌 그 자체의 부분들이자 그 부분들과 더불어 생산된 총체성 혹은 **일자**─者로 본다면, 통접을 내재적으로 이해할 수 있다. 탈기관체는 상상된 전체로서, 특수한 욕망이나 생산의 관점에서 사유된다. 전체나 바탕 일반은 없으며, 오직 독특한 사건들로부터 나온 전체에 대한 지각작용이 있을 뿐이다. 그러므로 하나의 바탕이나 신체가 있고 나서 그것이 부분들로 분할 혹은 분리되는 것이 아니다. 오히려 우리는 부분들의 연접과 이접을 통해서, 바로 모든 종합과 강도들의 면面인 탈기관체를 식별한다. 다시 말해 탈기관체는 이 종합들에 독립적으로, 혹은 그것에 앞서 존재하지 않는다. 내재적 통접은 '실체적 다양체'에서의 이런 모든 흐름들의 교차에 대한 이해이다. 즉 모든 흐름들이 전체로서 식별될 수 있다 해도, 그 흐름들이 단일한 척도에 의해 통합된다는 뜻은 아니다. 우리가 탈기관체를 생각할 수 있게 해주는 것은 바로 통접이다. 연접들을 통해 생산되는 모든 부분 대상, 강도, 신체 부분들로부터 우리는 스스로 코드화되도록 허용하는 비코드화되고 비조직화된 흐름을 상상할 수 있다. 이런 다양체 혹은 통접은 그 자체의 외부에 있는 것이 아니며, 공통의 척도나 바탕에 의해 조직화되지 않는다. 즉 "다양체는 그 외연을 구성하는 요소들이나 내포 comprhension를 구성하는 특성들에 의해서 정의되는 것이 아니라, 그것이 '강도화' intension로서 지닌 선들 및 차원들에 의해 정의된다. 당신이 차원을 바꾼다면, 당신이 차원을 첨가하거나 삭제한다면, 당신은 다양체를 바꾸는 것이다"(TP, 45). 통접의 초월적 작동에 있어서 다양체는 어떤 배열 원칙에 종속된다. 즉 탈기관체는 사회체 또는 차이와 법이 도출되는 기원으로 해석된다. 욕망은 인간의 본성으로 소급해 올라가고, 사회적 조직화와 교환은 자본의 법칙으로 소급되어간다.

내재성과 수동적 종합

우리가 생명을 그것의 생산된 항들, 즉 인간, 사회 혹은 심지어 인간의 성욕 중 하나의 입장에서 판단하게 해주는 것은 종합의 초월적 작동이다. 내재적 종합은 욕망을 인칭이나 의도의 행위자 내에 위치시키는 것을 거부한다. 욕망의 종합은 그것을 전前-인칭적이고 의미나 의도 없이 이해할 때, 가치나 이데올로기가 아닌 강도들의 정치적 이론을 개시한다. 정치비평은 분열분석과 더불어 시작된다. 그것은──선악의 대립, 법과 그것의 타자들의 대립 같은──어떤 도덕적 대립을 살펴보고, 생명이 외양상 초월적인 원리에 의해 질서 지어지도록 한 차이생성의 과정을 탐사하는 일이 될 것이다.

종합의 과정은 인간 주체의 내부에 위치 지어질 수 없다. 그래서 들뢰즈는 이 종합들을 상당 부분 수동적이고 전-인칭적인 것으로 만든다. 여기서 종합의 역사와 욕망의 역사가 연결된다. 욕망은 생산이고 종합 자체이며, 욕망과 [욕망의] 생산으로부터 개인이 궁극적으로 생산된다. 인간의 신체 안에는 수동적 종합(심장 박동, 근육 수축, 심지어 사유하는 뇌의 활동)이 있고, 또한 탈인간적인 수동적 종합(유전적, 분자적, 동물적 되기들)도 있다. 『안티 오이디푸스』와 『천의 고원』에서 종합은 인간을-가로지르는 것이다. 그것은 사회기계들의 생산과 아직 개체로 결정되지 않은 강도들에의 투여이다.

『차이와 반복』에서, 그리고 그의 다른 많은 저작들에서 들뢰즈는 수동적 종합을 언급한다. 우리는 통상 우리의 세계가 의미 있고 질서 지어진 (혹은 종합된) 단위들로 구성되었기 때문에, 종합을 행한 어떤 주체가 있었음이 분명하다고 생각하고, 또한 이 주체가 인간의 정신이나 에고라고 생각한다. 그러나 들뢰즈는 종합이 수동적이며, 우리가 욕망을 유기체 내에 위치시키는 것이 아니라, 욕망이 먼저 생명 자체로서 존재하고 나서 유기체들을 종합하고 접속하고 생산한다고 생각할 때 비로소 설명될 수 있다고 주장한다(전통적인 진화론은 서양의 형이상학을 괴롭힌 것과 동일하게, 차이를 외연적으로 사유한 데서 비롯한 실패로 고통받았다. 그것은 생명을 생존하고 반응하고 적응하는 신체들 혹은 종種들로부터 설명한다. 창조를 강도적으로 사유하기 위해서 우리는 진화가 신체들을 통과해 흐르는 과정이라고 보아야 한다. 그렇게 되면 유전적 창조들은 유기체에 의해 묶인 것이 아니게 되고, 어떤 외부 세계에 대한 적응이나 반응으로서 설명될 수도 없게 된다).

지층strata의 형성을 통해 내부와 외부 사이에 경계를 생산하는 창조적 발생이 있다. 예컨대 시각의 발생은 여러 가지 방식으로, 여러 종들의 생성을 통해 긍정될 수 있는 하나의 창조이다. 다시 말해 그것은 유기체의 상이한 유형들로 스스로를 드러내거나 현실화할 수 있는, 생명의 한 경향이다. 유기체가 외부 세계에 대한 반응을 행하는 것이 아니다. 눈-빛의 배치가 형성될 수 있는 것은 반응적 생명 일반으로부터이다. 생명에는 이미 시각이 현실화될 수 있는 잠재적 경향이 존재하고, 그것은 발생의 상이한 선들을 따라 현실화될 수 있다. 하지만 그런 경향 또는 생성을 유기체가 소유하는 것은 아니다. 여기서 유기체는 생성이 흘러가는 전달 수단 혹은 통로 역할을 한다.

사유의 역사는 종합을 어떤 주체에 정초하려는 경향을 띠어왔고, 그러므로 생성이나 욕망——바로 생명의 생산——은 어떤 존재의 활동으로 해석된다. 그러나 이것은 또다시 생성을 [생성의] 효과들 중 하나에 귀속시키는 초월성의 오류이다. 처음에는 이상하게 여겨질 수 있지만, 우리가 욕망을 실재적으로 긍정하는 것은 오직 종합을 수동적인 것으로 여길 때에만 가능하다. 종합이 능동적인 것이라면 그것은 어떤 사물, 존재 혹은 주체의 활동이 되고 말 것이다. 그렇다면 그것[종합]은 존재하지 않는 것과 관계될 것이다. 주체는 자신의 세계를 종합할 것이고, 정신은 그 경험을 종합할 것이다. 그러나 수동적 종합은 존재를 우선적인 행위자나 주체에 정초하지 않고, 단지 생산과 접속만이 있음을 의미한다.

먼저 이것을 인간적 수준에서 생각해보자. 나는 욕망을 부정적으로, 마치 내가 갖지 못한 것을 얻기 위한 투쟁으로 생각할 수 있다. 이는 욕망이 주체의 출발점부터 설명될 것을 의미한다. 이와 달리 욕망은 긍정적으로 생각될 수도 있다. '내'가 욕망을 가진 것이 아니라, '나' 혹은 주체가 욕망의 결과라고 말이다. 욕망은 다름 아닌 '내'가

앞으로 될 무언가 혹은 될 수 있는 무언가의 발생, 생산, 주장이 될 것이다. 생산적인 것으로서의 욕망 개념은 욕망이 원하는 어떤 것을 갖지 못한 결과가 아님을 의미한다. 욕망은 차이의 긍정 혹은 생산이다. 이는 차이가 그것 각각의 생성에서 상이한 것임을 시종 염두에 두고 있다. 그러나 우리는 이런 욕망의 긍정적 관념을 전前인간적인 수동적 종합과 함께 생각해볼 필요도 있다. 진화에서 한 가지 예를 들어보자. 유기체들은 그들의 힘을 증대시키는 가능성 혹은 경로를 따름으로써 형성되고 종합된다. 이는 의식적이거나 능동적인 종합이 아니다. 종합은 정신의 활동이 아니고 결단도 아니다. 그러나 우리는 종합을 욕망의 측면에서 볼 수도 있는데, 왜냐하면 생명의 창조는 힘 또는 역량의 긍정이기 때문이다. 상이한 유기체들은 종種들로 분할된 균일한 생명의 결과가 아니다. 생명의 종합들——유기체들이 출현하는 차이와 반복——은 생산적이고, 우리가 지각하는 것처럼 보이는 닫힌 형태들에 비해 무한히 더 풍부하다. 한 존재는 존재하는 것이 펼쳐짐에 다라서가 아니라, 그 생성하는 잠재적 힘들의 다양체를 선별하고 현실화함으로써 진화한다. 그러므로 생성은 객관적 세계에 반응하는 행위자의 행위가 아니라, 욕망이고 종합이다. 욕망하는 '누구' 또는 '무엇'(내부와 외부의 구별)은 관계들의 생산 안에서, 그리고 그것〔관계들의 생산〕을 통해 생산된다. 나아가 생명의 관계, 접속 혹은 종합은 구별도는 존재들이 출현하는 독특한 힘들의 긍정에 대해 부차적이다.

생명의 종합이 수동적이라고 보는 것은, 그것의 전적으로 열린 내재적 본성, 즉 어떠한 조직화하는 바탕이나 우선적인 의도, 존재 혹은 형식 등에도 종속되지 않는 본성을 인식하는 것이다. 욕망은 오직 욕망 자체로부터 그 자체만을 향하는 생명의 긍정이자 생산일 뿐이다. 어떤 행위자나 어떤 대상의 욕망이 아니다.

> 내재성, 일의성, 구성의 순수한 면面이 존재한다. 그 면 위에는 모든 것이 주어져 있고, 형태 없는 요소들과 물질들이 춤춘다. 이런 요소들과 물질들은 그들의 속도에 의해서만 구별되며, 그들의 접속과 운동의 관계에 의존하는 이러저러한 개별화된 배치로 들어선다. 하나의 고정된 생명면 뒤에서 모든 것이 움직이고 감속하거나 가속하는 것이다. 모든 배치들을 위한 하나의 단일한 **추상동물**만이 존재하며, 이런 배치들은 그것을 유효하게 한다(TP, 255).

행위자들과 대상들이 존재하는 것은 욕망의 생산과 종합으로부터이고, 이런 생산은 차이 자체로부터 도출된다(이 '차이 자체'를 사유하는 것은 탈기관체를 사유하는 것이다. 즉 모든 차이를 내포하는 것은 상상된 혹은 잠재적인 전체이다). 결국 생명이 수동적 종합이라고 말하는 것은, 그것이 행위자로부터 진행되지 않으며, 행위자와 주체는 어떤 일반적인 바탕이나 균일한 차이로 환원될 수 없는 독특한 생성의 생산임을 주장하는 것이다.

욕망은 부분 대상들, 흐름들, 신체들을 처리하고 생산의 단위들로서 기능하는 일단의 수동적 종합들이다. 실재는 최종 생산, 즉 무의식의 자동 생산으로서 욕망의 수동적 종합의 결과다. 욕망은 아무것도 결여하고 있지 않다. 다시 말해 욕망은 그것[욕망]의 대상을 결여하고 있지 않다. 오히려 욕망 혹은 고정된 주체를 결여한 욕망에서 빠져 있는 것은 주체이다. 즉 억압이 없다면, 고정된 주체도 없다. 욕망과 그 대상은 동일한 것, 요컨대 기계의 기계로서의 기계이다(AO, 26).

잉여가치

들뢰즈는 정신분석학자 가타리와 함께 하기 전에 이미 철학에 관한 논리적 담론을 취급하고 있었고, 우리의 정신작용들은 '생명'의 비인칭적 종합들의 현시[발현]라고 주장했다. 연접('그리고')이나 이접('혹은')의 종합은 논리적으로뿐 아니라 유전학적으로도 이해될 수 있다. 이를테면 유전적 물질의 한 흐름과 다른 흐름의 연접('그리고')과 유전적 돌연변이가 통과하는 선별의 과정들('혹은')로서 이해될 수 있는 것이다. 종합은 또한 사회-경제학적으로도 언급될 수 있다. 즉 연접은 살아남기 위한 인간 신체의 생산을 수반한 생명의 생산으로서 시작되는 반면, 이접은 '기록'을 가리킨다. 따라서 생산된 상품들은 집단 사이에 분배될 수 있다. 통접의 최종적 종합은 소비를 가리키며, 이제 생산 체제는 집단적이거나 개별적인 주체들을 위해 종사하는 것처럼 보이게 된다. 이 모든 ── 논리적, 유전적, 경제적 ── 종합의 경우들에서 들뢰즈는 '잉여가치'를 언급한다. 욕망은 흐름이다. 그러나 욕망의 흐름은 균일하게 진행하지 않는다. 그 흐름은 불균형을 생산하는 불안정한 것, 혹은 더 많은 에너지나 양이 체제의 기능 자체를 변화시키는 곳을 지향하는 것이다. 경제학의 경우, 잉여가치는 바로 인간 생산의 직접적인 욕구를 초과하고 힘의 불균형을 초래하는 생산의 요소이다. 한 부족의 족장이 수확의 과잉을 거두어들인다면, 이때 이것은 생산의 연쇄 외부에 전체를 지배할 수 있는 한 점을 생산하는 것이다. 그러므로 사회적 역량은 힘의 과잉과 향락에서 시작되는 것이지, 결핍과 공포에서 시작되는 것이 아니다.

잉여가치는 또한 유전적으로 이해될 수 있다. 가령 유전 코드의 두 선들이 교차할 때는 언제나 발생에서의 근본적인 불확정성이 생산되고, 따라서 진화는 단순한 데이터의 추가와 집적으로 예견될 수 없다. 코드의 단순한 두 연쇄 고리들이 '오복제'misfiring나 '표류' drift(혹은 심지어 바이러스들의 '도약')에 의해 본래의 양률을 훨씬 초과한 돌연변이와 변형을 창조한다. 잉여가치는 또한 정신분석학적 공명을 가진다. 가슴과 접속한 입은 생명의 생산을 유지하지만, 거기에는 또한 생산으로부터 이끌어낸 과잉 쾌락이 있다. 입술 표면의 쾌락이 생산 외부의 지대를 형성하는 것이다(그것은 어떠한 영양 공급과도 무관한 빨기sucking에 대한 유아의 쾌락이다). 마지막으로 코드 일반의 수준에 잉여가치가 존재한다. 즉 원-기호graphic material의 흐름이나 글이 어떤 것을 의미한다고 여겨진다면, 이때 거기에는 기호들의 접속 외부에 수립된 의미가 존재하는 것이다. 그러므로 들뢰즈·가타리는 기표가 바로 초월적 혹은 전제군주적 권력의 형태라고 본다. 즉 그것은 코드 혹은 자료의 흐름이 어떤 해석의 점에 종속되는 방식인 것이다. 하나의 낙인이 기표가 될 때, 그것은 [그 낙인의] 현실적 힘 이상이 된다. 이때 우리는 그 기표가 무엇을 의미하는지 묻는다. 우리는 코드에서 코드의 법 일반——기표가 코드화한다——을 제공하는 것처럼 보이는 한 요소에 종속된다.

초코드화

인간의 낙인들과 음향들의 특수한 종합——들뢰즈·가타리가 목소리-그림voice-graph 체계라고 부르는 것——을 통해서 의미의 잉여가치가 생산된다. 낙인은 단순히 내재적이고 현실적이고 물질적인 힘일 뿐 아니라 비물체적 변환incorporeal transformation도 생산한다. 감각의 잠재적 세계는 현실적 세계와 나란히 창조된다. 칼은 신체를 벨 수 있지만, 이 사건을 처벌이라고 부를 때 우리는 도덕, 범죄, 범죄자, 법, 재판으로 이루어진 하나의 완전히 새로운 (비물체적) 세계를 창조하는 것이다(의미의 비물체적 사건의 정치학에 관한 좀더 확장된 분석은 Patton, 1996을 보라). 『의미의 논리』*Logique du sens*(1969; 영역판 출간은 1990)에서 들뢰즈는 비물체적 변환을 생산하는 언어의 능력을 바로 창조적 사유의 통로라고 본다. 의미는 단순히 현실적인 세계를 지각할 뿐만 아니라 잠재적인 것을 펼쳐놓는다. 그것[의미]은 지각작용의 잉여이다. 이에 관한 가장 명백한 사례는 문제의 의미다. 예컨대 하나의 유기체는 이러저러한 것을 하거나 이것저것을 말할 수 있지만, 이런 가능성들을 사유하거나 숙고하는 과정에서 그것[유기체]은 스스로를 문제 내에 위치시킨다. 모든 생명은 그것이 제기한 문제들을 통해 생산적이 되거나 개시된다. 그리고 의미의 비물체적 변환——우리의 언어와 기호——은 우리가 문제들을 연장하고 확대하도록 해준다.

『안티 오이디푸스』에서 들뢰즈·가타리는 비물체적으로 변환하는 힘이 전제군주적 기표에 종속되는 방식을 기술한다. 기표는 스스로를 관계와 변형의 생산이나 종합이 아니라, 어떤 선행하는 의미의 재현으로서 드러낸다. 서양 문화 일반은 이런 '해석 체제' interpretosis*로 인해 고통받고 있다. 즉 의미를 생산하는 힘이 있는데, 그것은 기표나 기호 자체 이상이라는 것이다. 우리는, 기표가 시종일관 존재했고 결여되었거나 숨겨진 한 의미나 뜻을 생산하는 것이 아니라, 그것을 대신하거나 대체한다고 생각할 때, 위의 생각에 대해 반대하게 된다. 우리는 낙인들이 의미를 생산하는 방식(등기들은 어떻게 작동하고 신체들을 변형하는가?)을 고찰하는 대신에, 기표가 무엇을 의미하는지 묻는다. 우리는 힘을 어떤 근원적인 법이나 권력에 종속시킨다. 권력을 힘들 자체의 내재적 수준에서 보지 않는 것이다. 정식분석〔학〕의 경우에 우리는 욕망을 오이디푸스적 무의식을 폭로하는 것으로── 그리하여 이것이 우리가 원했던 것, 우리 욕망의 모든 기호들 배후에 시종일관 존재했던 의미라고──해석한다.

기표를 전제군주적으로 만드는 것은 바로 이런 능력, 즉 종합을 통해 종합의 법으로서 나타나는 어떤 초월적 혹은 비물체적 힘을 생산하는 능력이다. 전제군주 혹은 왕이 생산의 물질적 잉여를 모음으로써 신체의 흐름들을 직접적으로 통제한다면, 기표는 생명이 내재적으로 종속되게 한다. 낙인을 기표로서 취하는 것은 그것이 말하는 것 뒤에 어떤 의미를 가정하는 것이다. 기호들의 체계는 그것이 재-현하는 어떤 의미로 소급된다. 모든 기호들 '뒤'에는 발화 주체가 있다. 재현과 해석에 반해, 들뢰즈는 우리가 기호들을 그것들이 표현하는 의미로

---

* 이것은 한마디로 기호 체제〔초코드화〕로서의 해석의 생성을 의미한다. 말하자면 기표들의 체제를 만들어 생성을 기표 중심으로 포획하는 전제군주적 시스템이다.

소급해서는 안 된다고 강조한다. 또한 오히려 생산적 종합의 효과로서 표현된 내용을 보아야 한다고 주장한다. 이는 우리가 종합의 분기하는 계열들을 기표들에 종속시켜서는 안 된다는 의미이다. 말하자면 우리는 생명에 대해 질문해서는 안 된다는 것이다. 이 질문은 무엇을 의미하는가? 그와 같이 질문하는 것은 결국 모든 생명을 어떤 근원적인 법의 기호로 다루는 것이다. 우리는 종합과 힘 그 자체를 평가할 필요가 있다.

그러므로 우리가 어떤 행동을 접할 때, 우리는 사건 뒤에 어떤 도덕적 의미를 가정해서는 안 된다. 이를테면 이것이 선인가 악인가? (이 영화는 성차별주의적인가 페미니즘적인가?) 우리는 그 힘들이 무엇을 하는지 살펴봐야 한다. 가령 [그 힘들은] 어떤 관계와 항을 창조하는가? (이 영화는 사유함의 가능성을 창조하는가, 아니면 생성을 이미 주어진 항들로 환원하는가?) 초코드화——생명의 사건들에서 의미와 근원적인 목적을 발견하고자 노력하는——에 반해, 우리는 체계들과 규칙성들을 생산하는 독특한 힘들을 탈코드화 혹은 평가해야 한다. 자본주의의 문제는 그것이——모든 종교, 문화, 의미, 가치를 어떤 특수한 힘이나 의미의 결여로 봄으로써——탈코드화하지만, 그 이후에 자본을 통해 이런 모든 코드들을 '공리화'하는 데 있다. 자본은 그것이 교환의 체계를 통해 양화되고 순환하는 한, 어떠한 언어나 체계의 흐름도 허용할 수 있다. 이와 같이 차이를 환원하기 위해 탈코드화하는 자본의 동질화의 힘을 극복하는 유일한 방법은, 종합을 탈코드화하고 차이를 생산하는 종합의 힘——욕망의 힘——을 활짝 여는 것이다.

종합은 생명의 형식 자체이다. 들뢰즈는 정치학, 유전학, 경제학,

욕망이 종합의 형식적 작동에 의해 설명될 수 있다고 주장하면서 이론의 위상 자체를 변형시킨다. 논리를 다만 사회적 혹은 생물학적 자료를 분석하는 데만 사용할 것이 아니다. 우리는 우리의 논리나 사유의 형식들이 그 자체로 생명의 비인칭적 종합의 심급들임을 알아야 한다. '욕망'은 유기체, 사회, 경제와 언어 체계, 자아를 생산하는 비인칭적이고 보편적인 종합을 가리킨다. 어떠한 대상도—의식도 언어도, 유전학, 정치학, 역사, 경제도—생산의 연쇄 외부에 해석의 점으로서 자리할 수 없다. 우리는 오직 과정, 즉 욕망의 형식적 작동 혹은 종합에서 시작할 수 있을 뿐이다. 그러므로 분석은 내재적이다. 즉 어떠한 초월적 점이나 문맥이 전체를 정초하지 않는다. 유전학, 언어학, 역사, 정치학, 논리의 공존하는 '면'들이 있는 것이다.

욕망의 역사

이제 이해해야 할 것은 들뢰즈·가타리가 세 가지 종합의 양태들, 연접적·이접적·통접적 종합을 어떻게 역사화하고 정치화하는가이다. 이것은 세 가지 역사적이고 정치적인 구성체들, 즉 부족적·원시적, 야만적·전제군주적, 자본주의적 구성체에 일치한다. 이런 역사를 살펴보기에 앞서 들뢰즈·가타리가 기계적 생산이라고 부르는 것이 무엇인지를 이해할 필요가 있다. 그들은 '기계'라는 말이 은유가 아니라고 강조한다. 이는 그들이 생명의 문자 그대로의 개념을 유기체나 메커니즘이 아니라 기계로 보는 데서 출발하기 원한다는 의미다. 기계는 부분들의 연접〔접속〕에 의해 작동한다. 유기체나 메커니즘과는 달리, 기계는 최종적인 혹은 경계 지어진 형태를 갖지 않는다. 다시 말해 그것은 의도를 제어하지 않는, 그 자체로서 순수 생산이다. 그러므로 욕망은 (정신분석학이나 구조주의에서와 같이) 주체를 대상에서 변별화한 결과가 아니다. 욕망은 기계적이고 생산적이다.

연접

첫번째 종합은 연접적[접속적]이다. 강도적 생명의 순수한 흐름을 상상해보라. 어떠한 것이든 차이의 양태가 생성하기 위해서는 그것이 다른 생성들과 연접되어야 한다. 양란은 말벌과 연접해, 양란과 말벌 모두 각자의 방식대로 차이를 생성한다. 그리고 이런 차이는 그들 자신의 힘에 대한 긍정인 동시에, 그들이 연접한 다른 힘에 대한 창조적 응답이다. 모든 생명이 이런 방식으로, 하나의 기계가 다른 기계와 연접하고 하나의 흐름이 다른 흐름과 연접하면서 작동한다. 들뢰즈는 사물이나 존재가 아닌 '기계'들의 생성을 언급한다. 왜냐하면 하나의 기계는 미리-주어진 실체가 아니라 하나의 과정이고, 하나의 기계는 그 자신의 작동이나 힘 이외에 어떠한 목적이나 지배적인 의도를 갖지 않기 때문이다. 물론 우리는 결국 유기체와 메커니즘 —— 예컨대 인간 존재와 자본의 체제 —— 에 도달하게 된다. 『안티 오이디푸스』의 요지는, 유기체의 출현과 탈기관체의 생산을 보여줌으로써 욕망과 그 종합들의 역사를 기술하는 것이다.

『안티 오이디푸스』와 『천의 고원』의 구조와 용어법에 관해 우선 주목할 점은, 들뢰즈·가타리가 집단적이고 정치적인 용어를 사용해 이런 종합의 과정들을 언급한다는 것이다. 이전의 철학자들이 세계를—시간과 공간의 연접들을 통해 세계를 구성한—주체들에 의해 종합된 것으로 보았다면, 들뢰즈·가타리는 논리의 모든 범주들을 취해 그것들을 직접 정치적으로 그려낸다. 연접적 종합을 생각해보자. 논리의 관점에서 우리는 '그리고'라는 말을 사용하며, 이것이 세계의 구성을 위한 가장 기본적인 종합이라고 말할 수 있다. 들뢰즈·가타리는 이 종합에 대해 두 가지를 말한다. 첫째, 연접은 영토화의 과정으로 기술되고, 따라서 이것은 공간 속에서 직접적인 신체들의 정치적 집합을 통해 발생한다. 가장 단순한 수준에서 우리는 신체들이 부족들로 연접되는 영토화를 생각해볼 수 있다. 이런 연접 혹은 생산은 이름 붙여진 단위들의 연접이 아니고(연접하는 사람은 '호주인'들이 아니다), 영토를 형성하는 것이 연접의 종합이다. 다시 말해 신체들은 연접해 신체들("우리는 이 부족에 속한다")이 되고, 영토는 이런 연접을 통해 바로 그것('이 부족의 땅')이 된다. 그러므로 첫번째 종합은 사회적이고 정치적인데, 이는 연접이 폴리스나 사회 내에서 발생하기 때문이 아니라, '사회기계'를 구성하기 때문이다. 사회체의 부족적 형태들 속에서 체계는 잔혹의 체계이다. 요컨대 집단은 바로 신체들에 낙인을 찍거나 상처를 입히는 일을 통해서 형성된다(부족의 집단적인 문신 장면을 상상해보자. 여기서 잉여가치를 생산하는 것은 고통이다. 우리는 어린 소년이 몸에 상처를 입으며 입문하는 것을 보고 주춤하며 움찔한다. 이때 부족을 끌어 모으는 것은 눈에 전달되는 이 잉여의 고통 혹은 감정이다). 특정한 연접들에 따른 사회체 혹은 신체들의 집합만이 있을 뿐이고, 연접들은 힘의 긍정을 통해 생산된다.

이접

기계들을 연접하는 과정은 등기되거나 낙인 찍히며, 이는 다음의 종합인 이접적 종합으로 이어진다. 연접이 '그리고'의 논리인 반면 이접은 '혹은'의 논리이고, 따라서 이접에서 하나의 기계는 다른 기계와 대비될 수 있다(AO, 12~13). 신체에 찍힌 낙인이나 등기는 상위의 기계를 지칭할 수 있다. 즉 고통의 강도가 영토를 가로질러 퍼져나가는 집단적 등기가 이루어지기보다는, 그 고통이 전제군주에 의해 향락의 대상이 된다. 낙인들은 공포를 새겨넣고, 이때 신체는 전제군주의 보복 가능성에 종속된다. 사회는 신체의 교환 혹은 집합의 안정된 체계가 아니며, 불균형 혹은 잉여가치에 의존한다. 오직 체계의 한 지점이 다른 지점들에 의해 더 많은 힘이 집중되는 장소일 때 체계에 어떤 종류의 조직화가 부여된다. 전제군주가 신체에 낙인 찍는 것을 바라보고 향락할 때, 에너지의 사회적 생산은 연접의 연쇄 외부의 어떤 지점을 참조한다. 결국 원시적 사회체제들은 대지의 신체를 가로지르는 연접에 의해 작동하는 반면, 야만적인 체제들에는 다른 신체들 위로 고양된 전제군주의 신체에 의해 대지의 공간들에 질서를 부여하는 이접을 추가한다. "최초에 생명을 판단하고 위로부터 대지를 조사하는 것이 가능했던 어떤 것, 즉 편집증적 지식의 제1원리가 생명과 대지로부터 끌어내려졌다." (AO, 194).

전제군주는 법과 힘의 대리자로서 신들의 자손이고 좀더 상위의 권력을 가진 것으로 나타난다. 결정적으로 주목할 점은 내재성에서 초월성으로의 이행이다. 이는 공간이나 영토를 가로질러 신체들에서 작동하는 권력으로부터, 영토의 바깥이나 위의 어떤 자리에서 영토를 조직화하는 권력으로 이행됨을 의미한다. 들뢰즈·가타리는 내재성에서 초월성으로의 이행을 경제적이고 내재적인 방식으로 설명한다. 사회적 삶은 적극적인 잔혹에서 출발하고, 이런 잔혹은 다름 아닌 힘의 긍정이다. "그만큼 고통은 능동적 삶과 감시하는 시선의 부분이다"(AO, 191).

이런 잔혹을 제어할 법의 생산은 향락의 잉여가치에 의해 획득된다. 전제군주가 신체의 낙인을 바라보고 향락할 때 힘의 내부에서 하나의 자리가 발생하고, 그것은 힘을 제어하고 힘에 질서를 부여하는 것처럼 보인다. 이것이 **국가**의 시작이며, 정치적 문제의 시작이다. 욕망은 스스로를 어떻게 노예화하고, 스스로에 반해 반응하며, 자신으로부터 돌아서는가? 잔혹의 긍정은 어떤 상위의 법에서 발생하는 것으로 해석되는데, 그렇게 해석될 수 있는 것은 오직 신체들 가운데 하나가 힘들을 자신에게로 끌어당기기 때문이다. 그러므로 낙인 찍힌 신체와 전제군주의 향락하는 시선 사이의 이접 혹은 구별은 또한 사회적 시간 혹은 사회적 '기록'을 창조한다. 낙인 찍힌 신체는 위협으로 작동한다. 가령 나의 신체가 낙인 찍힌다면, 거기에는 복수를 추출해낼 수 있는 어떤 힘이나 공포가 있을 것이 분명하다. 고통에 대한 전제군주의 향락은 사회적 기억과 부채의 체계를 창조한다. 즉 신체의 고통은 항상 힘을 추출해내는 어떤 역량을 가리킨다. 공포 — 혹은 힘(잠재적 힘)의 예견 — 는 신체를 생산의 연쇄 외부의 어떤 위치에 종속시킨다.

통접

생산은 등기되거나 기록된다. 이것이 발생할 때 우리는 분할될 수 있는 어떤 공통의 바탕이나 표면이 있다고 상상할 수 있다. 바로 이것이 사회체의 '충만한 신체'이다. 부족과 영토의 경우에, 우리는 선-재하는 대지가 있어서 영토들 사이에 분배된 것으로 상상한다. 전제군주적·야만적 사회들에서 법과 정치학의 바탕으로 작동하는 것은 폭군의 신체이며, 근대성에서는 자본이 그 역할을 한다. 즉 일단 연접과 이접이 신체를 조직화하면 우리는 순차적으로 탈기관체를 가정하게 되는데, 이제 이것은 이 모든 연접들의 원인으로 나타나는 것이다. 들뢰즈·가타리는 여기서 내재성에 대한 그들의 주장의 정치적 판본을 제시하고 있다. 모든 생명은 행위, 사건, 흐름이지만 우리는 결코 생명을 그 무한한 차이와 생산을 통해 경험하지 못한다. 전체는 결코 주어지지 않는다. 우리는 생명을 유기체와 주체로 질서 짓거나 종합하거나 조직화한다. 우리는 차이를 내재적으로 사유하지 않으며, 차이를 어떤 존재에 정초한다. 정치적으로 그리고 사회적으로 이런 필연적인 가상은 '충만한 신체'의 생산이라는 형식을 취한다. 욕망은 부족, 국가, 인칭으로 모인다. 다시 말해 종합과 생산을 통해 배치를 형성하는 것이다. 그러나 우리가 모여진 어떤 실체나 바탕, 어떤 실체 자체가 있었음에 틀림없다고 상상하는 것은 사건 이후이다. 근대성에서 이것은 자본의 신화다. 우리는 종합에 의해 분할된 어떤 동질적인 양이 있다고 상상한다(우리는 모든 사회적 삶을 교환에 대한 욕구에서 출현한 것으로 설명한다). 그러나 사실은 정반대다. 즉 강도적 양들을 신체들이나 단위들로 구성하고, 그러고 나서 이런 신체들이 어떤 일반적인 실체(자본, 인간성)의 심급들이라고 상상하는 것은 바로 종합과 욕망이다.

자본주의와 분열분석

그러나 자본에는 좀더 특수한 문제가 있다. 원시적 형태와 **국가** 형태에서 다른 모든 생산된 표면들은 역량의 힘을 그 모든 현동성을 통해 명백하게 보여줬다. 자본의 문제는 그것의 가정된 내재성이다. 전제군주나 왕과 같이 공공연하게 힘을 행사하는 법의 외부적 인물은 더이상 없다. 자본주의는 더 이상 (주체들의 신체와 같은) 단위들을 추상해 그것들을 어떤 상위법에 의해 코드화하지 않는다. 다시 말해 자본자체의 단위 외부에는 어떠한 법도 존재하지 않는다. 자본주의는 내재적이고 공리적이다. 이때 우리는 자기-종속적이 되는데 ─ 이는 세 번째 혹은 통접적 종합 때문이다. 첫번째 종합이 연접적이고 배치들을 형성한다면, 두번째는 이접적인 것으로서 이런 배치들이 어떤 외부적 법이나 '공포'에 의해 질서를 부여받아 상호 간의 관계 속에서 사상寫像되는 것을 허용한다. 우리는 또한 이를 영토화의 과정(부족들로의 연접), 이어지는 탈영토화(대지의 공간을 가로지르는 부족들 상호 간의 관계, 그 다음으로 법이나 **국가**의 형상形狀에 의한 이런 현동적 등기들의 초코드화)로 기술할 수도 있다. 세번째 종합인 통접에서 우리는 어떤 원인, 기원, 바탕 혹은 주체를 전제함으로써 앞의 두 종합들을 설명 또는 조직화한다. 들뢰즈·가타리에 의하면, 이는 근대의 오이디푸스적 개인을 설명해준다. 우선 강도들의 순수한 흐름이 있다. 이런 흐름에서 배치 혹은 영토가 형성된다. 그리고 우리는 이 영토 혹은 배치가 어떤 비변별화된 절대(성)의 차이화(생산과 더불어 생산된 탈기관체)일 것이라고 상상한다. 결국 우리는 이런 분배에 해석을 가한다. 이런 차이화가 출현하게 된 어떤 법, 행위자 혹은 주체가 있음에 틀림없다고 말이다. 등기의 과정을 만들어내고 합법화하는 어떤 법—왕—이 있음에 틀림없는 것이다. 자본주의에서 '인간'과 자본은 통접점이 된다. 우리는 코드, 즉 신체 위에 찍힌 낙인(잔혹)에서 출발한다. 그리고 나서 이것은 외부적 권력에 의해 초코드화된다. 이때 낙인은 처벌하는 외부적 권력이나 법(공포)에 귀속된다. 자본주의는 근본적인 탈코드화다. 거기에는 초코드화하거나 교환의 각 단위와 사건이 권력의 위협이나 공포에 종속되도록 허용하는 외부적 권위가 없다. 자본의 모든 지점과 힘은 등가적으로 그려진다. 그리고 [자본주의에서] 생명은 단지 교환과 흐름이지만, 이때의 흐름은 결국 자본의 흐름이다. 그러므로 근본적인 탈코드화와 탈영토화가 동시에 존재하며, 우리는 더 이상 자본의 흐름에 어떠한 장애도 허용하지 않는다. 그러나 이제 [자본의] 흐름 자체가 욕망을 제어하고 지배하기에 이른다. 이를테면 우리는 어떤 향락하는 전제군주가 아니라, 단지 자본의 흐름을 지속적으로 움직이게 하기 위해서 일한다. 더는 코드의 잉여가치가 사회체제를 구성하지 않는다(더는 불균형을 창조하는 재화의 과잉이나 신체를 둘러싼 향락이 아닌 것이다).

    자본주의는 [자본의] 흐름들의 잉여가치다. 즉 어떤 것이든 자본의 흐름으로 번역될 수 있다면 허용될 수 있고 무방하다. 인간의 삶을 지배적인 코드나 신념에 종속시키는 것은 초월적 **국가** 또는 이데올로기가 아니다. 그것은 흐름의 내재성이다. 어떠한 실천, 과학 기술, 지식, '신념'도 그것이 자본의 흐름을 허용하기만 한다면 채택될 수 있다. 그러므로 거기에 재영토화가 존재하는 것은, 한 부분이 전체를 지배하게 되어서가 아니라, 전체가 하나의 공리에 종속되기 때문이다. "이데올로기의 수준이 아니라, 화폐의 흐름을 포함하는 흐름들의 수준에서 욕망의 통합이 성취된다"(AO, 239).

자본주의 이전에 경제 교환은 언제나 교환의 방해받지 않는 흐름을 '피했다'고 들뢰즈·가타리는 주장한다. 요컨대 전제군주나 권위가 어떤 외부적 한계를 강제하고 잉여가치를 빼내는 것이다. 흐름들은 상위의 권위에 종속된다. 거기에는 탈영토화의 요소가 있어서 신체의 낙인들은 부채와 처벌의 어떤 상위 사회체제, 혹은 언제든 가해질 수 있는 공포의 가능성을 가리킨다. 그러나 탈영토화는 외부적 법이나 고양된 신체를 통해 지속적으로 제어되며(이접), 흐름들은 조직화된 혹은 코드를 지배하는 상위의 지점에 종속된다. 자본주의에서 장악하는 것은 세번째 종합과 탈코드다. 세번째 종합은 연접과 이접의 배후 혹은 저변에 있는 균일하고 비변별화된 충만한 신체를 가정한다. 자본주의에서 코드들은 더는 외부적 권위에 종속되지 않는다. 그러므로 이제 생명을 지배하는 것은 코드 자체의 단위다.

우리는 이를 추상적인 관점에서 고찰할 수 있다. 우리는 생명의 강도 높은 흐름을 연장된 물질로 조직화할 필요가 있다. 그럴 때 우리는 애초에 어떤 (초월적인) 물질이 있었고, 우리의 경험은 단지 그것을 재-현하거나 조우했을 뿐이라고 생각하게 된다(초월성의 가상, 혹은 생명의 두 항들인 정신과 질료에 의거한 생명에 대한 설명). 그러나 실재적인 문제는 우리가 이 모든 연장된 신체에 대한 어떤 일반화나 추상을 취해, 물질 일반과 같은 것을 모든 존재의 기원 자체로 가정할 때 발생한다. 정치적으로는 이런 오류가 다음과 같은 형태를 취한다. 우리는 화폐와 같은 어떤 척도를 사용해 상이한 항들의 교환을 허용하지만, 결국 이런 척도가 교환의 기원 자체이고 본질이라고 생각하는 것이다. 자본주의에서 체계는 순환하고 교환하지만, 그렇다고 해서 모든 욕망이 현실화될 수 있는 것은 아니며, 단지 자본의 흐름에 대한 욕망이 있기 때문에 그처럼 순환하고 교환하는 것이다. (자본의) 교환을 가능하게 해주기 위해 생산된 기표가 교환의 공리 자체가 된다. 요컨대 모든 관계와 생산은 그것들이 자본을 산출하고 움직이는 능력에 의해 가치 평가되고 질서를 부여받는다.

자본주의 이전에 코드들은 항상 어떤 내용——이를테면 여성, 음식, 상품 혹은 상징——의 흐름을 허용했고, 코드 외부의 어떤 상위 지점, 즉 법의 공포나 전제군주의 신체에 의해 통제되는 듯했다. 사회기계들에 의해 조직화되는 순수한 생명의 흐름은 언제나 상대적으로 영토화되고 탈영토화된다. 신체들에는 낙인이 찍혀야 하고, 상품은 양화되어야 하지만(영토화), 그것들은 또한 상호작용하고 생산하며 종속을 가능하게 하는 (왕들의 사치스런 연회에서 군사력의 과시에까지 이르는) 잉여가치를 생산해야 한다. 자본주의에는 근본적인 탈영토화와 탈코드화가 존재한다. 교환의 흐름들은 더 이상 외부적 권위에 방해받지 않고, 그러므로 탈영토화도 더는 외부로부터 제한받지 않는다. 자본주의는 상위의 법에 종속하지 않는 최대치의 교환을 허용함으로써 작동한다.

그러나 더욱 중요한 점은 거기에 근본적인 탈코드화가 존재한다는 것이다. 자본은 상품의 교환을 가능케 해주는 척도나 양이 아니다. 교환되고 흐르는 것은 자본 그 자체이다(주식거래인으로 사는 방식을 생각해보자. 자본의 흐름은 일단의 상품을 다른 것으로 번역하는 데 사용되는 것이 아니라, 오직 그 흐름을 증대하는 데만 사용된다). 모든 것이 자본이 될 수 있을 뿐 아니라(아방가르드, 펑크, 페미니즘, 탈식민주의가 모두 시장성 있는 이미지들이 되는 방식을 생각해보라), 권력은 코드의 잉여가치보다는 [자본의] 흐름에 의해 생산된다. 어떤 외부적 권위가 있어서 그것이 코드의 흐름을 제어하는 것이 아니라, 자본의 흐름의 명령이 삶을 지배한다. 정치학은 더 이상 **국가**나 어떤 지위 혹은 삶의 흐름 위로 고양된 법에 대한 물음이 아니다——정치권력은 내재적이다(오늘날 우리는 모두 선별하고, 결정하며, 권력을 부여하고, 분배하는 것이 자본의 권력임을 안다). 무엇이 교환되고 양화되는지는 중요하지 않다. 실제로 어떤 실체가 있어서 그것이 양화되는 것이 아니다. 내재적 권위가 된 것은 교환의 단위 또는 척도이다. 초월성은 이제 내재성 안에 설치됐다. 우리는 본래 화폐와 같은 척도를 상품들을 교환하는 데 사용하지만, 이제 자본주의의 힘은 바로 화폐 자체, 화폐의 흐름, 다른 모든 코드들을 탈코드화하는 화폐의 능력이다. 신체들에 낙인을 찍는 것이 잔혹이고, 그 낙인들을 법으로 초코드화하는 것이 공포라면, 자본주의적 지배는 냉소주의의 지배이다. 자본주의는 이데올로기나 신념에 의해 작동하지 않는다. 다시 말해 자본주의는 일단의 도덕적 혹은 정치적 가치들이 아니다. 이것이 자본주의가 모든 형태의 예술, 지식, 신념을 허용할 수 있는 이유이다. 우리는 극장에서 「델마와 루이스」의 페미니즘을 감상할 수 있고, 화랑에 전시된 토착 미술품들의 다문화주의를 긍정하며, 게이 프라이드 축제에 공동 협찬을 하고, 대학의 과학자들과 지식인들이 급진적인 학문을 연구하도록 할 수 있다. 자본주의를 위반할 수 있는 의미나 전언은 없다. 왜냐하면 자본주의는 더 이상 어떤 도덕성이나 코드가 아니기 때문이다. 자본으로서 흐르는 것은 모든 코드를 허용하는 능력 혹은 역량이다. 어떠한 '신념'이라도 그것이 팔리는 한 순환(유통)될 수 있으며, 어떠한 과학이라도 그것이 더 많은 자본의 흐름을 생산하는 한 촉진될 것이다.

공리와 유토피아

우리는 자본주의의 공리 자체에 예속되어 있지만, 들뢰즈·가타리는 이것마저도 유토피아적 가능성의 신호라고 본다. 자본주의와 정신분석[학]은 모두 탈코드화라는 기원적인 힘을 갖고 있다. 즉 둘 다 권위와 권력이 순전히 종합의 문제임을 우리가 인식하도록 해준다. 누가 혹은 무엇이 ─ 전제군주, 왕, **국가** 혹은 '인간' ─ 권력을 점하고 있느냐는 중요하지 않으며, 문제가 되는 것은 욕망의 종합들을 통한 이런 권위들의 생산이다. 종합들은 종합된 단위들 중 하나가 연쇄 외부에 놓이고 전체를 설명하거나 지배하는 데 사용될 때, 부당하게 혹은 초월적으로 이용된다. 자본주의를 그토록 교활하고 그토록 불가피한 것으로 만드는 것은, 더 이상 코드화의 과정을 조직화할 외부적 권위를 가정하지 않는다는 사실에 있다. 또한 우리는 탈코드화의 추상적이고 균일한 과정이 내재적 한계와 종속으로 작동하는 것을 허용한다.

근본적으로 자유로운 코드의 흐름은 모든 종속을 파괴할 것이고 욕망이 만발하도록 내버려둘 것인 바, 오직 흐름(자본)의 추상적인 본질에 종속됨으로써만 지연될 것이다. 자본주의가 욕망의 유토피아가 되는 것을 막는 것은, 모든 외부적 권위들——전제군주, 왕, **신**——을 제거하자마자 우리가 종합의 추상적 양에 예속되는 것이다. 우리는 어떤 실재적 단위(자본/욕망)가 있어서 종합의 정초나 기원을 제공한다고 상상한다.

이로 인해 경제학자들은 자본의 '법'에 대해 말하고 근대의 개인들은 그들의 욕망을 인식하고 해석하게 된다. 우리는——자본과 욕망의 자유로운 흐름 혹은 종합으로부터——종합이 기원하는 누군가 혹은 무엇인가가 [먼저] 존재한다고 상상한다. 우리는 과정인 흐름을 추상적인 실체(자본이나 인간)에 종속시킨다. 이것이 세번째 종합인 통접을 부당하고 초월적인 것으로 만들고, 자본의 충만한 신체를 절대적으로 탈영토화된 탈기관체와 구별해낸다. 차이의 분기하는 계열적 흐름들이 만들어낸 열린 총체성(탈기관체)은 자본의 공리에 의해 그 안에서 조직화된다.

여기서 우리는 철저하게 자본주의적인 내재성의 장에 대한 새로운 규정을 발견한다. 요컨대 관계들과 탈코드화된 흐름들의 미분계수들의 상호작용뿐 아니라, 또 자본주의가 지속적으로 확장되는 규모에 내적 한계로서 재생산한 한계들의 본성뿐 아니라, 생산 자체의 내부에 반反생산이 현존한다는 것이다. 반생산의 장치는 더 이상 생산에 대립되고, 그것[생산]을 제한하거나 억제하는 초월적 심급이 아니다. 반대로 반생산의 장치는 생산적 기계의 도처에 스며들어 생산성을 통제하고, 잉여가치를 실현하기 위해 그것〔생산적 기계〕과 확고하게 결부된다(AO, 235).

자본주의에서 교환이나 코드의 단위(화폐)는 더 이상 어떤 가능한 대상, 신체 혹은 힘을 의미하지 않는다. 힘을 생산하는 것은 코드의 순수한 흐름 혹은 유동 그 자체이다. 우리는 종속되었지만, 왕이나 전제군주의 신체나 법의 위협에, 부채나 처벌을 추상할 수 있는 누구 혹은 무엇에 종속된 것이 아니다. 부채와 죄는 무한하게 된다. 요컨대 자본은 결코 '청산되'지 않는다. 그것은 충족되거나 배출될 수 있는 욕망을 표상하는 것이 아니라 표상 그 자체, 모든 코드들이 자본이 되게 하는 능력이다. 자본주의는 또한 기표의 논리의 귀결이기도 하다. 자본주의 이전에 우리는 상호작용하고 경쟁하는 코드들과 흐름들——재화, 신체, 여성, 삶의 코드 일반 등의 흐름들——의 사회체제들을 상상할 수 있었다. 그러나 기표라는 관념과 더불어 주체와 자본주의라는 관념이 등장한다. 하나의 체계——언어, 기표작용, 기표——가 있고, 이는 균일하고 비변별화되고 무의미할 수 있는 생명을 대신하고 표상한다. 기표라는 관념 자체가 탈코드화에 결부되어 있으며, 따라서 모든 생명은 기표작용의 체제로 귀착될 수 있다. 기표는 하나의 기호체제(언어/코드)와 코드화되기 위해 존재하는 세계 사이의 구분을 만들어낸다. 다른 모든 코드들——유전학, 낙인 찍힌 신체, 몸짓 등——은 기표작용의 체계로 환원 또는 번역될 수 있다.

그러나 기표의 전제군주제는 또한 그것의 공허함에도 불구하고 존재한다. 즉 그것은 어떤 양이나 질을 표상하는 것이 아니라 다른 모든 양들의 번역과 관계를 허용한다. 기표들의 구조는 자본과 같이 관계적이고, 균일하게 변별적이다. 코드들은 더는 어떤 목소리, 법 혹은 내용에 지배받지 않는다. 즉 기표는 오직 변별적 관계일 뿐이다. 우리는 이런 기표들의 교환 체계에 종속된 한에서만 발화하거나 주체들이 된다. 그리고 어떠한 기표의 의미나 가치도 오로지 다른 모든 기표들과의 차이일 뿐이다. 그러므로 우리는 본질적으로 거세되어 있을 수밖에 없는데, 왜냐하면 기표 체계의 법을 개시할 현존이나 팔루스적 권력은 그 자체로 기표작용의 효과이기 때문이다. "이런 공통의, 초월적인, 부재하는 어떤 것은 팔루스 혹은 법으로 불림으로써 연쇄를 통해 의미의 효과들을 배분하고 거기에 배제를 도입하는 '유일한' 기표를 구성할 것이다"(AO, 73).

들뢰즈·가타리는 이것이 자본주의를 구조주의 정신분석〔학〕과 오이디푸스에 결부한다고 주장한다. 우리는 이러저러한 법이나 권위에 종속되어 있기 때문이 아니라, 욕망과 기표작용의 구조 자체 때문에 예속되어 있는 것이다. 내가 기표작용의 체계에 종속된 것은 바로 내가 말하기 때문이다. 다시 말해 오이디푸스 환상은 한낱 이런 종속 구조의 재현일 뿐이다. **상징적** 질서의 아버지, 금지된 욕망의 어머니, 어린아이의 욕망은 체계의 효과들이다. 전제군주제는 내부적인 것이 되고, 나는 욕망을 재현으로, 즉 현동적 생산이 아니라 발화를 통해 표현되어야 할 것으로 본다는 바로 그 이유 때문에 예속된다. 부족 혹은 원시사회에서 현동적 차이의 과정으로서 신체에 낙인을 찍고 상처를 내고 문신을 새기는 '원-글쓰기' graphism는 음성을 재현하는 '글쓰기'에 자리를 내어준다. 기표는 신체에 대한 직접적인 등기가 아니라 어떤 주체의 기호이다. 기표의 개념과 더불어 우리는 자본과 오이디푸스의 논리에 도달한다. 즉 우리는 모든 욕망을 공유된 체제를 통과해가는 것으로 상상하고, 또한 이 체계가 일반적인 발화 주체에 의해 유지된다고 상상한다. 법과 소외는 더는 전제군주나 왕이라는 초월적 형상에 자리하지 않는다. 우리는 이제 법과 종속을 우리 자신의 것으로 받아들인다.

이로부터 벗어나는 유일한 길은 자본주의와 정신분석〔학〕의 탈영토화하는 경향을 극한까지 밀어붙이는 것이다. 모든 생명이 흐름이고 종합이라면, 우리는 그런 흐름들이 모든 흐름들에 대한 공리로서 작용할 수 있는 단일한 체계로 일반화될 수 있다는 가상을 돌이킬 필요가 있다. 차이가 다른 모든 차이들을 코드화하고 거기에 질서를 부여하는 기표 체제라고 보기보다는 '발화 주체'라는 —— 혹은 경제적이고 성적인 차이의 장소인 '인간'이라는 —— 개념 그 자체가 현실적으로 탈인간적이고 분기하는 현동적인 생성들의 효과라고 보아야 하는 것이다.

분열분석

스펙트럼의 한쪽 끝에 순수하게 노마드적인, 어떤 특수한 바탕도 점유하지 않고 자유롭게 움직이는 생명의 흐름을 가정해보자. 생명은 인간화되기 이전에 현실적으로 매우 차이화된 유전적 물질의 복잡한 흐름에 의해 특징 지어진다. 유전적 유사성과 차이의 특정한 그물망과 접속은 부족, 친족 체계, 가족과 같은 구체적인 집단들로 사회적으로 코드화 혹은 등기될 수 있다. 이 모든 특수하고 규정된 코드들이 (근대성 속에서) 탈코드화될 때 비로소 우리는 그것들이 시종 모든 코드화에 우선하는 생명의 심급들임을 '인식' 할 수 있다. 우리는 '인간'이나 '인간성' 일반이 있고, 부족이나 인종은 그것이 변별화한 것이라고 상상한다. 하지만 들뢰즈·가타리는 그 반대를 주장한다. 즉 부족과 종족이 하나의 유전적 흐름을 조직화하고, 그것이 근대성 안에서 점차 더 균일하게 되거나 초코드화된다고 보는 것이다. 내재적이고 분열분석적인 방법은 코드화된 단위들에서 '분열' schiz이나 분자들의 순수한 흐름으로 소급해가는 것이다. 초월적이고 부당한 방식은 규정된 단위들(특수하고 규정된 부족과 코드)에서 '인간' 의 추상적 본질로 소급해갈 것이다. 내재적인 방법은 인간을 특수한 강도의 생산으로 본다. 이를테면 어떻게 특정한 신체──백인, 남성, 비장애인──가 생명 일반을 의미화하기에 이르는지를 보는 것이다. 우리는 사회적 조직화를 전前-인칭적 흐름들의 종합이 아니라 인칭들로부터 비롯한다고 (부당하게) 보는 경향이 있다. 가족──어머니-아버지-아이의 단위나 친자 계열에 대한 재인──이 있기 전에 강도 높은 배아적 유입은 분리된 부족적 영토 내지 결연의 선을 점유하는 신체로 조직화될 필요가 있다. 이는 아버지가 항상 사회적이고 정치적인 장에서 수축 또는 추상된 것이라는 의미이다. 다시 말해 아버지는 인칭적 가족의 조직화보다 훨씬 큰 조직화를 통해 구성된다. 가족 안에 성적 차이의 삼각형이 있을 수 있으려면, 먼저 인종적·부족적·정치적 결연의 선들이 있어야 한다. "탈기관체에 분배되는 첫번째 것들은 인종, 문화,

그들의 신들이다"(AO, 85). 이런 결연은 친자의 정치적 선[계열]에 의해 초코드화된다. 즉 신의 아들 혹은 자손인 전제군주가 다양한 연쇄나 계열을 조직화하는 것이다.

사회적 코드화는 일반적인, 부단히 이동하고 고도로 분화된 인간 생명의 발생에서 상대적으로 안정적이고 분할된 사회적 단위들(이를테면 결연의 관계인 부족)을 창조한다. "위대하고 강도 높은, 침묵하는 친자적 기억, 모든 것을 조망할 수 있는 욕망의 비코드화된 흐름들의 대표로서의 배아적 유입을 억압하는 것은 결연이다"(AO, 185). 생명 일반은 사회적 행위이라는 취지에서 안정화되고 동일화되고 코드화된 순수한 생성과 차이생성의 과정이다. 관심, 계급, 집단은 들뢰즈·가타리가 '사회적 생산'이라고 부른 것의 효과이다. 계급이나 인칭들의 단위를 사회적 억압을 위반하는 데 사용할 수는 없는데, 왜냐하면 억압을 꾀하는 것이 바로 생명을 그와 같은 영토들로 코드화하는 것이기 때문이다. 그러므로 혁명은 법의 위반이나 전복에 관한 문제가 아니다 —— 혁명은 법을 생산하는 욕망의 종합과 맞서는 데서 시작된다.

정신분석[학]과, 들뢰즈·가타리가 분열분석이라고 부르는 것의 차이는 내재성과 초월성의 관계에 있다. 정신분석[학]은 심리에서 시작한다. 가령 어머니와의 관계에 있는 아이는 어머니를 아버지의 [거세] 위협과 동일시하게 된다. 우리는 연장된 항들을 취하고 나서 정치학과 사회적 권력을 설명한다. 즉 나는 내 아버지의 이미지를 내면화해왔기 때문에 법에 순종한다고 말이다. 이런 기원화하는 삼각형 구조에 의하면, 모든 정치적 삶은 권위적 형상形狀의 대체물이 될 것이다. 이와는 대조적으로 분열분석은 부분 대상들이나 전前-인격적 차이들에서 시작하며 가족 삼각형은 그로부터 형성된다. 부족적 접속은 신체에 낙인 찍기 혹은 기관들의 투여에서 발생하는데, 이것은 신체의 부분들 혹은 '부분 대상'들이 직접적으로 정치적임을 의미한다. 집단적 등기의 과정을 통해 존재하는 것은 남근이라기보다는 팔루스이다. 부족은 할례라는 공공의례에 의해 형성될 수 있다. 내재적 힘과 정치적 공포 사이에 이접이 생산되는 것은 전제군주가 이런 신체 부분들의 힘을 끌어모을 때이다. 인칭과 친족의 구조가 생산되는 것은 바로 금지를 통해서이다. "너는 네 어머니나 네 누이와 혼인해서는 안 된다"고 말하는 것은 현실적으로 하나의 부족과 다른 부족 사이에 선 혹은 구별을 만드는 것이고, 가족 동일성을 창조하는 것이다. 전제군주는 근친상간을 범할 수 있는 자가 됨으로써, 즉 인칭과 법을 생산하는 바로 그 금지에서 예외가 됨으로써 잉여가치를 추출한다. 결국 법은 부과의 문제가 아니라 배분의 문제가 된다. 즉 법은 현동적이다. 법은 개인과 가족에게 스스로를 부과하지 않는다. 오히려 법은 가족을 그보다 훨씬 더 큰 사회기계의 일부로서 생산한다. 가족은 사회적 조직화가 시작되는 단위가 아니다. 가족은 사회적 조직화의 수축인 것이다. 자본주의에서 가족과 인간을 보편적인 기능으로 환원하는 것은 법의 내재성이다. 정신분석[학]은 바로 그런 기능에서 출발한다. 요컨대 당신의 모든 편집증적 환상은 당신 아버지의 연장이고, **신**에 대한, 왕에 대한, 혹은 히틀러에 대한 당신의 꿈은 부성적 동일화의 연장인 것이다. 이와는 대조적으로, 들뢰즈·가타리의 분열분석은 가족에 대한 초험적 비판을 자임한다. 아버지와 법을 내면화한 오이디푸스적 인간은 정치사의 귀결이다. 아버지는 정치적 장의 지휘자라고 그들은 주장한다. '남성의 권위'는 부족적 권위—원시적 사회체의 신체들에서 향락이나 잉여가치를 추출하는 전제군주의 신체—에서 시작한다. 근대의 **국가**는 더 나아간 추상화다. 우리가 도덕적인 혹은 '인간적인' 것에 의해 지배된다는 생각은 단지 전제군주의 신체를 내면화한 것이다. 즉 이제 우리 모두의 안에는 백인, 부르주아, 남성이 있다. '남성'과 '여성'의 관계로서의 성적 차이는 부족적 차이의 수축이고 표준화다. 우리는 생명의 강도 높은 흐름을 두 개의 연장된 신체들로 환원해왔다. 사회체가 한때 공포를 통해 투여했던 전제군주의 신체는 '인간' 혹은 인간성이 됐고, 우리는 그것이 인종·성별·계급·역사의 모든 차이들 위에 그리고 그 너머에 존재한다고 상상한다.

이때 분열분석의 과제는 이런 보편적 인간의 이미지를 취해 그것의 특수한 정치적이고 역사적인 형성 과정을 폭로하는 것이다. 성들(남성과 여성) 간에 하나의 관계가〔먼저〕있어서, 그것이 사회적 집단화로 조직화되는 것이 아니다. 결국에는 **국가**를 생산하는 부족적이고 사회적인 집단화가 있다. **국가**는 탈영토화의 자리, 스스로가 모든 욕망의 법이 되도록 고양하는 욕망 내부의 한 지점이다. 자본주의에서 이런 초월성은 인간 일반의 추상적 본질에 다름 아니다.

들뢰즈·가타리에 의하면, 이것이 모든 생성/되기이 여성-되기로 시작하는 이유이다. '인간/남성' 혹은 '인간주의'는 욕망의 반동이 정점에 이른 결과다. 욕망의 능동적 효과들 중 하나—인간의 추상적인 이미지—는 욕망의 바탕과 법으로 읽힌다. 욕망은 능동적으로 생산하지만, 그 항들 중 하나—우선 전제군주의 신체 그리고 나서 **국가**, 그 다음엔 '인간/남성'—는 되돌아와서 욕망을 그 내부로부터 지배한다. 반작용은 욕망의 작용──욕망으로부터 생산된 인칭들──을 욕망의 법으로 돌려놓는다. 요컨대 당신이 욕망하는 것은 당신이 하나의 인칭이기 때문이다. 그러므로 당신의 욕망은 이런 인간적인 혹은 오이디푸스적인 형태를 취하게 된다. 분열분석은 가족의 장을 사회적, 정치적, 역사적 장으로 열어놓는다.

> 우리가 허위의 삼각형의 꼭지점들에서 엄마는 선교사와 춤추고, 아빠는 세무관에게 계간 당하는 사이, 자신은 백인에게 얻어맞고 있는 것을 보는 식민화된 사람들의 꿈을 기다려야 했다는 것은 이상한 일이다. 삼각형이 다시 닫히는 것을, 그 자체로 유효하게 존재하는 것을, 무의식적 자아에 있어 문제가 되는 행위자들의 이런 상이한 본성을 표현 또는 재현하겠다는 주장을 막는 것은, 바로 이와 같은 다른 본성을 가진 부모적 형상들의 짝짓기, 레슬링 선수들의 모습과 유사한 그들의 꼭 껴안은 포옹인 것이다.
> …… 아버지, 어머니 그리고 자신은 정치적이고 역사적인 상황의 요소들──군인, 경찰, 점령군, 이적 행위자, 급진주의자, 저항자, 두목, 두목의 처──에 맞물려 있고 직접적으로 짝 지어져 있다. 그들은 모든 삼각형화를 지속적으로 파괴하고, 전체 상황이 가족적 콤플렉스로 후퇴하여 그 안에 내면화되는 것을 방지한다(AO, 96~97).

분열분석을 통해 읽기

분열분석에 대한 하나의 본보기로서 실비아 플라스(1932~63)의 위대한 시 「아빠」Daddy(1981)에 접근하는 두 가지 방식을 살펴보자. 이 시는 파시즘과 나치 정치에 대한 시어를 선택해 활용하고 있는데, 아버지는 독일뿐 아니라, 독일어와 『나의 투쟁』의 표정'에 동일시되고 있다. 그 시의 딸/화자는 그녀가 '유대 혼혈'일지도 모른다고 의심한다. 시는 '아빠'를 부르면서 시작한다. 이때 아빠는 "검은 신발 / 나는 그 속에서 발처럼 살았어 / 삼십 년간 초라하고 창백하게"와 같이 묘사된다. 이 시를 읽는 명백하며 기존에 시험되어온 방식은 플라스의 전기와 성욕에서 출발해 시인의 감각이 정신분석학적인 것에서 기원한다고 보는 것이다. 전기에서 시작한다면 우리는 플라스 자신의 심리적 분열에 주목하게 될 것이고, 바로 이것이 이 시와 그녀의 다른 많은 시들에서 인물들을 흩어진 신체 부분들, 의복과 기계들의 항목을 통해 제시하는 방식으로 반영됐다고 보게 한다. 플라스는 신, 파시스트, 거상巨像, 심지어 유대인들을 강제수용소로 "칙칙폭폭 소리를 내며" 실어가는 기차의 이미지를 사용해 자신의 아버지를 묘사한다. 그런 이미지들은 은유로, 즉 그녀의 아버지가 그녀의 존재에 대해 가졌던 폭군적인 영향력을 묘사하는 방식으로 읽힐 수 있고, 따라서 그녀는 신발 속의 발 정도에 불과한, 심리나 존엄을 상실한 인물이 된다—대조적으로 그녀의 아버지는 '전투기' 혹은 '무시무시한 조상彫像'으로 고양된다. 우리는 전기를 성정치학으로 연장함으로써, 이런 읽기를 극단적으로 몰아갈 수 있다. 플라스는 부녀관계와 파시즘의 은유들을 사용해서 성적 억압을 정치적 억압에 결합시킨다. 그녀의 아버지에게 플라스는, 아리안계 혈통의 파시즘 독일에게 유대인이 갖는 위치를 갖게 된다. 플라스가 성욕을 정치학의 심장부에서 보여준다고 말할 수도 있을 것이다. 요컨대 종속은 성적으로, 부녀지간에서 시작된다는 것이다. 그러나 이런 성격의 읽기는 은유와 비슷함likeness의 질서라는 문제를 발생시킨다. 말하자면 플라스가 나치 정치의 은유들을 성적 억압을 묘사하기 위해 사용하는가? 아니면 아버지의 형상을 이용해 정치적 억압 혹은 억압 일반에 대해 말하고 있는가?

분열분석적 독해는 전적으로 다른 역사적 경로를 통해 진행된다. 시를 사적으로, 가족의 성욕과 역사적 정치학 사이의 유비를 그려내는 방식으로 보는 것과는 전혀 다르게, 분열분석은 투여에 대한 진단이다. 우선 나치즘은 하나의 이데올로기나 신념이 아니라, 일련의 부분 대상들과 강도들이다. 즉 나치즘은 '아 너'Ach du, 하이넨크로이츠( ), 철조망, 전투기, '아리안계의 눈, 밝음, 푸름'의 계열이다. 아버지를 산산히 분쇄시킴으로써, '아빠'는 이제 더는 법의 형상形狀도, 가족적 형상도 아니게 된다. 하지만 이것은 더는 인칭적 성욕이 아님에도 성적인 정치의 장으로 열린다. 파시즘의 모든 힘, 잔혹, 공포에 투여되어온 것이 바로 성욕이다. 아버지가 나치인 것은 바로 아버지의 가족적·성적 형상이 정치학에서 아버지인 동시에 연인, 남편, 파시스트와 잔인한 남성의 형상으로 수축되어야만 가능하다. "신이 아니라 하이넨크로이츠가 / 너무도 검어서 어떤 하늘도 뚫고 들어올 수 없어 / 여자는 모두 파시스트를 연모하네 / 얼굴을 짓밟은 군화, 짐승 같은 / 당신 같은 잔인한 자의 잔인한 마음".「아빠」가 사적인 시와는 거리가 멀게 '당신'과 '나'와 같은 인칭대명사로 시작하는 것은 오직 인칭들을 신체, 민족, 영토의 집합들로 용해하기 위함이다. 인칭적인 것은 가족적이 되고, 그리고 나서 정치적인 것이 되며, 결국에는 다양체적인 것이 된다. "나는 독일인이 모두 당신이라고 생각했어." 이 시의 마지막에서 아버지를 죽이는 것은 딸이 아니다. 그의 죽음은 하나의 행위가 아닌 사물로 묘사된다.

> 당신의 기름진 검은 심장에 말뚝이 박혀 있고
> 마을 사람들은 한 번도 당신을 좋아한 적이 없었어.
> 그들은 당신 위에서 춤을 추며 발을 구르고 있지.
> 그들은 언제나 그것이 당신인 걸 알았어.
> 아빠, 아빠, 이 개자식, 난 끝났어.

시는 딸의 증오가, 퇴락한 흡혈귀[죽어서 묻혀버린 아버지]의 무덤 위에서 춤추는 마을 사람들의 증오가 되는 것으로 귀결된다. 인칭대명사들은 춤추는 '그들'이 됐다. 아버지는 '개자식'이고 이 시의 '나'는 "끝났다".

들뢰즈·가타리는 힘에의 투여를 분석하는 방식으로 은유를 거부한다. 아버지가 나치에 비유되는 것이 아니고, 화자가 유대인을 박해의 은유로 사용하는 것도 아니다. 즉 아버지와 더 큰 정치적 현실은 동일한 편집증적 구조와 가능성의 조건을 가진다. 나치즘과 가족주의가 공유하는 것은 힘이 투여된 음성으로, 하나의 단일한 권위로 귀속된다. 반동적 혁명은 다만 구조의 항들을 여기저기로 옮겨놓고 동일하게 코드화된 관심들을 유지한다. 예컨대 "나를 유대인이라고 부르지 말아요, 나는 당신과 같은 인종이예요"와 같이. 혁명적인 분열적 위치는 인종의 순수성을 인식하기를 거부한다. 말하자면 나는 유대인, 집시, 마을 사람이다. 그리고 아버지는 강도, 하이넨크로이츠, 얼굴을 짓밟은 군화가 된다. 시는 법의 편집증적 투여 —— 아버지의 이미지로서의 법 —— 를 취해 그것을 부분 대상들로 분배하고, 아버지의 목소리는 아버지의 모습이 보이지 않는 기계로 환원된다 —— "검은 전화기가 뿌리째 뽑혀". 그리고 시 자체의 투여는 편집증의 전유(혹은 권력의 단일한 목소리에 집중)와는 거리가 멀다. 그것은 권력, 내포, 재인을 요구하지 않는다. 그것은 실제로 "부대자루로부터 …… 끌어내어져 …… 아교풀로 …… 붙어" 있게 된 데 대한 혐오를 표현한다. 시의 음성은 들뢰즈·가타리적 의미에서 분열분석적인 것으로, 대지의 모든 쫓겨난 인종들로 용해된다 —— "나의 집시계 조상과 나의 기묘한 운명 / 그리고 나의 한 벌의 타로카드 그리고 나의 타로카드로 보아 / 나도 아주 조금은 유대인일지도 몰라".

그러나 그런 읽기를 통해 열릴 수 있는 것은 플라스 시의 내용이나 의미만은 아니다. 시의 구조 자체, 시어 선택, 문체는 은유적 혹은 유비적 —— 그리고 심지어 심리적 —— 읽기를 거부한다(플라스에 관한 연구사는 그 반대를 지시하지만 말이다). 대부분의 문학과 같이, 그리고 분명 대부분의 시가 그렇듯이 플라스의 시는 주어/술어의 명제들로 주어지지 않는다. 마치 어떤 외부 세계에 대해 판단하는 화자 같은 것이 있는 게 아니다. 시는 대상, 인물의 부분, 고유한 이름을 수집하며, 시어를 표현이 아니라, 마치 발견된 사물인 것처럼 사용한다. '나'라는 말조차 소음과 반복되는 소리가 되며, 시에서 반복되는 다른 많은 단음절어도 마찬가지다 —— "나Ich, 나ich, 나ich, 나ich". 단어의 반복은 또한 어떤 묘사의 전개도 거부한다. 인물의 성격을 전개하는 일련의 묘사들을 덧붙이는 대신, '잔인한' brute이라는 단어는 명사와 형용사형으로 모두 쓰이면서 (또 '군화' boot와 더불어) 반복해서 그것이 어떠한 깊이로 묘사되는 것을 박탈한다 — "얼굴을 짓밟은 군화, 짐승 같은 / 당신 같은 잔인한 자의 잔인한 마음". 이것은 은유와 상징의 시가 아니라, 표면을 가로질러 놓인 한 줄의 말과 사물들로서, 어떤 하나의 사물도 다른 것의 비슷함이나 이미지로 말할 수 없다. 중요한 것은 이 시의 의미가 무엇인가보다는 그것이 어떻게 작동하는가이다. 즉 이 시가 가족적인 것과 정치적인 것 사이에 만들어놓은 접속들과, 한 인물 — 아버지 — 을 사물과 강도로 분해해버리는 것을 살펴보는 것이 중요하다.

이러한 읽기의 요지는 한 시가 고통받고 분열되기에 이른 듯하다고 말하는 것이 아니라, 차이를 찬미하는 데 있다. 요지는 독해와 문학에서 은유와 유비의 사용에 관한 문제이다. 우리가 정치적 이미지들을 사용해 가족관계를 묘사한다든지, 그 역이라는 이야기가 아니다. 가족은 정치적인 것의 수축이고, 아버지는 자본주의 정치학의 '지휘자'로서 우리는 모두 동일화에 의해 종속된 '인간'의 형상을 재현한다. 정치적인 것은 성적인 것이고, 언제나 그러했다. 그런 의미에서 우리가 파시스트를 욕망하는 것은 정치학이 고양된 신체에 대한 직접적이고 욕망된 투여에 지나지 않기 때문이다. 그러므로 플라스의 모든 전기와 개인적 심리가 시를 그녀의 아버지와 그녀의 관계로 말하는 반면, 분열분석적 읽기는 어떻게 그 아버지가 가능한지 묻는다. 인칭들 사이에 관계를 만드는 사회적·정치적 단위들, 즉 투여들과 강도들은 무엇인가? 그러므로 페미니즘적 읽기는 언제나 인종적 차이에 대한 읽기여야 한다. 왜냐하면 '인간'에 대한 모든 이미지는 자본에 포획된 백인, 서양 부르주아 남성의 이미지이기 때문이다. 그러나 정치적인 읽기는 언제나 성적인 읽기에 다름 아닌데, 왜냐하면 법의 형상은 언제나 신체, 강도, (편집증적) 욕망의 양태들에 대한 투여의 결과이기 때문이다.

6_ 지각작용, 시간, 영화

들뢰즈의 내재성의 정치학은 지각작용을 하나의 항(눈)이 어떤 내용(해석될 이미지)을 포착하는 방식으로 보는 대신에, 전前인칭적 지각작용의 미시정치학으로 확장된다. 비-시각적이고 탈인간적이며 심지어 분자적인 지각작용들이 있다. 우리는 인간의 눈을 지각작용의 유일무이한 주관적 출발점으로 여기게 된 까닭은 무엇인지 이해해야 하며, 또한 주체와 대상이 어떻게 지각작용으로부터 형성되는지를 설명해 주는 '지각의 기호학'을 주조할 필요가 있다(TP, 194). 들뢰즈는 지각작용이라는 말을 가장 넓은 의미로, 즉 생명면 안의 접속, 상호작용, 조우로서 사용한다(그러므로 우리는 분자들의 인력과 척력을 지각작용의 한 사건으로 볼 수 있다). 지각작용은 우리가 생명의 내재적 힘이 항들 간의 관계들을 생산하는 방식을 이해할 수 있게 하는 길들 중 하나이다. 여기서 비인칭적 지각작용과의 대면 또한 이루어지는데, 들뢰즈·가타리는 『천의 고원』에서 매우 중요하게 사용되는 이-것 haecceity이라는 개념을 가지고 이를 설명한다. 우리는 이-것이 '무엇-임' whatness 혹은 주체나 사물에 아직 정초하지 않은 독특한 질이며, 그러므로 지각작용은 이-것들의 상호작용으로부터 주체와 대상들을 창조하는 것이라고 생각할 수 있다(예를 들어 빛의 파동과 망막 안의 맥동이 눈과 이미지 사이의 지각작용을 개시한다).

> 지각작용은 더는 주체와 대상의 관계 속에 있지 않고, 주체와 대상과 연관된 주기 내에서 이 관계의 극한으로서 복무하는 운동 속에 있다. 지각작용은 자기 자신의 극한에 직면하게 될 것이다. 또 다른 이-것 속에 있는 하나의 이-것의 현전, 하나에 의한 다른 하나의 포착 또는 하나의 다른 하나로의 이행처럼, 지각은 자신의 고유한 이웃관계의 집합 안에, 그리고 사물들 가운데 있을 것이다. 요컨대 오직 운동에만 주목하자(TP, 282).

코드와 배치

지각작용에 대한 들뢰즈의 이해는 그가 사유를 구별되는 항들(이를테면 인간의 지각하는 눈)에 정초한 상태에서 해방시켜, 그와 같은 항들이 출현하는 차이생성적인 면面을 사유하게 하는 한 방편들 중 하나이다. 영토화와 코드화의 개념들로 되돌아가 보자. 『안티 오이디푸스』에서 들뢰즈·가타리는 이 용어들을 사용해 사회기계들이 발생적 생명의 흐름을 조직화하여 그것을 인간적이고 정치적이고 집단적이 되게 하는 방편들에 대해 언급했다. 『천의 고원』에서는 유사한(확장된) 어휘들을 가지고 분자적 생명과 그 종합들을 말한다. 영토화는 이제 인간 신체와 정치적 집단화나 배치뿐 아니라 화학적 과정과 유전적 과정, 이를테면 단백질과 핵산이 생성하는 방식 또는 손과 같은 기관들이 탈영토화해 도구가 되는 방식을 가리킬 수 있다. 분자들은 언제나 새로운 집단화(영토)와 다른 가능성들로의 분기함(탈영토화)을 통해 영토화하고 탈영토화한다. 손과 같은 기관들은 일을 하고 변형시킴으로써 대지를 영토화하지만, 그런 동일한 기능이 신체를 떠나 분리된 도구들이 되면 탈영토화한다. 그러므로 (부족이나 **국가**와 같은) 정치적 영토들의 수준 '아래'에는 전前-인칭적 배치들(미생물에서 언어에 이르는 모든 것)이 존재한다.

전-인칭적이고 분자적인 생성에 대한 이런 언급은 두 겹의 의미를 가진다. 그 첫번째는 도구와 관련이 있다. '코드'를 말할 때 우리는 종종 언어를 생각하며, 코드의 한 요소를 어떤 전-코드화된 내용의 기호나 기표로 여긴다. 다시 말해 언어가 한 사물을 가리킨다고 보는 것이다. 일단 기표에 대한 이런 생각을 갖게 되면 우리는 모든 생명을 '일대일대응'의 관점에서, 즉 내용과 표현 사이에서 엄격하게 분할된 것으로 사유하려는 경향을 갖게 된다. 우리는 질료 더하기 정신, 현실 세계와 그것의 잠재적 재현, 신체와 발화 행위에 대해 사유한다. 요컨대 우리는 코드를 현실적 삶에 강제된 잠재적 질서로 생각한다. 우리는 현실적인 것과 잠재적인 것 혹은 내용과 표현이 어떻게 접혀넣어지고, 항상 각자의 형식, 탈영토화들 등과 더불어 서로 교차되어 가는지 이해하는 데 실패한다. 한 수준에서 기표(이를테면 불의 기표인 연기)가 다른 수준에서는 기의가 될 수 있다('연기'라는 단어는 연기라는 기의의 기표이다). 그러므로 한 세계의 관념과, 언어와 같은 단일한 묶음의 기표들을 통한 그 세계의 기표작용에 반해, 들뢰즈·가타리는 모든 생명을 코드화들의 하나의 일의면으로, 즉 생명의 각 지점이 그 자신의 세계를 읽거나 지각하는 것으로 본다.

    기표가 코드와 그것이 의미화하는 것을 엄격하게 구별하는 것과는 대조적으로, 들뢰즈·가타리는 『천의 고원』을 탈-기표화하는 코드들에서 시작한다. 예컨대 유전 코드는 정보를 담고 있지 않으며, 상호작용과 접속은 직접적이다. DNA는 내용을 재현하지 않는다. 오히려 유전적 연쇄고리의 단위들이 곧 그것[DNA]의 내용이다. 그러므로 탈-기표화하는 코드들로 시작하는 데는 방법론적 의미가 있다. 또한 아무것도 기표화하지 않는 코드들의 계주繼走도 있다. 들뢰즈·가타리는 이제 영토화와 탈영토화를 분자적인 혹은 순수하게 기계적인 수준에서 말할 수 있다. 코드의 두 접속이면 무엇이든—이 화학물질과 저 화학물질—하나의 영토를 창조할 수 있지만, 이는 또한 상대적 탈영토화 혹은 탈주선을 수반한다. 왜냐하면 상호작용의 결과는 완전하게 결정되지 않고 언제나 계속해서 생성하려는 흐름 혹은 경향이 있을 것이기 때문이다(정치이론에서 '탈주선'의 개념이 내포하는 의미에 대해서는 메이〔May, 1991, 32〕를 참조하라. 그는 예견할 수 없는 자유를 산출하는 국지적 집단들의 힘을 강조한다). 분자적 생명의 수준에는 자유의지는 아니라 해도 자유의 한 요소가 있다. 우리가 현존하는 모든 요소들을 안다고 해도 결코 그 결과를 결정할 수는 없을 것이다. 왜냐하면 계속해서 새로운 생성들을 열어놓는 것은 다름 아닌 요소들의 상호작용이기 때문이다. 『천의 고원』에서 '집단'들의 형성은 이제 단순히 사회적이고 인간적인 배치만이 아니라 전前인칭적 과정들을 지시한다. 들뢰즈·가타리는 비-의미화하는 코드들에서 출발함으로써 생명에 비-해석적으로 접근할 수 있는 수단을 가능하게 한 것이다.

우리는 코드들 배후에 그것들의 진실이나 질서가 될 어떤 의미나 법을 가정하지 않는다. 우리는 실체보다는 힘에서 출발한다. 이는 내재성의 요구를 충족한다. 다시 말해 이제 우리는 기원화하는, 고정된 혹은 특권화된 항(혹은 항들)이 아니라 우리가 그 안에 위치 지어진 역동적인 힘들에서 시작한다. 분석은 이 힘들이 어떻게 항들을 생산하는지에 착목한다. 우리는 인간의 도덕적 이미지나 인간의 자유에서 출발하지 않으며, 생명의 종합, 상호작용, 그리고 이미-주어진 것이 아닌 미래로 열림에 대한 검토에 의존한다. 그러므로 우리는 지각작용에서 시작한다. 즉 지각하는 주체도, 지각되는 대상도 아닌, 상호작용 혹은 지각작용의 사건에서 시작하는 것이다. 그리고 나서 그것은 두 반응하는 항들의 관계, 영토 혹은 기계를 창조한다.

둘째로 순수하게 내재적인 생성 — 즉 인간의 정신 내에 갇혀 있지 않은 지각작용의 면面 — 에 대한 강조는 수단으로서 중요할 뿐 아니라, '원시수프〔원생액〕' prebiotic soup로부터 욕망의 인간적 양태가 출현하는 것에 대한 설명도 수반한다(TP, 49). 모든 생명은 상호작용하는 코드들 — 다른 유전자들이나 환경들을 해독하거나 탈코드화하는 유전자들 — 의 면이지만, 거기에는 또한 층화stratification도 있다. 두 코드들의 접속은 '상위의' 그리고 '하위의' 요소를 구성할 수 있다. 예컨대 동물의 발자국을 뒤쫓는 눈은 지각하는 자와 지각되는 것, 코드와 코드화되는 것 사이의 구별을 창조한다. 실제로『천의 고원』은 '층화'의 세 가지 양태들을 서술한다.* 첫번째가 화학적 생명의 수준에서, 두번째는 유기체의 수준에서 일어난다면(TP), 인간을 구성하는 것은 언어와 초코드화의 세번째 층화이다. 초기 지층은 '동형조형적' homoplastic**이었다 —— 하나의 코드는 다른 코드와 같은 반응을 통해 상호작용한다(마치 자신이 침략한 신체를 해독하고 거기에 적응하는 바이러스처럼). 그러나 인간적 코드 혹은 언어는 코드와 코드화된 것, 기호와 세계 사이의 구별을 창조하고, 그러므로 언어는 이제 다른 어떠한 코드라도 번역하고 지시하는 데 사용될 수 있다(우리는 하나의 포괄적인 코드로 유전자, 문화, 몸짓, 화학적 과정, 진화에 대해 말할 수 있다). 인간 생명의 층화는 코드들을 몇몇 의미의 기표들로 취함으로써 일어난다.

세번째 주요한 지층의 집단화가 있다. 이는 인간의 본질이 아니라, 내용과 표현의 새로운 분배에 의해 정의된다. 내용의 형식은 '동형조형적'이기보다는 '이형조형적'이 된다. 달리 말해서 그것[내용의 형식]은 외부적 세계에 대한 변양을 야기한다. 표현의 형식은 유전학적이기보다는 언어학적이 된다. 다시 말해 그것[표현의 형식]은 외부로부터 이해 가능하고 전달 가능하며 변양 가능한 상징들로 작동한다. 어떤 사람들이 인간 존재의 특성들이라고 부르는 것 —— 기술技術과 언어, 도구와 상징, 자유로운 손과 유연한 후두, '몸짓과 발화' —— 은 사

---

* 『천의 고원』에서 제시하는 층화의 세 가지 수준은 유기화[조직화]organisation, 기표화 significance, 주체화subjectivation이다.

** '동형조형적' 同形造形的, homoplastique이라는 말은 동형인 것들이 모여서 구성되었음을 의미하며, 이와 달리 '이형조형적' 異形造形的, alloplastique은 이질적인 것들이 모여서 구성된 것을 뜻한다.

실상 이런 새로운 분배의 특성이다(TP, 60).

우리는 분자적 지각작용에서 인간적 지각작용으로 이행해왔다. 지각작용은 우선 분자적 수준에서, 하나의 코드의 계열이 다른 계열과 접속하는 방법, 지각작용 과정을 통해 생명의 생성을 창조하고 긍정하는 방법으로서 포착되어야 한다. "분자적 반응들과 마찬가지로 분자적 지각작용들도 존재한다는 것은 세포의 경제에서, 그리고 매우 다양한 외부성 가운데 하나 혹은 두 종류의 화학물질만을 '인식하는' 조절자들의 특성에서 볼 수 있다"(TP, 51). 인간의 지각작용은 '뇌신경의 환경'의 층화이다(TP, 64). 지각하는 눈 또는 신경 자극은 직접적[무매개적]으로 반응하거나 접속하는 것이 아니라 뇌가 지연을 도입하는 것을, 즉 '어느 경로를 택할 것인가? 어떤 행위를 택할 것인가? 나는 무엇을 할 것인가?' 하고 묻는 것을 허용한다. 그리고 지연 혹은 느림을 설치하는 이 뇌는 자유라는 어떤 인간 본질이 아닌, 그 자체로 고도로 복합적인 접속들의 결과이다. "뇌는 하나의 개체군, 두 극을 지향하는 경향을 지닌 일단의 부족들의 집합이다"(TP, 64). 이와 같은 일대일대응적 경향 혹은 행동하는 손과 지각하는 눈 사이의 층화에 세계의 의미를 허용하는 것은 언어 혹은 기표이다.

눈과 기표

『안티 오이디푸스』와 『천의 고원』은 모두 기표의 '전제군주제'를 논하고 있는데, 이는 기표가 특정한 시각 체제를 요청하고 시행하기 때문이다. 신체의 낙인이 처벌 혹은 공포의 행위들로서 해석되도록, 혹은 초코드화되도록 하는 것이 전제군주의 향락하는 눈이었음을 떠올려 보자. 낙인은 더 이상 단순한 낙인이 아니라, 법 혹은 위협의 기호들 내지는 기표이다. 그러나 기표는 그 자체로 더욱 근본적인 탈영토화이며 시각의 이분법에 결부된다. 하나의 기표는 말해지거나 쓰여진 것 배후의 어떤 의미를 가정할 때 비로소 기표가 된다. 이는 하나의 단어를 소음과 차이 나게 하는 것이고, 따라서 하나의 기표는 본질적으로 그 자신이 아닌 것 ─ 부재하는 것 혹은 기의 ─ 을 가리킨다. 이것은 이제 기표 또한 주체의 기능에 결부되어 있음을 의미한다. 우리가 소리나 기표의 '배후에' 놓여 있는 것을 생각할 수 있을 때에만 기표작용의 행위가 있을 수 있다. 나는 당신의 입에서 나오는 소음을 발화하는 누군가의 표현으로 받아들여야 한다. 그러므로 기표의 수준에서 우리는 전제군주가 〔공포로서〕 부과하는 낙인들의 원시적 체제에서 발화 주체들의 체제로 옮겨온 것이다. 코드는 이제 주체의 표현이다. 차이와 등기의 힘을 초코드화하는 것은 전제군주의 향락하는 눈이 아니라 발화 주체의 기능이 된다.

『천의 고원』에서 들뢰즈·가타리는 이런 체제가 얼굴의 지각작용의 '이항 대립화'와 더불어서만 가능하다고 주장한다(TP, 176). 그들은 이것을 '검은 구멍/흰 벽'의 배치로 기술한다. 얼굴은 그 표면이 어떤 의미를 은폐하고 있는 흰 스크린이고, 눈은 의식의 깊이로 이끄는 검은 구멍이다. 얼굴만이 기표의 '잉여성'을 허용하고, 기표는 그 자신이 아닌 것, 그 배후의 의미를 지시해야 한다.

기표화는 자신의 기표들과 잉여성들을 등기하는 흰 벽 없이는 존재하지 않는다. 주체화는 자신의 의식과 정념, 잉여성들이 머물 수 있는 검은 구멍 없이는 결코 존재하지 않는다. 모든 기호계는 혼성적이고 지층들은 적어도 둘 이상이어야 하기 때문에, 매우 특별한 메커니즘이 그들의 교차점에 자리한다는 점에 놀랄 필요는 없다. 매우 기묘하게도 그것은 얼굴이다. 즉 흰 벽/검은 구멍 체계인 것이다. 얼굴은 말하고 생각하고 느끼는 인물의 외적 껍데기가 아니다. 만일 잠세적 청취자가 발화자의 얼굴에서 그 혹은 그녀의 선택의 지침을 얻지 못한다면, 언어에서 기표 형태와 심지어 그것의 단위들은 비결정적인 것으로 남게 될 것이다(TP, 167).

이런 얼굴의 복합체만이 존재한다면 기표——주체를 지시하는 어떤 음향, 이때 주체는 어떤 내용을 표현한다——만이 있을 수 있다. 얼굴은——단지 여러 신체 부분들 중 하나인——'머리'가 아니라 신체가 인간으로서, 유의미한 것으로, 표현적인 것으로 조직되게 해주는 신체의 한 부분이다.

인간의 지각작용

인간의 지각작용——세계와 타자들을 해석되기 위해 존재하는 것으로 파악하는 지각작용——은 분자적 지각작용의 감속에 의존한다. 모든 생명이——인력과 척력에 의해 생산하고 접속하는——지각작용이라면 지각작용이 감속할 때 특정한 배치들이 형성된다. 얼굴의 경우 인간의 신체들은 상호작용하는 힘들일 뿐 아니라 해석되어야 할 표면들, 읽혀야 할 깊이, 기표화의 장소들이 된다.

> 그런 기표와 주체화를 생각할 수 있으려면, 검은 구멍/흰 벽 체계가 이미 모든 공간을 격자화하고, 수목성이나 이분법의 윤곽을 그렸어야 했다. …… 우리가 주체성의 망을 구성할 수 있는 것은, 오로지 우리가 중심적인 눈, 즉 그것이 할당된 감정들이든 지배적 기표작용들이든 초과하거나 변형하는 모든 것을 포획하는 검은 구멍을 소유할 때 뿐이다. …… 언어는 항상 진술하고, 진행 중에 있는 기표와 관련 주체의 연관 속에서 언어의 진술들을 안정화하는 얼굴에 포섭된다. …… 의심의 여지없이, 얼굴의 이항성과 일대일대응성은 언어의 그것, 그 요소, 그 주체의 그것과 같지 않다. 그것들 사이에는 어떠한 유사성도 없다. 그러나 전자〔얼굴의 이항성〕는 후자〔얼굴의 일대일대응성〕의 한계를 결정한다(TP, 179).

이제 신체의 신경 반응들(내용)과 신체가 표현할 수 있는 것 사이에는 이중분절이 존재한다. 예컨대 얼굴은 단순히 신체의 한 부분이 아니라 한 인물의 표정으로 받아들여진다. 이런 층화에서 인간의 지각은 초코드화된다——이것은 속도의 문제이다. 분자적 지각작용은 인간 뇌의 자극-반응 회로의 특징인 지연이 없이도 접속하고 영토화한다. 인간 지각작용 고유의 빠름과 느림은 단지 생물학적인 것만이 아니라 직접적으로 정치적이다——왜냐하면 행위와 인력의 계주에서 무매개적으로 행동하지 않음으로써 인간의 지각은 '결정하'거나 혹은 국지화하기 때문이다. 얼굴과 자아는 특정한 속도로, '이것은 무엇을 뜻하는가?' 혹은 '이것은 무엇을 표현하는가?' 하는 질문으로 생산되고, 그럼으로써 반응을 감속시킨다. 이 사람이나 주체는 지각의 영토의 효과이지, 그 바탕이 아니다. 요컨대 하나의 영토는 인간의 이미지를 통해 가능해진다.

들뢰즈·가타리는 뇌가 하나의 '부족'이며, 뇌의 복잡성은 그 잠재적 집단의 내포에 기인함을 강조한다(신체는 신체들 사이의 힘들이 표면들을 부각시킬 때만 ─ 예를 들어 부족에서 문신을 하는 제의가 '나'를 우리와 한 종류로 나타낼 때만 ─ 스스로를 '나' 혹은 독특한 신체로 여긴다). 그러므로 탈영토화는 인간 삶의 층화에 본질적인 것인 바, 인간의 삶은 영토 혹은 신체의 낙인 찍기에서 '불특정의' 신체, '나의' 신체, '인간' 혹은 '남성' 일반의 탈영토화한 개념으로 움직여간다. 그와 같은 탈영토화는 또한 지각작용의 감속에 의존한다. 손이 하나의 도구가 될 때 ─ 더는 직접적으로 반응하지 않고 거듭해 되풀이될 수 있는 수완이나 노하우를 창조할 때 ─ 와 입이 발화기관이 될 때, 그것은 탈영토화되는 것이다. 이런 기술적인 기계적 발전은 기억의 사회기계들을 가능케 하며, 인간 지각작용의 본질적인 속도를 구성하는 것은 기억이다.

그렇다면 우리는 힘들 혹은 코드들의 상호작용 내지는 접속으로서의 지각작용이라는 관념에서 시작할 필요가 있다. 말하자면 우리는 이런 일반적인 생성 또는 분자적 지각작용이 있은 뒤에야, 그로부터 지각하는 자와 지각 대상을, 내용과 표현을 분리할 수 있다. 표현되어야 할 또는 지각되어야 할 것으로서 근원적인 물질이라는 관념은 지각작용의 효과이다. 그러므로 지각작용(또는 지각작용들)이 있어서 지각되는 전체 혹은 총체를 순차적으로 생산하는 것이다.

  인간의 지각작용은 점증하는 복잡성, 즉 점차 내용과 형식의 본질적인 구별을 창조하는 복잡성에 대한 일련의 분자적 지각작용들의 결과이다. 지각작용이 감속하는 것은 인간의 배치 또는 영토화를 통해서이며, 자료의 방대한 흐름은 연장된 신체들과 사물들로 코드화된다. 인간은 행동하고 반응할 뿐 아니라 지연시키고, 기억하고, 예견하고, 해석한다. 물리적 세계는 어떤 의미나 뜻의 기표 혹은 기호가 될 수 있다. 얼굴은 한 주체나 사람들을 표현할 수 있고, 삶의 모든 코드들은 인간 언어를 통해 번역 또는 초코드화될 수 있다(TP, 63). 이로부터 들뢰즈·가타리는 두 가지 방향을 지향하게 된다. 첫째로 우리는 인간의 지각작용이 그 사회-정치적 측면에서 출현하는 생명의 모든 전前-인칭적 형식들에 주목함으로써, 분자적 수준으로 '내려' 갈 수 있다(이것이 『안티 오이디푸스』와 『천의 고원』의 방향이다. 즉 '인간' 은 어떻게 해서 그 자신을 생명의 기원, 중심, 바탕으로 여기게 됐는가?). 둘째로 우리는 역사에서 (철학과 영화에서) 인간의 지각작용이 — 생명의 잠재적 전체나 차이 같은 것을 상상함으로써 — 기술적 요구들로부터 스스로를 해방시킬 수 있는 지점으로 '올라' 갈 수 있다. 인간의 지각작용은 기술기계들의 발전에 의해 가능해진 행위의 지연에서 시작할 수 있다. 예컨대 인간의 생명이 다른 신체의 얼굴을 다른 생명의 표현으로 지각하도록 해주는 사회기계를 발전시키게끔 한 것은 손의 복잡성이다. 그러나 이 기술기계들이 점차 고도로 발달하게 되면 우리는 지각작용의 본질 자체로 되돌아갈 수 있다. 우리는 더는 행동하기 위해 지각하는 것이 아니라, 그 자체로 그리고 그 자체를 위해 지각하게 된다. 이것은 우리에게 예술의 '지각'을 가져다 준다——그것은 더 이상 이런저런 사물에 대한 지각작용이 아니라, 지각 가능한 것들에 대한 경험이다.

지각과 감정

언어를 모든 코드들이 출현하는 생성면 자체를 파악하는 데 사용할 수 있는 것은 철학을 통해서이다. 그러나 우리가 일반적인 지각작용이나 기호가 도출되는 독특한 지각작용 혹은 감정을 파악하는 것은 바로 예술을 통해서이다. 예컨대 영화는 자극-반응 회로가 여전히 지배하는 서사들의 표상에서 그 역사를 시작할 수 있을 것이다. 이미지들은 어떤 전반적인 목적 혹은 기능을 위해 상호작용하는 인물들을 수반하는 이야기의 일부이다. 우리는 우리를 향해 돌진해오는 기차를 보고 물러서며, 눈부신 빛을 보고 눈을 감는다. 또한 유사하게 우리는 서사 영화narrative cinema의 표준 형식을 보고 행위[연기]의 수준에서 반응한다. 우리는 인물들에 우리 자신을 동일시하고, 그들의 결과를 욕망하며, 그들이 위협받을 때면 좌석을 꽉 쥐게 된다. 여기서 눈은 여전히 행위에 관여되어 신체들의 세계를 인과관계들 속에서 지각한다. 일상의 지각작용은 힘들의 작용과 반작용으로 일어나며 관계와 관계의 항들을 창조한다. 지각작용은 의미 있는 인칭적 인간 단위들로 영토화 혹은 종합된다고 말할 수 있다. 우리는 움직이는 생명의 흐름을 취해 부동의 이미지들의 '스냅쇼트'들 안에서 세계를 바라본다. 이것이 인간의 행동을 가능하게 해주는 것이다. 요컨대 우리는 자료의 강도 높은 흐름을 연장된 이미지들로 감속해야 하는 것이다. 그렇다면 우리는 운동을 이런 이미지들 가운데 하나에서 다른 하나로, 혹은 한 지점에서 다른 지점으로의 이행으로 보게 된다.

영화: 운동-이미지

들뢰즈에 의하면, 영화를 가치 있게 만드는 것은 지각작용을 움직이게 하는 능력에 있다. 들뢰즈는 영화에 관한 두 권의 책을 썼는데, 그 첫 번째 책(MI)에서는 운동-이미지에, 두번째 책(TI)에서는 시간-이미지에 주목한다. 우리는 행동하기 위해서 생명의 흐름을 고정하는 경향이 있다. 그러나 영화는 운동의 흐름들, 즉 움직이는 신체를 따라 움직이는 카메라를 드러냄으로써 지각작용을 열어놓기 시작한다. 우리가 시간을 부동의 시점들의 연결로 보는 경향을 가진다면(혹은 우리는 시간을 하나의 부동의 시점으로부터 흘러나오는 것으로 생각한다), 영화는 시점을 단일한 부동의 관찰자에서 해방시킨다. 들뢰즈는 이것이 우리에게 운동-이미지의 영화적 기예를, 움직이는 한 사물이 아니라 운동 자체를 제시해준다고 본다(이런 의미에서 영화는 단순히 또 하나의 예술 형식이 아니다. 영화는 생명의 진실과 기예를 우리가 지각작용을 통해 연쇄적으로 고정시켜온 운동으로 여기도록 해준다).

쇼트는 운동-이미지다. 그것이 운동을 변화하는 전체에 관련시키는 한, 그것은 지속의 움직이는 단면이다. 푸도프킨은 가두시위의 이미지를 묘사하면서 이렇게 말한다. "그것은 마치 당신이 시위 현장을 보기 위해 지붕 위로 올라가고, 다시 1층 창가로 내려와 플래카드를 읽은 뒤 군중들 속에 섞여드는 것과 같다 ……." 그것은 다만 '마치 그런 것 같을' 뿐인데, 왜냐하면 본연의 지각작용은 휴지休止들, 정박들, 고정된 지점들이나 분리된 시점들, 움직이는 신체들 혹은 심지어 구별되는 운송 수단들을 도입하는 데 반해, 시네마토그래프적 지각작용은 단일한 운동 속에서 연속적으로 작동하기 때문이다. 그럴 때 그런 단일한 운동의 휴지는 그 자체가 그 운동에 적분積分된 부분이고 그 자신 위에서의 진동일 뿐이다. ……

중요한 것은 움직이는 카메라가 마치 그것이 보여주는 혹은 그것이 이용하는 모든 이동 수단들 ──비행기, 자동차, 배, 자전거, 보행, 전철 ……의 일반적 등가와 같다는 점이다. …… 다시 말해 시네마토그래프적 운동-이미지의 본질은 운송 수단들이나 움직이는 신체들로부터 그것들의 공통의 실체인 운동을 추출해내는 데, 혹은 운동들로부터 그 본질인 운동성을 추출해내는 데 있다(MI, 22~23).

들뢰즈에 따르면 초기영화는 운동-이미지에 지배됐다. 즉 시간은 움직이는 단면들의 운동으로부터 드러났던 것이다. 보편적인 인간적 형식의 지각작용은 운동이나 목적이 있는 행위에 의해 지배되지만, 우리는 하나의 고정된 시점에서 운동을 신체들 사이의 관계로 보려는 경향이 있다. 우리는 운동으로부터 행위와 목적을 통합하는 것으로서 시간이나 역사의 의미를 얻으며, 그래서 시간은 인간 행위의 드라마로부터 이해된다. 이것은 영화와 서사 내에서도 여전히 벌어질 수 있다. 즉 우리는 어떤 목적에 지배되는 인물과 행위를 보고, 영화적 이미지와 효과는 그 목적에 종사한다. 대부분의 경우 우리는 영화를 일상의 삶과 같은 양태로 본다. 운동은 단순히 고정된 사물들의 운동이고, 시간은 이 모든 운동들이 하나의 전체로 접속 또는 계열화된 것처럼 보는 것이다. 요컨대 우리는 영화를 운동의 어떤 단일한 진행의 관점에서 보는 경향이 있다. 감정과 지각작용은 행위의 의미 있는 전체라는 관점에서 수용된다. 즉 '그는 무엇을 할 것인가?', '이것이 어떻게 해결될 것인가?', '나는 그가 죽을까 두렵다', '나는 그들이 다시 함께 했으면 좋겠다' 하는 식으로 말이다.

그러나 예술과 영화는 일상의 자극-반응 메커니즘과 종류가 다른 지각작용들을 창조하는 방향으로 전개될 수 있다. 영화는 시각을 행동과 현실화된 이미지들로부터 해방시키고, 관점을 복수화하며, 운동 자체—고정된 항들의 목적에 지배되지 않는 운동—를 드러냄으로써 시각을 가로막거나 지연한다. 예컨대 운동-이미지는 한 인물을 따라가다 다음엔 또 다른 인물의 운동을 따라가는 카메라일 것이고, 아마도 하늘을 가로지르는 구름의 운동으로 나타나는 시간의 흐름일 것이다. 운동-이미지에서 우리는 더 이상 운동을 이미 주어진 동질적인 공간 속의 한 지점에서 다른 지점으로의 이동으로 보지 않는다. 즉 그것은 더 이상 부동의 공간 내의 한 운동이 아니다. 공간 자체가 하나의 열린, 그리고 움직이는 전체인 것이다.

쇼트는 이런 식으로 운동의 움직이는 단면을 생산함으로써 변화하는 전체의 지속을 표현하는 데 만족하지 않고, 이미지 안에서 하나의 집합을 구성하는 신체, 부분, 관점, 차원, 거리, 신체 각각의 위치들을 부단히 변이시킨다. 하나는 다른 하나를 통해 생겨난다. 순수 운동이 근본적으로 열린 전체, 즉 부단히 '생성하'거나 변화하고 지속하는 것을 본질로 하는 열린 전체와 관계를 맺는 것은, 이 순수 운동이 집합의 요소들을 상이한 분모들을 가진 분수들로 나눔으로써 그 부분들을 변이시키기 때문—그것이 집합을 해체하고 재구성하기 때문—이다. 그 역도 마찬가지로 성립한다(MI, 23).

영화: 시간-이미지

들뢰즈는 초기영화를 운동-이미지에 의해 지배되는 것으로, 즉 간접적으로 시간을 나타내는 것으로 보는 반면, 현대영화는 시간-이미지를 창조하는 것으로 본다. 현대영화에서 우리는 (움직이는) 사물들이나 대상들 혹은 심지어 카메라 자체의 움직임조차 보지 않지만, 대신 잠재적인 것으로 초대된다. 그것은 해방된 지각 혹은 감정이 나로 하여금 단순히 '이 빨강' 혹은 '이 공간' 혹은 '이 시점'을 보지 않게 하기 때문이다. 즉 나는 복합적인 공명의 과정을 통해 시간 그 자체, 감성 그 자체를 사유할 수 있는 것이다. 이는 현실적 지각작용들(혹은 주어진 것)에서 그것들의 잠재적 가능성—지금 여기서 내가 보는 색채가 아니라 색채의 가능성 자체, 이 시간 계열이 아니라, 결코 현실적으로 주어지지 않는 시간의 흐름이나 지속 자체—으로 나아감을 의미한다.

표준적인 서사 영화가 지각작용과 감정을 운동 반응motor

response에 결부하는 방식을 고려해보자. 서스펜스-호러 영화에서 우리는 비행 도중에 비행기 벽체가 찢겨나가는 것을 본다. 우리는 예감과 공포로 극장 좌석을 쥐고, 불꽃, 피, 신체들, 빛의 이미지는 우리가 자신도 모르게——그것이 영화일 뿐임을 '알고' 있으면서도 고개를 돌리거나 소리를 지르게 만든다. 우리의 신체는——숨이 막히거나 깜짝 놀라는 것을 억제할 때에도——행위에 결부된다. 이것은 마치 습관과 같아서, 흡사 어떤 기계적 지성machinic intellect이 작동 중인 듯 하다. 이것이 일반화된 지각작용에 반응하는 습관-기억의 한 형식이다. 내가 스크린 위의 이미지들을 지각하는 것은 그것들의 독특한 감정——빛, 색조, 색채——때문이 아니라, 운동 반응의 패턴들을 학습한 뇌에 그것들[이미지들]이 재현되기 때문이다. 우리에게 퍼부어지는 감정들은 행위와 생명, 인간화된 요구들, 공포들, 관심들에 의해 지배되는 사건들의 시퀀스[연쇄]에 귀속된다(소설을 이런 식으로 읽는 사람들도 있다. 예컨대 우리가 『애덤 비드』를 손에서 놓을 수 없는 것은, 단지 애덤이 헤티나 다이너와 결혼하는지 아닌지 알아야 하기 때문인 것이다. 우리는 기대, 형식적 요구, 해결된 결말의 관점에서 독서를 한다).

들뢰즈에 의하면 초기 단계의 영화의 가치는 '움직이는 단면' mobile section들을 나타내는 능력에 있었다. 자신 외부의 어떤 자극점에 반응하거나 움직이도록 촉구되는 것인 지각작용보다는 운동의 흐름 자체가 관객의 시점 내에 정박되지 않고 나타날 수 있다. 들뢰즈는 영화에 관한 그의 첫 책을 통해서 이 운동-이미지를 탐구했으며, 그의 논변은 영화에 관한 것을 훨씬 넘어선다. 왜냐하면 서양의 사유는 고정된 현실적 세계를 사유하고, 그것이 시간과 운동을 통과한다고 여기는 경향을 보여왔기 때문이다. 또한 우리에겐 운동으로부터 시간(시곗바늘이나 해시계 위를 움직이는 빛 혹은 하늘을 가로지르는 태양의 진로)을 사유하는 경향도 있다. 마치 운동이 덧붙여진 세계가 있고, 시간은 그 운동들의 합계 내지 측정이라는 식이다. 이러한 시간의 이미지에 반하는 것이 고정된 지점들 혹은 움직이는 사물들의 연결이며, 들뢰즈는 영화의 운동-이미지가 운동을 고정된 점들로부터 해방시킨다고 주장한다. 이것은 카메라의 '눈'이 그 자체로 운동을 가로질러 움직일 수 있고, 또한 시점들을 복수화할 수 있기 때문에 (그리하여 바라보는 눈이 더는 운동 내에 고정되지 않고 그 자체가 운동의 면으로 열리므로) 이루어진 일이다. 운동 자체, 운동의 이미지 자체 ──고정된 점에서 한 사물의 운동이 아닌──를 드러냄으로써 초기영화는 사유의 가능성을 변형시킨다. 시간은 더 이상 현실의 사물들의 접속 혹은 시퀀스가 아니며, 우리는 시간의 실재적 잠재성에 대한 간접적 이미지를 얻게 된다. 이때의 시간은 세계의 흐름, 운동 혹은 생성으로서, 우리는 그로부터 비로소 고정된 신체들을 지각한다.

그러므로 초기영화는 고정된 이미지들로부터 지각작용의 해방을 지향하는 방법의 일환으로 나아간다. 왜냐하면 여기서 고정된 이미지들이란 지각작용이 행위하고 작동하기 위해 세계에 부여한 이미지들을 의미하기 때문이다. 그러나 시간의 이미지는 여전히 간접적이다. 우리는 운동의 모든 흐름으로부터 운동을 재촉하는 차이의 힘으로서 시간을 사유할 수 있다. 우리는 시간 자체를 보는 것이 아니라, 사물들 대신에 흐름들을, 단순한 사건들의 시퀀스 대신에 운동성의 단면들을 본다. 이와 대조적으로 현대영화에서는 운동-이미지보다는 시간-이미지가 지배적이다(들뢰즈는 '현대' modern라는 말로 전후戰後 영화를 가리키지만, 그것이 영화에서 특정한 발전에 의해 실현된 가능성으로서 역사적 이정표를 기술하는 것은 아니다).

표준적인 영화에서 시간은 운동으로부터 도출되고, 이것은 일상의 지각작용에서도 마찬가지다. 우리가 질서 지어지고 연장된 대상들의 세계를 경험하기 위해 지각작용과 강도의 거대한 유입을 감속할 필요가 있는 것처럼, 우리는 시간을 하나의 행위나 대상을 다른 행위나 대상에 연결하거나 담는 어떤 동질적인 형태로 보는 경향이 있다. 우리가 시간의 흐름이나 생성을 경험하는 것은 아니다. 우리는 시간을 우리의 행위들과 경험들이 그 안에 위치 지어지고 질서 지어지는 선 또는 통일체로 본다. 시간은 보통 질서 지어지고 감속된 지각작용의 현실적이고 연장된 대상들로부터 도출된다. 이때 시간 전체는 연장된 부분들로부터 도출된 하나의 통일체로 이해된다. 즉 그것이 접속의 결과이다. 결국 표준적인 영화에서 우리에게 주어지는 행위들과 사건들은 그들이 그 안에 위치 지어지는 통일체 혹은 장場을 제공하는 시간이나 역사를 수반한다. 예컨대 「바람과 함께 사라지다」의 모든 서사적 계기契機들을 통합하는 것은 내전이다. 우리는 「에이리언」의 모든 사건들이 플롯과 행위의 한 통일체로 응집되도록 해주는 것이 바로 '미래'임을 안다.

순간의 흐름을 감속시켜 우리가 그 위에서 행동할 수 있는 사물들의 세계를 마련하는 것은 인간적인 질서 지음, 추상화, 혹은 지각작용의 수축과 관조이다. 그러나 더 큰 감속은 인간의 지각작용이 행위를 한꺼번에 추월하거나 중단시키도록 해, 행위를 위한 현실적 대상이 아닌 강도들이나 지각들의 지각작용을 획득하도록 해줄 것이다. 미생물이 단지 그것의 지각작용으로서 존재하면서 직접적으로 반응하는데 반해, 인간 행위자는 어떻게 행동할 것인지 결정하기 위해 지연을 허용하지만, '더 느린' 지각작용은 시각적인 (혹은 지각적인) 것이 즉자-대자적으로 흐르도록 할 것이다. 이미지들은 더 이상 행위에서 도출된 시간에 종속되지 않을 것이고, 우리는 시간 자체의 이미지, 잠재적인 것을 얻게 될 것이다. 현실적 세계는 잠재적인 것의 수축인 바, 현실적이고 연장된 것들은 오직 차이들을 상대적으로 안정적인 결집된 점들로 환원함으로써만 있을 수 있기 때문이다. 인간의 시각적 지각작용에도 이것은 마찬가지이지만, 지각작용의 확장은 시각을 보이지 않는 혹은 잠재적인 차이 —— 시간의 순수한 흐름 또는 차이화하는 차이 —— 를 향해 열어준다.

> 운동과 생성/되기, 달리 말해서 빠름과 느림의 순수한 관계, 순수한 감정은 지각작용의 문턱 아래와 위에 있다. 의심의 여지없이 지각작용의 문턱들은 상대적이다. 즉 언제나 그곳엔 다른 것으로 벗어날 수 있는 것을 파악할 수 있는 문턱이 있다. 독수리의 눈 …… 그러나 적실한 문턱은 오직 제 차례에서 지각 가능한 형태, 지각되고 식별된 주체의 기능으로서만 작동한다. 그러므로 운동 자체는 계속해서 다른 곳에서 일어난다. 요컨대 만일 우리가 지각작용을 계열화한다면, 운동은 언제나 팽창하고 수축하는 간극(미시 간극) 내에서, 문턱의 최대치의 위와 최소치의 아래에서 발생한다. …… 우리가 실행해야 하는 것은 사진이나 영화의 문턱에 도달하는 것이다 …… (TP, 281).

시간과 잠재적인 것

모든 지각작용은 시간 혹은 지속 —— 차이화하는 차이 —— 으로부터 가능해진다. 들뢰즈가 잠재적이라고 하는 것은 이런 차이 자체이며, 어떠한 세계나 사물들도 모두 차이의 흐름의 현실화 또는 구체화인 것이다. 세계들과 사물들은 이런 차이의 상이한 지각작용들의 교차와 접속으로부터 구성된다. 태양을 지각하는 식물은 두 속도들의 상호작용, 태양에서 방사되는 모든 광선이 식물의 차이와 반응에 접속하는 것이다. 인간은 빛이 연장된 대상으로 식별되도록 함으로써, 태양을 다른 속도로 지각한다. 열과 빛의 흐름을 이론화하는 과학자는 더 이상 단순히 온기와 빛에 반응하는 것이 아니라, 열과 빛을 생산하는 그 흐름들 혹은 차이들을 지각함으로써 다른 속도에서 움직이는 것이다.

그러나 우리에게 지각작용과 잠재적 차이의 본질을 제공해주는 것은 예술이다. 이것을 가능케 하는 방법들 중 한 가지가 시간의 현시를 통하는 것이다. 이때 시간은 단순히 한 행위와 다른 행위 사이의 연결이 아니라(현실화된 시간), 우리에게 현실적인 것 전체를 지각하도록 해주는 차이화하는 시간이다. 문학에서 에피파니〔현현〕epiphany*를 통해 일어나는 것이 바로 이런 것으로, 그것은 바라보는 주체들의 지각작용에서 누구에 의해서 목도되는 것도 아닌 잠재적 지각작용으로

---

* 'epiphany'는 본래 그리스어로 현현顯現이나 계시를 의미하며 기독교의 주현절主顯節, 즉 세 명의 동방박사가 아기 예수에게 나타난 날을 기념하는 축일이기도 하다. 하지만 이 말이 제임스 조이스에 의해 전유되어 그의 소설에서 전혀 예기치 않은 사건에 의한 새로운 국면 및 정신적 계시를 나타내는 말로 쓰인다. 요컨대 일상을 전복하면서 갑자기 솟아오르는 신비적이고 결정적인 직관적 경험을 말한다.

움직인다.

들뢰즈는 마르셀 프루스트와 제임스 조이스, 그리고 그들의 에피파니(혹은 계시)의 사용도 언급하지만, 그가 빈번히 인용하는 또 한 사람의 저자는 버지니아 울프이다. 그녀의 단편 「행복」은 문학에서 에피파니의 고전적인 본보기다(대부분의 경우 들뢰즈가 상찬하는 저자들은 포스트모더니스트들보다는 모더니스트들 혹은 20세기 초 작가들이다. 이것은 아마도 모더니스트 작가들이 들뢰즈와 마찬가지로, 인물들과 사물들이 수축되는 전前-인칭적이고 본질적인 생명의 차이들을 포착하는 데 고심했기 때문일 것이다. 들뢰즈는 포스트모던의 메타-픽션 혹은 이야기에 관한 이야기에는 그다지 공감하지 않았을 텐데, 그것은 바로 그가 예술의 과업이 단순히 수용된 형식들을 반복하고 패러디하는 것이 아니라, 생명의 깊이 자체로부터 형식을 일신하는 것이라 보았기 때문이다. 그는 사회구조와 수용된 관념들이 아닌, 본질과 독특성의 철학자였다). 울프의 이야기는 인물의 일상적인 대화와 사건들이 가장 사소한 경험들에 의해 분열되는 것으로 시작된다. 인물은 그의 사적인 관심사로부터 경험의 독특성으로 옮겨간다. "어느 누구에 대한, 그리고 모든 것에 대한 일체의 의존으로부터 …… 해방된 채"(Woolf, 1989, 180).

들뢰즈는 생성/되기이 두 항들 사이의 관계가 아니라고 본다. 동물-되기는 한 동물로 비인격화하는 한 인간이 아니며, 여성-되기는 여성이란 어떤 것이라든지 어떠해야 한다는 미리-주어진 이미지로의 변형이 아니다. 되기는 직접적인 접속으로, 이 때 관조하는 자아는 그것이 지각하는 독특성에 다름 아니다(그러므로 동물-되기란 동물을 지각함에 있어 마치 '그 동물의' 세계를 지각하듯 하는 것이다. 여성-되기는 남성과 고착성이 아닌 다른 것을 창조하기 또는 그런 것이 되기이다). 이런 이유에서 들뢰즈·가타리는 문학이 본질적으로 생성/되기에, 그리고 여성-되기에 결부된다고 본다. 모든 지각작용에 우선하고 동일하게 머무르는 근원적인 주체라는 개념(어떤 진정한 생성/되기도 있을 수 없는 '남성' 혹은 '인간')은 울프의 작품과 같은 문학에서 해제된다. 거기서 자아는 그 지각작용의 유동성에 다름 아니다. 다음에 인용된 「행복」의 에피파니에서 주인공인 스튜어트 엘튼은 더는 인칭적 자아가 아니라, 그가 주시하는 감각적인 강도들 자체가 된다.

> 스튜어트 엘튼이 허리를 구부리고 바지에 붙은 흰 실오라기를 떨어낼 때, 그 사소한 행동과 그로 인한 실오라기의 미끄러짐은 감정의 눈사태를 수반했다. 그것은 마치 꽃잎이 장미에서 떨어지는 것 같았다. 그리고 몸을 일으켜 서튼 부인과 대화를 이어가면서 스튜어트 엘튼은 자신이 무수히 많은 꽃잎들이 빼곡하게 겹쳐진 덩어리와 같다고, 완전히 붉게 물들고, 속속들이 흥분하여 이 불가해한 달아오름으로 물들어버린 것 같다고 느꼈다. 젊었을 때는 그런 느낌을 가진 적이 없었다——아니, 이제 마흔 다섯의 나이가 된 그는 단지 몸을 숙여 바지에서 실오라기를 떨어낸 것뿐이다. 그리고 그 실오라기는 그로부터 서둘러 떨어져내렸다. 이 아름답게 질서 잡힌 생명감, 이 미끄러짐, 이 감정의 눈사태는 그가 다시 몸을 일으켜 세웠을 때 하나가 되었다—— 하지만 그녀는 뭐라고 말하고 있는 거지?(Woolf, 1989, 178)

들뢰즈가 프루스트에서 끌어온 문학적 에피파니들이 그렇듯이,

울프의 이야기에서 인물은 현재에서 한 순간을 취해 그것으로 과거의 경험을 지시한다. 또한 현재의 감각작용은 과거로부터 끌어낸 감각작용에 비교된다(여기서 스튜어트 엘턴은 그가 지금 보는 감각작용이 과거에는 그와 같은 강도로 경험되지 않았음을 깨닫는다. 다시 말해 현재는 완전히 체험되지 않았던 과거를 일신한다). 그러나 과거와 현재 사이의 이 공명은 감각작용의 본질 자체에 대한 잠재적 지각작용을 가능하게 한다. 즉 이러한 감각작용은 여하한 인칭적 과거나 현재를 넘어 조망된다. 우리는 차이와 반복의 영역 안에 있다. 말하자면 이는 각각의 상이한 현실화 안에서 반복되는 이 사건의 차이, 앞으로 피어날 모든 장미 꽃잎과 붉은 빛깔이다. 문학적 에피파니는 한 사건의 경험을 구체적인 관점에서 취해, 그 특수한 경험이 어떻게 아무에게도 목도되지 않은 것처럼, 보이는 것을 드러낼 수 있는지 보여준다. 또한 그것〔문학적 에피파니〕은 잠재적 혹은 본질적 차원의 경험으로서, 그가 누구든 여하한 주체에 의해 현실화하게 될 것이다. 우리는 삶-서사와 목적의 관점에 의거한 대상과 사물의 세계로부터 각각의 생명과 서사에서 현실화되는 감각적이고 독특한 본질들로 옮겨간다.

들뢰즈는 이런 지각작용의 연장이 윤리학과 기쁨joy에 일치하는 것이며, 더는 세계를 유한한 자아를 위한 선악의 관점에서 판단하지 않는다고 본다. "우리가 반복하는 것은 매번 특수한 고통이지만, 반복 자체는 언제나 기쁜 것이고, 반복의 현상은 일반적인 기쁨을 형성한다. 혹은 차라리 현상들은 언제나 불행하고 특수하지만 그로부터 추출된 관념은 일반적이고 기쁜 것이다"(PS, 73~74). 연장된 지각작용과 더불어 우리는 모든 항들이 출현하는 무구한 힘들을 깨달으며, 이

전前-인칭적 기쁨의 차원 —— 혹은 울프의 표현으로는 '행복' —— 으로부터 현동적인 윤리학과 분석을 열 수 있다. 우리를 사제적인 방식으로 삶 위로 고양하는 것은 인칭적 행복이 아니다. 생명의 생성 자체에 일치하는 자유를 생산하는 것은 비인칭적 행복이다.

행복에는 언제나 이 엄청난 환희가 있다. 그것은 좋은 기분도, 환희도, 찬미도, 명성 혹은 건강도 아니다(그는 2마일도 채 걷지 않아서 기진맥진해졌다). 그것은 신비로운 상태, 무아지경, 황홀함이다. 그는 무신론자에다가 회의론자이고 세례조차 받지 않았지만, 그 감정은 남자를 사제로 만들고 여자를 풀 먹인 시클라멘 모양 프릴 장식으로 목을 두른 채 입을 꼭 다물고 차가운 눈매로 거리를 활보하는 생의 절정으로 보내는 황홀감과 어느 정도 유사했다. 그러나 차이가 있다면 이런 것이다. 그들은 그 황홀감에 갇혔지만 그는 그로 인해 자유로워졌다. 그 황홀감은 그가 어느 누구에게도 어떤 것에도 의존하지 않고 자유롭게 해주었다(Woolf, 1989, 180).

생명을 판단하고 담는, 혹은 생명의 힘들을 그들의 활동에서 쫓아내는 —— 이를테면 자신의 인간 본성에 복종해야 하는 선한 도덕적 자아의 이미지와 같은 —— 제한된 항들이 있다면, 그 연장된 항들에 우선하는 잠재적 차이들의 재활성화만이 사유함과 지각작용을 재개할 수 있을 것이다. 들뢰즈의 직관이란 수단은 지각되고 조직화된 전체를 구성하는 지각 불가능한 차이들을 식별하는 것을 목적으로 한다.

영화의 잠재적 차이

우리는 시간의 흐름을 주제화해 직접 작동하는 영화들을 사유함으로써, 이런 논의를 잠재적인 것과 시간-이미지의 개념에 좀더 근접시킬 수 있다. 영화가 생겨난 이래 시간-여행의 서사들이 있어왔지만, 대개 여행자가 균일화된 시간의 선을 따라 움직이는 것이었다. 예컨대 웰즈의 소설을 영화화한 1960년작「타임머신」에서 로드 테일러가 연기한 주인공은 마치 시간의 사건들이 여러 개의 현실화되고 이미-주어진 대상들인 것처럼, 그리고 시간이 그 위로 사건들이 연결된 사슬인 것처럼 역사를 통과해 앞뒤로 이동한다. 이런 시각의 복잡한 버전은 좀더 최근의 시리즈 영화인「백 투 더 퓨처」에서 여전히 나타난다. 마이클 J. 폭스가 연기한 주인공은 과거로 여행을 떠나 나중에 그의 부모가 되는 두 사람 사이에 싹트고 있는 로맨스를 거의 망가뜨릴 뻔한다. 그가 과거의 사건에 더욱 개입하면 할수록 그가 지닌 가족 사진 속 자신의 모습은 점차 사라지기 시작한다. 되풀이하자면 두 영화 모두 마치 시간이 단일한 면이고, 과거와 미래는 선형적이고 인과율적인 시퀀스 안에 있는 것처럼 다루고 있다. 시간은 현실적 사건들의 계열들에 다름아닌 것으로, 미래는 과거의 가능성들을 상연하는 것으로 나타난다. 미래는 과거의 현실적 사건들을 변경시킴으로써만 변화될 수 있다.

들뢰즈의 시간-이미지 개념은 매우 엄격한 것으로, 그는 이것을 영화에 관한 두번째 책의 주제로 삼았다. 시간-이미지는 시간의 잠재적 힘 혹은 흐름을 사유하기 위해 시간적 사건들의 현실화된 순서에 도전한다. 일례로 우리는 알랭 레네의 영화「히로시마 내 사랑」을 생각해볼 수 있다. 이 영화의 내용은 전후 일본에서 히로시마 폭격에 관한 영화를 찍는 가운데 일본인 남자와 사랑에 빠진 프랑스 여배우에 관한 것이다. 이 영화 전반은 역사의 목격과 구성이라는 주제들에 의지하고 있다. 프랑스 여배우는 자신이 박물관과 기념물과 기록들을 접함으로써 히로시마의 외상을 보았고 체험했다고 주장한다. 그러나 일본인 남자는 그녀가 그런 사건을 보았을 리 없다고 단언한다. 우리가 과거의 외상을 기억하기 위해 구성하는 기념비들과 기념물들은 필히 과거의 폭력적인 난입, 차이, 사건을 빠뜨릴 수밖에 없다는 것이다. 영화의 가장 중요한 계기契機가 발생하는 것은 여배우가 일본인 남자의 손이 미묘하게 움직이는 것을 볼 때, 그리고 영화가 '비합리적으로'(순서나 시퀀스 없이) 편집되어 역시 미묘하게 움직이고 있는 다른 손으로 되돌아갈 때이다. 이것은 여배우가 기억하는, 그녀에게 외상을 남긴 채 죽음을 맞은 전 애인의 손임이 드러난다. 이런 과거-이미지의 개입은 회상된 플래시백 형식을 취하는 것이 아니며, 어떤 서사적 시퀀스를 갖지 않는다. 과거-이미지가 개입될 때 그것은 현재의 시점을 무너뜨린다. 보여진 손은 또 다른 세계, 또 다른 시간을 상기시키는 것처럼 보인다. 또한 현실적 손은 현전하지 않는, 지금 여기에서 지각되는 것이 아닌 것과 교차한다. 이제 이런 점은 뒤에서 시간-이미지로 자리매김한다. 즉 우리는 순서 지어진 시퀀스에 연결된 행위들을 볼 때, 시간은 길들여지고 순서 지어지고 공간화된다 ─ 그러나 「히로시마 내사랑」에서와 같이 과거의 이미지는 이미지들의 현재 시퀀스를 무너뜨리고, 우리는 시간을 순서 지어진 시퀀스로서가 아니라 잠재적 전체로서 보게 된다. 과거, 다른 서사들, 다른 시점들, 다른 시간의 선들은 모두 공-존하지만 우리 일상의 지각작용에 의해 순서 지어진다. 시간-이미지 안에서 영화는 과거의 지각작용이 현재로 개입해 들어오는 것을 허용하면서, 시간의 포텐셜 자체, 즉 차이에 의해 존재하는 것(현실적인 것)의 붕괴로서의 시간을 보여준다.

들뢰즈는 시간-이미지가 우리에게 지각작용과 차이 일반에 관해 무엇인가를 알려주는 영화의 포텐셜이라고 본다. 우리는 시간을 사건들과 대상들의 단일한 선상에 정렬하지만, 그와 같은 순서화는 이미지들의 흐름과 차이에 의해서만 가능하다. 우리는 그런 이미지들의 흐름과 차이 안에서 숨쉬고 움직이며, 이런 차이야말로 우리가 '존재하'는 것이다. 시간-이미지는 이런 차이의 유동 자체, 즉 더는 공간적이거나 질서 지어진 시간의 이미지가 아니라, 이미지화하는 힘으로서의 시간을 나타낸다.

생성은 사실 경험적 시퀀스를 하나의 계열로 변형하는 것으로, 즉 계열들의 격발로 정의될 수 있다. 하나의 계열은 이미지들의 시퀀스로서, 그 자체로 최초의 이미지를 향하고 고취하는 하나의 한계의 방향(이전)을 지향하고, 또 다른 한계(이후)를 지향하는 계열들로서 조직화된 또 다른 시퀀스에 길을 양보하는 경향을 지닌다. 이전과 이후는 그럴 때 더 이상 시간 경로의 계기繼起적 규정들이 아니라, 힘의 두 측면 혹은 더 높은 힘을 향한 힘의 경로이다. 직접적인 시간-이미지는 공존들 혹은 동시성들의 순서에 따라 등장하지 않고 포텐셜화로서의, 힘들의 계열로서의 생성 속에 출현한다. …… 진실 또는 거짓을 넘어서 거짓의 힘으로서의 생성(TI, 275).

현대영화에 대한 들뢰즈의 정의가 가지는 중요성은, 모든 것이 비실재적이고 우리는 실재성이 무엇인지 더 이상 확신할 수 없다는 표준적인 포스트모던적 노선에 있지 않다. 들뢰즈는 시간-이미지의 영화가 실재에 대한 초험적 분석이라고 본다. 다시 말해 그것이 현실적 세계들을 가능하게 하는 모든 잠재면들과 차이들을 탐사한다고 본다. 잠재적인 것이 시간과 감정의 단일한 선으로 환원되고 지각작용 역시 마찬가지로 수축된다면, 연장된 행위와 서사적 논리의 실재적(현실적) 세계만이 존재할 것이다. 그런 시간, 논리, 행위의 선을 파괴함으로써 시간-이미지는 감각-운동 장치를 붕괴한다. 이미지는 더 이상 신체들(영화 속 인물이나 관객)이 습관처럼 반응하는 사건들을 나타내지 않는다. 이미지는 행위에서 풀려난 이미지들로서, 인물과 관객이 모두 조직화해야 하는 시각적 감정들로서 드러난다.

들뢰즈는 의미 있는 인간 생명이 무의미한 전前인간적 접속들과 종합들로부터 어떻게 출현하는지를 설명하고 싶어할 뿐 아니라, 예술과 영화에서 지각작용의 형식들이 우리로 하여금 인간의 출현을 재-고하도록 해주는 방법들을 대면하고자 한다. 언어는 기술技術적이고 사회적인 기계로 출발할 수 있겠지만, 그것은 또한 우리로 하여금 모든 기계들과 접속들의 절대적 탈영토화를 사유하도록 해주는 개념들을 창조할 수 있는 지점까지 탈영토화할 수 있다(이것이 철학의 과업이다). 지각작용은 분자적 수준에서 생명의 자극-반응 분절로서 시작될 수 있지만, 또한 우리가 감성 자체로 지각할 수 있는 문턱을 가로질러 탈영토화할 수도 있다(이것이 예술이고 영화이다).

결론_ 잠재적 자유

계열과 시퀀스

들뢰즈의 내재성의 기획은 지각작용을 재정의하고 재긍정할 것을 요청한다. 초월성의 가상——어떤 외부적인 지점이 있어서 그로부터 생명이 판단될 수 있으리라는——은 관점의 문제에 결부되어 있다. 들뢰즈는 그의 저작 전반을 통해 서양 철학이 특정한 '광학' optics을 특권화해온 방식들을 언급한다. 서양의 사유는 바라보는 자와 그 대상 사이의 엄격한 구별을 전제하는 가운데 세계를 바라보는 주체에서 출발한다. 하나의 세계가 있어서 다수의 관점들이 그것을 지각하며, 세계에 대한 이런 그림들 혹은 재현들은 그것의 정확성 또는 충실성에 따라 평가될 수 있다. 이때 우리는 서양의 사유가 사유의 고유한 질서 혹은 시퀀스를 생산한다고 말할 수 있을 것이다. 세계는 현실적이고 기원적이며, 이를 따르는 재현들과 사본들은 잠재적이고 부차적이다. 들뢰즈는 이를 '재현의 교의'라 부르면서, 그에 대한 두 가지 중요한 응답을 제시한다. 첫째로 우리는 시퀀스보다는 계열series을 생각할 필요가 있다. 둘째로 우리는 잠재적인 것의 현동성을 긍정할 필요가 있다.

우선 계열과 시퀀스를 살펴보자. 세계와 재현 혹은 원본과 사본이라는 전통적인 시퀀스는, 이미지들에 고유한 혹은 도덕적인 관계를 부여한다. 사본은 열등한 것으로 판단되는 반면, 원본은 이후의 모든 반복들에 대한 척도로 수립된다. 이런 재현의 교의는 초월성, 즉 다른 지점의 정초 혹은 시작의 역할을 할 수 있는 하나의 지점에 결부되어 있다. 하나의 세계가 있고 난 후에 비로소 그에 대한 재현이 있는 것이다. 재현은 또한 다의성(실재와 그것의 재현이라는 두 가지 유형의 존재)에 대한 위임이다. 그리고 그것은 내재성에 대한 거부인 바, 우리가 오직 하나의 존재의 일의면만이 존재한다는 내재성의 명제를 받아들인다면, 어떻게 이미 현전하는 어떤 세계를 그것의 부차적이고 종속된 재현에서 변별화할 수 있겠는가?

스피노자에 관한 책에서 들뢰즈는 세계에 대한 윤리적 관점이 이런 도덕주의를 대체해야 한다고 주장한다(ES). 선과 악에 대한 도덕적 구별은 제한된 관점을 특권화하는 데 의존한다. 또한 한 사물을 악으로 볼 수 있는 것은 하나의 감정을 해롭고 치명적인 것으로 판단하는 제한된 존재의 관점에서만 가능하다(비소가 악 혹은 독이라고 할 수 있는 것은 그것에 해를 입는 신체에 대해서뿐이지, 우주의 전체적 관점에서 비소의 힘이 악한 것은 아니다). 마찬가지로 원본과 사본의 구별은 다른 것의 선하고 고유한 기원으로서 특권화되는 하나의 이미지에 의존한다. 우리가 (들뢰즈의 제안대로) 하나의 존재면을 받아들인다면, 현실적인 것이 잠재적인 것과의 관계에서 정초하는 혹은 기원이 되는 위치를 부여받을 수 없다. 왜냐하면 이는 존재의 두 가지 질서를 구별하게 될 것이기 때문이다. 오히려 현실성과 잠재성은 공존한다. 우리가 잠재적인 것을 부차적인 것으로, 혹은 어떤 이미 주어진 자기-현시적이고 비변별화된 현실적 존재에 의해 야기되는 것으로 볼 수 있게 해주는 고유한 시퀀스는 없다. 오히려 우리는 ─ 특권화된 질서, 기원 혹은 목적을 수반하지 않는 ─ 계열들의 흐름을 생각할 필요가 있다. 이 계열들은 상호접속하고 상호변형시키며 미래를 향해 분기하는 새로운 가능성들 혹은 탈주선을 부단히 창조한다. 서양의 사유는 시퀀스의 고유한 질서, 즉 어떤 기원으로부터 어떤 목적을 향해 분기하는 시간의 선을 특권화해왔다. 대조적으로 들뢰즈는 모든 양식의 바탕 없는 계열들, 즉 예술, 유전학, 지각작용, 이미지들, '세계'들의 증식하는 차이들을 증명한다. 재현주의representationalism가 사물 자체에 어떤 본연의 우선권이 주어져야 하고 사본이나 이미지는 하나의 효과라고 주장하는 반면, 계열의 관념은 어떠한 수의 가능한 관계들이라도 옹호한다. 그러므로 이런 계열의 관념은 '이미지'와 '시뮬라크르'[허상]에 결부된다. 하나의 사본은 언제나 어떤 사물이나 원본의 사본이겠지만, 들뢰즈는 이미지나 시뮬라크르가 외양 그 자체라고 주장한다. 생명은 다만 외양, 즉 이미지 혹은 시뮬레이션의 면面이다. 이미지 뒤에 있는 것으로 가정된 '실재 사물'은 우리가 이미지들의 흐름 위에 강제한 하나의 허구이다. 우리에게 주어진 것은 외양 또는 이미지화 그 자체, 요컨대 바탕 없는 시뮬라크르의 세계인 것이다.

이미지와 시뮬라크르

프랑스 철학자 앙리 베르그손을 따라, 들뢰즈는 '이미지'라는 단어를 현실적 세계의 사본 혹은 부차적인 이중화doubling를 기술하는 데 사용하지 않고, 이미지를 현실적-잠재적인 것으로 본다. "이미지들이 있고, 사물들은 그 자체가 이미지들이다. 왜냐하면 이미지들이 우리의 뇌 속에 있지 않기 때문이다. 뇌는 다만 다른 것들과 마찬가지로 하나의 이미지일 뿐이다. 이미지들은 생산하고 소비하는 가운데 부단히 서로 작용하고 반작용한다. 이미지들, 사물들, 운동 사이에는 아무런 차이도 없다"(N, 45). 인간의 뇌가 하나의 대상을 지각하는 방식을 생각해보자. 우선 경험은 사물 자체에 도달한다. 즉 우리는 그림들 혹은 재현들을 체험하는 것이 아니다. 이를테면 우리는 의자를 보는 것이지, 의자의 그림이나 정신적 재현을 보는 것이 아니다. 우리는 지각작용을 한 후에 지각작용의 배후에 어떤 사물이 있을 것이라고 결론 짓거나 추론하지 않는다. 지각작용은 사물 자체에 도달한다. 이것은 분자적 혹은 탈인간적 지각작용들에서 특히 명료하다. 예컨대 태양을 '지각하는' 식물은 태양의 재현을 취하지 않는다. 지각작용은 세계의 상이한 존재들의 직접적인 관계이지만, 존재 혹은 사물 자체는 하나의 이미지다. 내가 보는 의자는 어떤 시간적 계열들이 지속을 구성하는 빛과 관점에서 모든 동요들을 무시한 채, 시간을 통해 동일한 것으로 남아 있는 한 사물로 수축된 것이다.

실재 세계가 있고 우리는 재현들을 통해 그것을 지각한다고 하는 것은 말이 안 된다. 세계 자체[즉자적 세계]가 먼저 있고, 우리가 시간을 통해 비로소 그것을 파악하고 종합하는 것이 아니다. 세계는 결코 그 자체에 동일화되지 않는 시간적 흐름 혹은 지속이다. 그러나 거기에 이미지화하는 점들이 있어서 하나의 흐름이 다른 흐름과 교차하는 것이다. 인간 존재는 하나의 대상을 지각한다. 즉 인간 생명의 흐름은 우리가 우리 자신을 주체로 이미지화하도록 감속되고, 지각하는 사물들의 흐름이 감속됨으로써 연장된 물질을 사유할 수 있다. 이미지에 대한 들뢰즈의 생각은 실재 세계를 인간 관찰자의 표상들에 의해 이중화되는 것으로 보는 표준적인 개념을 변화시킨다. 한 인간 존재가 (혹은 어떤 지각자가) 하나의 대상을 경험할 때, 거기에는 이미지화 혹은 지각작용이라는 사건이 있다. 존재의 일의면 위의 한 흐름은 다른 흐름에 감응한다. 이런 지각작용이라는 사건에 대해 생각할 때 우리는 두 점, 즉 지각하는 뇌와 지각되는 사물을 상상하는 경향이 있다. 그러나 이 두 점 — 바라보는 쪽과 보여지는 쪽 — 은 모두 지각작용이라는 사건에서 추상된 이미지들이다. 들뢰즈에 관한 주요한 주석가들 중 한 사람은 이것이 생명을 질서 지어지고 현실화된 모든 시퀀스에서 그 생성의 힘으로 해방시키는 영화적 시간-이미지라고 본다. "시간-이미지의 공속면共續面, plane of consistency은 계열성이라는 말로 가장 잘 특징 지을 수 있다. 요컨대 비합리적 간격이 간격과 전체의 통약 불가능성을 확인해주는 것이다. 간격이 분열적인 힘인 까닭에 계기繼起는 계열들에 길을 내준다. 즉 그것은 이미지들을 오직 단절된 공간들로서만 함께 '조율한다'"(Rodowick, 1997, 178).

베르그손에 대한 책에서 들뢰즈는 우리가 다만 이미지 혹은 감정만이 존재하는 '순수지각'에 대한 가정에서 출발할 필요가 있다고 주장한다(B). 지각하는 뇌나 감응하는 주체는 없다. 생명은 다만 이 순수지각, 이러저러한 생성의 사건의 감응일 뿐이다. 그러나 지연이나 반성 없는 이런 순수지각의 관념, 즉자-대자적 생명의 순수 흐름은 이야기의 절반에만 해당한다(그것은 절대적인 탈영토화의 개념과 비슷해서, 사실상 실존하는 것이 아니고 다만 사유될 수 있을 뿐이다. 즉 그것은 잠재적 전체이다). 지연이나 중단 없는 이미지들의 흐름 이외에 아무것도 없다면, 생명은 순수하게 현실적인 것이 될 것이다. 다시 말해 다만 능동적이고 생산적이며 분할되지 않은, 자극과 반응의 연속체만이 존재할 것이다. 우리는 여전히 이런 단일면을 이미지들 중 하나로 언급할 수 있다. 그러나 이런 이미지들은 기록되지 않을 것이다. 하나의 분자가 다른 분자에 반응할 수 있기 때문에, 우리는 이미지화가 있어왔다고 말할 수 있다. 그러나 분자가 예기치 못한, 혹은 이미 주어지지 않은 방식으로 다른 분자를 지각할 수 있는 지연이나 망설임은 없을 것이다. 국지화된 지각작용이 일어나려면 잠재적인 것에 의한 지각작용의 순수한 흐름의 지연과 개입이 있어야 한다(이것은 분자적인 수준에서, 즉 코드의 모든 측면들이 하나의 접속에서 다른 접속으로 옮겨가지는 않기 때문에 모든 흐름이 현실화되지는 않는 수준에서 일어날 수 있다). 그러나 인간의 지각작용에서 이런 잠재적 혹은 잉여적 차원은 근본적인 층화 혹은 본성상의 차이를 창조한다. 지각작용은 우리가 더는 생물학적 유기체의 수준에 대해 반응하지 않고, 의미, 기억, 예술, 개념성의 잠재적 영역들을 생산하는 지점에서 감속될 수 있다.

뇌와 자유

인간의 뇌 생명의 특유한 힘을 구성하는 것은 잠재적인 것의 확장, 현실적인 것에서 잠재적인 것의 출현을 인식하는 (예술과 철학에 있어서의) 그것〔잠재적인 것〕의 능력이다. 뇌는 혼돈 내에서 주체의 창조를 가능케 하는 가운데 생명의 흐름 속에서 지연과 '휴지'休止를 허용한다. 뇌는 이미지들을 저장하는 사물이 아니라, 격차 혹은 '관망' survey 의 지점이다.

> 철학, 예술, 과학의 정신적 대상들(즉 생기적 관념들)이 어떤 자리를 가진다면, 그곳은 그것들의 추구가 창조하는 일이 될 하나의 자리가, 객관화할 수 없는 뇌의 휴지, 간격, 사이 시간이, 시냅시스적 균열들의 가장 깊숙한 곳이 될 것이다. …… 사유는 그것이 과학에서 능동적으로 가정하는 형태에서조차, 유기체적 접속들과 적분積分들로 구성되는 뇌에 의존하지 않는다. …… 철학, 예술, 과학은 객관화된 뇌의 정신적 대상들이 아니라, 뇌가 주체, 즉 **사유**-뇌가 되는 세 가지 국면들이다. 더 이상 접속들과 2차적 적분들에 의해 규정할 수 없는 이 뇌의 특성은 무엇인가? 그것은 뇌의 배후에 있는 뇌가 아니라, 무엇보다도 바탕의 수준에 있는 간격 없는 관망의 상태, 즉 벗어날 틈새나 주름이나 휴지가 없는 자기-관망이다. (WP, 209~210).

실재적으로 그곳에 있는, 혹은 현실적으로 존재하는 한 사물의 지각작용은 잠재적인 것의 현전에 의해 공共결정된다. 즉 기억과 의미

(혹은 뜻)는 이미지화하는 내재면이 현실적인 것으로 사유되거나 지각되도록 해주는 잠재적 영역들이다. 만일 내가 한 마리 고양이를 지각한다면, 이때 나는 기억의 잠재적 현전에 의존한다. 다시 말해 나는 단순히 털로 뒤덮여 있다든지 잿빛이라든지 그 밖에 내가 대면하는 다른 모든 이미지들의 유입되는 자료를 수용하고, 그에 대해 행동하는 것이 아니다. 나는 (다른 고양이들에 대한) 이전의 지각작용들이 이 현재의 지각작용에 들어가게 함으로써, 이 이미지를 내가 다른 이미지들에서 지각한 것의 실례로 재인할 수 있다. 기억은 순수지각의 흐름을 멈추게 하고, 나에게 단지 혼돈스러운 자료들의 유입뿐 아니라, 질서 지어진 대상들의 세계도 제공한다. 의미는 또한 지각작용의 연속적인 흐름을 질서 지어진 대상들로 절단한다.

들뢰즈는 의미와 기억이 우리가 수용하는 현실적 세계를 이중화하거나 복제하는 것이 아니라 잠재적 영역들이라는 점을 강조한다. 그것들은 자율적이고 공共-현전적이다. 지각작용은 결코 순수하지 않으며, 동시에 현실적인 것과 잠재적인 것으로 나뉜다. 우리는 기억이든 의미든, 뇌나 정신의 현실적 내용으로 설명할 수 없다. 우리의 모든 기억들이 이미 그리고 언제나 현실적으로 우리의 정신 속에 있다면, 우리가 어떻게 행동할 수 있겠는가? 언어의 모든 뜻이나 의미가 현실적으로 우리 앞에, 우리가 입 밖에 낸 바로 그 소리들 '안에' 있다면, 우리는 어떻게 말을 할 수 있겠는가? 의미와 기억은 둘 다 현실적인 동시에 잠재적이다. 뇌는 스스로를 현실성과 잠재성의 면들을 따라 다양하게 위치시킨다. 요컨대 나는 현재 속에서 볼 수도, 또는 과거 속으로 돌아갈 수도 있다. 가령 내가 고양이 한 마리를 볼 때, 나의 뇌

속에 있는 기억들의 데이터베이스를 검색할 필요는 없다. 다시 말해 분명 내가 고양이에 대해 가졌던 모든 이전의 지각작용을 헤매고 다닌 후에 현재의 현실적 지각작용을 이런 모든 잠재적 사본들에 투사할 필요는 없는 것이다. 반대로 모든 지각작용은 현실적-잠재적이다. 내가 여기서 이 고양이를 볼 때, 기억도 줄곧 거기에 있기 때문에, 지각작용과 나란히 즉각적으로 개입하는 것이다. 기억은 잠재적으로 그곳에 잠복해 있다가 활성화되고 현실화될 뿐이다. 우리가 대화를 나눌 때 내가 '고양이'라는 말을 사용하면 당신은 내 말을 가져다 당신의 머릿속에 있는 어떤 그림에 결부할 필요는 없다. 우리는 직접적으로 의미의 잠재적 영역 안에 있으며, 그것(의미)은 기억과 마찬가지로 현실화되지 않았을 때조차 실존하고 실재한다.

그러므로 우리는 말하기와 지각하기를 이미 이미지들의 면인 존재면의 분기된 판본들로 볼 수 있다. 우리는 우선 하나의 실재하는 세계를 가진 후에야 비로소 말이나 정신적 지각작용을 통해 표상하거나 상상하는 것이 아니다. 우리는 존재의 실재면을 이미 이미지화하고 있는 것으로, 다른 분자에 의해 감응될 때 이미지화하거나 지각작용하는 분자를 수반하는 것으로 상상해야 한다. 인간들과 다른 유기체들에게 이미지화의 순수 흐름은 현실적인 것과 잠재적인 것으로 분열된다. 우리는 그것이 감속한다고 말할 수 있을 것이다. 우리는 단순히 지각하고 반응하는 것이 아니다. 즉 우리는 실재적인 것으로 가득하거나, 생명의 흐름과 하나이지 않다. 우리는 세계를 이러저러한 것으로 지각한다. 다시 말해 기억과 의미가 개입해 세계의 흐름을 물질로 조직화한다. 이때 잠재적인 것은 기억들이나 의미의 어떤 정적인 저장고가 아닌데, 왜냐하면 그것은 부단히 개방되는 중이고 각각의 새로운 지각작용들로 확장되고 있기 때문이다. 이는 시간과 지각작용의 흐름이 둘로 분열되어 있음을 뜻한다. 내가 이 고양이에 대해 가진 지각작용은 일단 지금 여기에 있으며(혹은 현실적인 것이며), 현재의 지각작용으로 정향되어 있다. 하지만 동시에 기억의 잠재적 영역 또한 각각의 새로운 지각작용과 더불어 확장된다.

들뢰즈가 잠재적인 것과 현실적인 것의 공共-현전을 긍정하는 데 본보기로 삼은 베르그손에 의하면, 이것은 시간, 자유의지, 실재성의 사태에 관해 많은 문제들을 해결해준다. 우리는 종종 어떤 실재 세계를 생각하고, 우리가 이미지들을 통해 그것을 파악한다고 여긴다. 그러나 이 지각하는 '우리'가 누구인지를 묻는다면, 우리에게는 뇌의 이미지 같은 또 다른 이미지가 주어질 것이다. 우리는 뇌와 세계라는 두 개의 이미지들에서가 아니라 이미지들 일반의 흐름에서 시작한 후에, 하나의 이미지(뇌)가 어떻게 모든 이미지들의 기원으로 나타나는지 설명할 필요가 있다. 이것은 잠재적인 것의 힘으로 인해 일어난다. 이미지들의 순수한 흐름만 있는 것이 아니다—그 흐름은 잠재적인 것의 개입으로 지연된다. 우리가 이미지들과의 관계에 질서를 부여하고, 판단하고, 위치 지을 수 있는 것은 기억과 의미를 통해서이다. 우리는 단순히 시간의 흐름에 사로잡힌 채 그 안에 있지 않다. 오히려 우리는 우리 자신과 자동적인 혹은 직접적인 반응 사이에 거리를 둘 수 있는데, 그것은 우리가 세계를 이러저러한 것으로 지각할 수 있기 때문이다. 인간의 결단 혹은 자유의 힘을 여는 것은 잠재적인 것이다. 우리는 우리가 아닌 어떤 존재와의 관계 속에서 우리가 누구인가 하는 이미지를 갖게 된다.

　우리는 자유를 우리 외부의 존재들과 맺는 관계 속에서 갖게 되는 어떤 것으로 여기는 경향이 있다. 그러나 들뢰즈는 베르그손을 따라서 자유가 인간 존재의 한 특성이 아니며, 우리가 자동적으로 그리고 직접적으로 반응하지 않을 때 발생하는 것이라고 본다. 그리고 바로 이것이 빠름과 느림의 문제이다. 자극과 반응의 사이에는 잠재적인 것(기억 또는 의미)의 개입으로 인한 지연이 있다——그리고 우리로 하여금 '우리'가 이 자유의 저자들[주체들]이라고 믿도록 이끄는 것은 바로 이 지연이다. 하지만 사실 좀더 엄밀하게 말하자면 잠재적인 것에 의해 감속되거나 붕괴되는 시간의 흐름 혹은 이미지화가 있는 것이다. 오직 이런 붕괴로부터만 우리는 비로소 인간 지각자와 지각된 세계, 인간 자유와 조직화된 물질을 구별하게 된다. 우리는 자유로운 인간 존재가 시종 존재했다고, 마치 어떤 현실적 점이 [먼저] 있어서 세계를 지각했다는 듯이 상상한다. 그러나 들뢰즈는 잠재적인 것이 탈인간적 힘이라는 점을 강조한다. '우리의' 자유는 기억, 의미 또는 잠재적인 것이 개입할 때, 혹은 현재의 시퀀스에 폭력을 행사할 때 우리에게 주어진다. 자유 혹은 사유함은 우리에게 일어나는 것이다. 즉 그것은 우리를 현재의 지각작용에서 철수시키는데, 이는 바로 잠재적인 것이 현동적이기 때문이다. 요컨대 잠재적인 것은 언제나 변형되고, 열려 있으며, 현실적인 것이 잠재적인 것의 산물이듯이 현실적인 것의 산물이다. 이때 자유는 세계 위에 자리한 혹은 세계와 마주한 인간의 힘이 아니다. 그것은 세계에 대한 독립적 판단이 아니다. 즉 자유는 세계의 생성 자체인 것이다.

가능적인 것과 잠재적인 것

우리는 예술에서 진화론에 이르기까지 수많은 방식으로 잠재적 차이를 사유할 수 있다. 예술은 단순히 세계의 사본이 아니라, 현실적인 것의 잠재적 중복이다. 문학을 공부하는 사람이라면 누구나 소설가들이 세계에 대한 그림들을 전달하기만 하는 것이 아님을 안다. 오히려 서사는 우리가 세계를 바라보는 방식을, 우리 자신과 우리의 행동양식을 바라보는 방식을 변형시킨다. 이미지 혹은 세계의 사본으로 가정된 것은 실재성을 생산할 수 있다. 그러나 이런 진술이, 일단 창조되면 이미지들의 잠재적 영역이 현실적 세계에 영향을 줄 수 있다는 이야기는 아니다. 들뢰즈와 베르그손은 둘 다 '창조적 진화'라는 관념을 가지고 더욱 밀고 나아간다. 진화의 제한된 관념은 현실적 세계가 몇 가지 가능성들의 결과이고, 그 가능성들의 수는 현실적 세계의 본성에 의해 제한된다고 주장할 것이다. 하나의 —— 인간 생명과 같은 —— 존재가 있고 그것이 X가지의 가능한 발생들을 가진다고 해보자. 이런 발생들은 이미 주어진 세계의 요구들에 따라 선별 또는 결정될 것이다. 이런 경우라면 미래는 여러 가지 주어진 가능성들로부터 발현될 것이고, 어떤 것이 일어나면 다른 것들은 일어나지 않을 것이다. 이때 가능한 것은 우리가 현실적인 것으로부터 소급해가는 것이다. 다시 말해 우리는 인간을 그들의 오늘날의 형태로 보고, 그들의 진화적 발생의 가능성과 개연성을 평가한다. 이와 같이 이해할 경우 과거와 미래는 모두 현실적 현재로부터 설명될 것이다. 과거가 일어날 수 있었을 모든 것이라면, 미래는 이미 선별된 일단의 정적인 가능성들로부터의 선별——일어날 수 있는 것——이 될 것이다. 그러나 우리가 현동적인 것과 잠재적인 것의 열린 성격을 사유하게 된다면, 그것은 현실적인 것에 기초한 것도, 이미 주어진 것도 아닐 것이다. 잠재적인 것은 현실적인 것만큼이나 수정 또는 변형에 열린 것일 테고, 그리하여 하나의 가능성이 현실성으로 이행할 때마다 가능적인 것의 전 영역이 재편될 것이다.

이를 이해하기 위해서 시각의 발생과 같은 특정의 가능한 발생이 일어나는 것을 상상해보자. 한 가지 설명은——현실적인 것에서 되돌아볼 때——시각이 현실적 욕구에 반응한다는 것이다. 우리는 과거를 현재에 도달할 것으로 본다. 예컨대 우리는 생명에 있어서 과거의 돌연변이가 시각을 위한 가능성들로서 눈을 형성한 것으로 본다. 그러나 베르그손이 지적하는 것처럼 눈의 형성에 이르는 발생은 너무나 복합적이고 다양해서, 대부분의 경우 그것들이 어떤 외부적 목적에 의해 야기됐다고 설명할 수 없다. 오히려 생명 자체가 외부에 대한 반응만 하는 게 아니라, 잠재적이고 현실화될 수 있는 경향들 혹은 현동적 차이들로부터 그 나름의 방식으로 반응하고 생성하는 창조성 혹은 경향을 가지는 것이 분명하다. 그 과정은 실로 하나의 생성이다. 시각은 오직 생명이 생명에 대해 기계적mechanical이 아니라, 하나의 문제로서 반응할 수 있게 해주는 잠재적 창조성을 담지하고 있기 때문에 가능한 일련의 변화들과 반응들의 결과인 것이다. 이는 이런 창조적 반응들의 결과가 또한 새로운 문제들을 창조할 것을 의미한다. 일단 시각이 생기자, 진화의 과정 자체를 혹은 생성의 성격을 변형시켰다. 즉 전적으로 새로운 반응과 발생이 가능해진 것이다. 잠재적인 것 혹은 현실화될 수 있는 것이 스스로 변형됐다. 그리하여 현실적으로 일어나는 것에 이르는 몇 가지 가능성들을 내포하는 하나의 시퀀스 대신에, 우리는 많은 계열들을 가진다. 몇몇은 시각과 같이 생성으로 이어져 새로운 계열들과 새로운 분기들을 창조할 것이다. 그러므로 가능한 것은 결코 일단 주어지면 영원한 것이 아니라, 각 포텐셜의 발생과 더불어 연장된다.

선악 너머의 계열성

계열의 관념은 단순히 원본과 사본 관계의 역전이 아니다. 그것은 원본과 사본의 구별을 없앤다. 계열은 (고유한 질서를 가진) 시퀀스가 아니라, 자신의 외부에 바탕이나 정초를 갖지 않는 접속이다. "계열을 결정 가능한 다양체들에 기초해 구성하는 것은 그것이 시퀀스적 방식으로 역사를 펼치는 것을 불가능하게 만든다"(B, 21). 이것은 또한 특권화되거나 지배적인 계열이 없으며, 닫힌 계열도 있을 수 없음을 뜻한다. 또 하나의 요소가 언제든 추가될 수 있으며, 새로운 계열이 언제든 형성될 수 있다.

　우리가 내재성을 수용하려면, 존재의 한 점이 전체로서의 존재를 판단하거나 정초할 한 점을 제공할 수 있으리라는 생각을 버려야 한다. 이것은 존재들의 접속은 어떤 것이든 시퀀스적이기보다는 계열적이며, 질서보다는 접속임을 뜻한다. 또한 계열들은 필연적으로 복수적이고 발산적[분기적] 성격을 띤다. 단일하거나 결정적인 계열들은 있을 수 없으며, 이 모든 계열들이 어떤 조화로운 통일성으로 수렴되는 것처럼 보이게 할 방법도 없다. 계열이라는 개념은 관찰자 혹은 인식자인 인간을 넘어서는 우주 일반으로의 연장에 단단하게 묶여 있다. 선형적 진화는 생성을 어떤 최종 목적에 종속시킨다. 이때 인간은 모든 변화들이 그 자신의 발생으로 이어졌다고 소급해볼 수 있다. 현재의 관점에서 과거는 다만 질서 지어진 조건들 혹은 원인들의 계열로서 나타날 뿐이다. 그러나 우리가 전체 우주를 지각적인 것으로 본다면, 현재의 관점에서 혹은 인간의 관점에서 설명될 수 없는 변화, 반응, 창조, 돌연변이가 존재한다.

　이것이 들뢰즈가 베르그손을 전유해 니체의 역사 비판과 결부되는 지점이다. 우리는 과거를 우리 자신들이라 여기는 현재의 인간 존재에서 정점에 이르는 어떤 과정으로 보아서는 안 되고, 회수되고 활성화될 수 있는 가능성들의 잠재적 전체로 보아야 한다. 생명을 긍정한다는 것은 생성의 우발성, 분기, 복수성의 긍정을 뜻한다. 요컨대 의도, 목적, 재인, 의미를 초과하는 그 모든 변화, 돌연변이, 창조를 긍정하는 것이다. 철학은 인간적 관점의 정당화와 고양에 관한 것이 아니라, 오히려 영원한 혹은 탈시대적*untimely*이라 말할 수 있는 양식으로 사유하려는 시도이다. 요컨대 그것은 우리가 자신에 대해 가진 개념작용들을 넘어서 생명의 생성을 사유하고자 하는 시도이다. 이는 여하한 의미나 목적을 넘어서, 생명을 창조하고 변형시키고 변모시키는 그 모든 지각작용들을 긍정하는 것을 뜻한다.

　이것이 자유의 진정한 의미, 우리의 현재적 관점 내에 수용되는 가능성들에 제한되지 않는 잠재적인 것의 포용이다. 그러므로 자유와 지각작용은 인간적 관점 내의 위치에서 해방되어야 한다. 왜냐하면 인간 존재가 먼저 있고, 그가 지각하거나 비로소 자유롭게 행동하는 것이 아니기 때문이다. 잠재적인 것에 의한 생명의 열림은 현실적 존재에 정초할 수 없다. 오히려 분자적 지각작용에서 '인간'의 몰적 형성에 이르는 지각작용의 계열들이 있는 것이다. 초월성의 가상은 지각작용이 일어나는 어떤 기원적 점을 수립함으로써 지각작용, 생성, 자유의 계열들에 질서를 부여해왔다.

우리는 이미지와 지각작용을 모두 어떤 시퀀스에 종속시키는 경향을 지녀왔다. 마치 지각작용이 어떤 (인간) 관찰자의 지각작용이라는 듯이, 마치 이미지가 어떤 근원적인 실재 세계의 이미지라는 듯이 말이다. 이미지에 대한 들뢰즈의 재정의는 이미지를 어떤 가정되고 前前-이미지화된 실재에 대한 종속에서 해방시킨다. 우리가 가진 것은 이미지의 계열들뿐인데, 왜냐하면 실재적인 것은 그것이 연속적 반응, 생성, 창조인 한에서 그 자체로 이미지이기 때문이다. 연쇄는 사본 앞에 원본을, 효과들 앞에 바탕을, 재현 앞에 현전을 위치시킨다. 즉 시퀀스는 그것의 접속을 불변의 질서로서 제시하는 접속 행위인 것이다. 대조적으로 계열은 능동적일 뿐 아니라, 그것[계열]의 접속들이 지닌 무바탕의 특성을 인식하고 긍정하는 것이다. 그렇다면 사본에 대립되는 어떠한 원본도 있을 수 없으며, 이것이 들뢰즈가 시뮬라크르를 언급하는 이유이다. 우리에게는 사본만이 있을 뿐이라고 말한다면, 이는 우리가 닿을 수 없는 곳에 어떤 실재 세계가 있으며, 우리는 우리가 그 세계에 대해 가진 이미지들을 통해서만 그 세계를 사유할 운명에 처했음을 의미하는 것이 될 것이다. 원본이 없기 때문에 시뮬라크르는 사본이 아니다. "시뮬라크르는 단순히 사본이 아니라, 원형들마저 전복함으로써 모든 사본들을 전복하는 것이다"(DR, xx; 폴 패튼 역자 서문). 이것은 세계가 시뮬레이션에 다름 아니므로, 우리가 재현의 세계에 붙잡혀서 현전 자체〔즉자적 현전〕로부터 영원히 분리될 운명이라는 뜻이 아니다. 이를 이해하기 위해 우리는 결국 들뢰즈가 어떻게 잠재적인 것의 현동적 개념을 창조하는지 알아보아야 한다.

현동성과 잠재적인 것

우리는 잠재적인 것을 실재적인 것의 창백한 사본으로 생각하는 (그래서 먼저 하나의 현실적 세계가 있고, 사유, 이미지, 기표 속에는 그것의 잠재적 재현이 있다고 여기는) 경향이 있다. 이는 잠재적인 것과 현실적인 것 사이에 정도상의 차이만이 있다는 뜻일 것이다. 이때 우리는 예술을 그것이 삶에 얼마나 진실한지에 따라서 평가하게 될 것이고, 사유함에 대해서는 그것이 얼마나 사실에 근거하는지 혹은 정확한지에 따라 평가하게 될 것이다. 잠재적인 것은 기껏해야 현실적인 것에 근접하는 것이 된다. 우리는 또한 잠재적인 것을 현실적인 것의 효과나 그에 대한 응답으로서 현실적인 것 이후에 오는 것으로 여기는 경향이 있다. 우리는 심지어 현실적인 것을 실재적인 것으로, 잠재적인 것을 비실재적인 것으로 여기는 경향마저 있다. 하지만 들뢰즈는 잠재적인 것은 실재적이라고 주장한다. 실재성은 현실적인 것과 잠재적인 것을 내포한다. 또한 현실적인 것과 잠재적인 것 사이에는 본성상의 차이가 있다. 즉 잠재적인 것은 단순히 현실적인 것의 창백한 사본이 아니라, 그 나름의 차이의 힘을 간직하고 있는 것이다.

예컨대 『안티 오이디푸스』는 주목할 만한 잠재적인 것의 정치학을 보여준다. 욕망은 잠재적 생산들, 요컨대 **국가**, 자본, 오이디푸스, '인간'의 개념을 생산한다. 그리고 이런 생산들은 주목할 정도의 실재적인 힘을 지닌다. 신체들이 특정한 방식으로 행동하는 것은 욕망의 잠재적 생산 때문이다. 『안티 오이디푸스』에서 개관된 것처럼 정신분석[학]은 많은 점에서 잠재적 생명의 정치적 이론이다. 정신분석학은 '인간'과 같은 이미지들이 어떻게 신체 부분, 감각작용, 고통, 쾌락으로부터 구성되어왔는지에 주목한다. 이를테면 처벌이나 신체의 낙인과 같은 사건들이 어떻게 '법'을 생산하는지에 착목하는 것이다. 정치학은 그것이 현실적인 만큼 잠재적이다. 즉 그것은 신체들의 구체적 상호작용(상처 내기, 노동하기, 처벌하기, 배치하기)인 동시에 그 신체들의 잠재적 생산(규칙적 욕망, 쾌락의 경로, 상상된 힘)이다. 들뢰즈·가타리는 '투여'[집중]investment가 삶을 조직화하는 방식에 대해 쓰면서 이미지의 잠재적인, 비물질적인 혹은 예견된 이미지들의 영역(이를테면 전제군주의 상상된 위협이나 자본의 척도 및 흐름)의 생산과 이미지에 우리가 종속되는 현상을 언급한다.

여기서 우리는 현실적인 것과 공존하는 잠재적인 것에 관한 들뢰즈의 두번째 요점을 접하게 된다. 우리는 통상 뇌와 같은 어떤 현실적인 혹은 물질적인 사물을 언급함으로써 이미지의 개념을 이해하고, 이미지를 뇌 안의 어떤 그림이라고 생각한다. 그 이미지는 현실적 세계에 대한 잠재적 이중화가 될 것이고, 어떤 현실적 사물(이를테면 정신, 뇌 혹은 주체와 같은) 안에 위치하게 될 것이다. 그러나 뇌가 무엇인지 자문해본다면, 이때 우리는 또 다른 이미지를 부여받게 될 것이고, 이는 정신이나 주체성에 대해서도 마찬가지일 것이다. 우리는 하나의 이미지를 가지고 다른 모든 이미지들을 설명하려고 한다. 뇌는 그 자체가 하나의 이미지이므로 그것을 가지고 모든 이미지들을 설명할 수는 없다. 이것은 들뢰즈가 실재 세계라는 관념을 거부한다는 뜻일까? 그렇지 않다. 그는 다만 실재적인 것을 구성하는 것의 교의를 제거하고 있을 뿐이다. 우리는 실재 세계 혹은 물질을 이미지 배후에 놓인 어떤 것, 혹은 우리의 지각작용에 의해 표상되는 것으로 생각한다. 그리하여 우리는 세계를 우리가 그것에 대해 가지고 있는 이미지들에서 분리한다. 우리는 어떻게 이것을 분리하는가? 현실적 세계가 반복되는 잠재적 극장으로서 작동하는 뇌의 어떤 이미지를 구축함으로써 그렇게 한다. 그러나 실재성은 이미지들 혹은 잠재적인 것 배후에 자리하는 것이 아니라, 그 자체로 이미지이고 잠재적이다.

우선, 다름 아닌 이미지들로서의 실재성을 생각해보자. 어떤 주체가 [먼저] 있어서 세계에 대한 지각작용이나 이미지를 갖는 것이 아니다. 세계는 [그 자체가] 지각작용이고 이미지화이다. 이는 들뢰즈의 스피노자 독해로 되돌아가는 이야기다. 스피노자는 한 사물이 그것의 감응적 힘affective power에 다름 아니라고 주장했다. 하나의 제한된 존재는 제한된 감응적 힘만을 가질 뿐이다—하나의 단순한 분자는 어떤 방식으로 다른 분자를 지각한다. 생명은 동적이므로 존재의 각 점은 다른 어떤 점에 의해 감응되며, 한 사물이 무엇인가는 그것의 감응의 힘에, 그것이 생명의 지각작용이나 그에 대한 반응을 통해 자신을 또는 자신의 힘을 긍정하는 정도에 달려 있다. 즉 "그것들이 무생물이거나 비유적인 것일 때조차 사물들은 체험된 경험을 가지는데,

왜냐하면 그것들이 지각작용들이고 감응들이기 때문이다"(AO, 154). 단순한 존재는 제한된 방식으로 반응할 수 있을 뿐이다. 좀더 복잡한 동물은 더 큰 감정의 범위를 가질 수 있다. 이는 힘 혹은 존재의 힘이 그것의 지각작용의 정도나 그것이 조우하는 것에 능동적으로 반응하는 능력의 정도임을 뜻한다. 힘은 부정적인 것, 요컨대 내가 당신에게 강제하는 억압이나 가상들이 아니다. 힘은 현동적이다. 다시 말해 나는 나의 주의를 확장해 생명 전체를 상상하거나 지각할 수 있는 정도만큼 힘을 가진다.

지각작용과 이미지화는 힘에 직접적으로 결부된다. 어떤 사물을 지각하는 것은 감응되는 것이다. 즉 한 사물이 무엇이냐 하는 것은 그것의 감정 또는 반응의 범위에 다름 아니다. 내가 어떤 사물을 지각할 때 나는 그것의 심상을 취하는 것이 아니라, 반응하거나 생성하도록 촉발되는 것이다. 이런 감응은 어떤 기계적mechanical이거나 선先결정된 반응이 아니다. 각각의 존재는 오직 나름의 이미지화하는 힘과 능력의 고유한 생성 안에서 감응될 수 있을 뿐이기 때문이다. 나는 감응을 통한 이 생성에 다름 아니지만, 생성의 구별되는 힘들이 존재한다. 우리는 철학을 바로 이런 이미지화의 힘들 가운데 한 가지로 생각할 수 있다. 왜냐하면 철학자는 현재의 사태에 기계적으로 반응하는 것이 아니라, 존재의 잠재적 전체를 상상하거나 개념화하기 때문이다(철학은 예술과 마찬가지로 세계에 대한 그림이 아니라 세계에 응답하는 생성이다). 다양한 방식 — 예컨대 예술, 과학, 철학 — 으로 생명은 이미지들을 통해 응답하거나 생성한다. 그러나 인간의 뇌는 이미지화와 지각작용의 유일한 기원이 아니며, 이미지화가 동물의 생명에서 중단되는 것도 아니다. 들뢰즈 혹은 들뢰즈·가타리는 늘 유기적 생명과 비-유기적 생명 모두가 지각작용과 이미지화를 한다는 점을 강조했다. 유전자, 분자, 식물, 바위 — 모든 것은 어떤 방식으로 감응된다. 철학자나 예술가가 복잡한 세계를 상상할 수 있다면, 하나의 세포가 다른 세포에 대해 가지는 이미지는 훨씬 제한된 감응적 힘의 이미지다. 세계는 지각작용과 이미지화의 힘들로 이루어진다. 내가 '상상한' 세계는 다만 내가 감응되는 힘을 갖는 만큼의 생명의 범위이다. 그러나 탈인간적인 모든 종류의 이미지화 또는 생성들이 존재한다.

영원회귀

지각작용은 들뢰즈가 니체에게서 가져온 '영원회귀'의 윤리학에도 역시 결정적이다. 지각작용은 언제나 니체를 독해하는 데 중요한 개념이었지만, 종종 관점이나 세계관에 결부된 것으로 여겨져왔다. 들뢰즈는 지각작용이라는 개념을 관점에서 해방하고자 한다. 만약 우리가 항상 관점 내에 위치하게 되면, 우리는 결코 존재하는 모든 것을 파악할 수 없다. 우리는 우리의 특수한 관점들에 갇힐 것이고 세계는 어떤 불가지不可知의 '외부'로 존재할 것이다. 많은 사람들이 니체가 이런 식의 '관점주의' perspectivism 또는 '주관주의'를 주장하는 것으로 읽었다. 우리는 어떠한 편파적이지 않은 세계관도 가질 수 없기 때문에, 실재성의 본래적으로 가치-부여된 혹은 '관점적' 본성을 긍정해야 한다. 우리는 사실들이 아니라 해석들만을 파악하는 것이다.

하지만 들뢰즈는 니체의 영원회귀 개념을 활용해 시점視點 혹은 관점에 대한 가정된 속박에 도전한다. 지각작용은 실제로 존재의 영원한 전체를 긍정한다. 다만 이 영원한 전체가 결코 단번에 주어진 것은 아니다. 왜냐하면 각각의 지각작용이 이 영원한 전체를 상이하게 긍정하기 때문이다(그리고 또한 지각작용을 통해 전체의 변화와 창조에 기여하기 때문이다). 미리 주어진 영원성이 있어서, 시간 속에서의 우리가 차지한 위치로 인해 우리가 그것을 지각하지 못하게 되는 것이 아니다(만일 그렇다면 영원성은 이미 주어진 것이 될 것이고, 목적을 가지며, 영원하지 않은 것이 될 것이다). 영원한 것은 현실적인 것이 아니라 잠재적인 것이고, 각각의 지각작용에 의해 개방되는 전체 또는 비-현전이다. 들뢰즈는 영원회귀의 윤리학이 긍정의 윤리학이고 유일무이한 철학의 윤리라고 본다. 시점 혹은 시점이 그 안에 위치하게 되는 영원한 면面은 없다. 내재성의 영원한 혹은 단일한 면은 시점들로부터 지각되지 않는다. 영원한 것 혹은 내재적인 것은 각각의 지각작용들에 다름 아니다. 각각의 지각작용은 지금과 영원을 창조하는 하나의 주름이다. "세계 전체는 다만 현재 그것을 전달하는 주름 안에만 실존하는 하나의 잠재성이고, 영혼은 내적 겉주름들을 채운다. 영혼은 그 겉주름들을 통해 스스로에게 내포된 세계의 표상을 제공한다"(NP, 23). 각각의 영혼 또는 지각작용은 하나의 전체 위에 열리며, 그 전체는 결코 그 자체로 주어지지 않고, 다만 모든 모나드들의 잠재적 전체로 사유될 수 있을 뿐이다. 그러므로 영원한 것은 이미 주어진 어떤 바탕이 아니라 상상된, 잠재적인 혹은 열린 전체로서 어떠한 단일한 영혼이나 시점도 넘어선다.

바탕이나 영원한 것이 영혼들과 지각작용들에 선先-실존하고,

따라서 지각작용이나 관점들은 어떤 전체의 관점들로 볼 수 있다는 가정은 독단적 도덕성이다. 이와는 대조적으로 들뢰즈의 윤리학은 니체를 따라 각각의 지각작용이 어떠한 안정적 시점도 "탈정초해야" 한다고 주장한다. 그러므로 윤리학은 어떤 시점에서의 세계에 대한 판단일 수 없다. 그것은 다만 세계를 무한히 긍정하고 지각하는, 세계에 대한 영원한 지각작용의 긍정일 수 있을 뿐이다. 제한되거나 유한한 지각작용에서 나는 나 자신의 것과 다른 힘들과 지각작용들을 부정적이거나, 사악하거나, 악의적인 것으로 여긴다. 그러나 내가 내 지각작용의 힘들을—예술, 철학 또는 영화를 통해—연장해서 지각작용들의 다른 계열들을 포용한다면, 나는 '선악을 넘어선' 윤리를 얻게 될 것이다.

들뢰즈의 전체 철학은 이 내재적 윤리학을 발견하는 데 정향되어 있다. 세계를 판단할 수 있는 기준으로 어떤 선善이나 법을 가정하는 대신, 우리는 도덕적 판단의 출현을 이해해야 하고 그 힘들을 평가해야 한다. 이는 지각작용의 확장을 요청한다. 요컨대 『안티 오이디푸스』에서 우리는 가족이라는 도덕적 단위에서 물러나 그것의 역사적 출현을 보며, 『천의 고원』에서는 생명과 언어의 모든 형태들이 그것들의 분자적 출현으로 소급된다. 들뢰즈는 또한 문학과 영화에 관한 저서들에서 예술이 어떻게 지각작용을 닫히고 연장된 형태들을 넘어 강도들과 독특성들로 이끄는지 보여준다. 철학자들이 사유를 강도들이 출현하는 순수 차이의 면面으로 이끄는 개념들을 창조한다면, 예술가들은 우리에게 그 강도들을 보여준다. 두 가지 경우—철학과 예술—모두 우리는 잠재적인 것에 개입된다. 순수 차이는 그 자체로 결코 현실적으로 표상되거나 지각되거나 주어지지 않지만, 개념은 우리로 하여금 순수 차이, 즉 그로부터 차이의 상이한 형식들이 차이화되는 잠재면으로서의 순수 차이를 사유할 수 있게 해준다(예컨대 베르그손은 순수지각이라는 관념 — 어떠한 현실적 시점에도 내포되지 않는 하나의 지각작용 — 을 이용해 '지속'이라는 개념을 창조한다. 말하자면 지속은 이미지들의 흐름으로서 그로부터 현실적으로 지각되고 [그 흐름이] 멈춰진 이미지들이 도출된다). 예술의 경우, 우리는 현실적인 지각작용에서 개념이 아니라, 그런 지각작용들의 독특한 본질로 물러난다. 철학과 예술에서, 그리고 그보다는 덜하지만 과학에서도, 우리는 우리 지각작용의 유한한 현재를 넘어서 상상된, 차이의 영원한 전체로 이동함으로써 생명을 강화하거나 긍정한다. 그 전체가 영원하다는 것은 말하자면 그것이 어떤 정위된 서사적 질서로부터도 자유롭기 때문이다. 철학은 우리에게 단순히 이것과 저것 사이의 차이가 아니라 차이 자체의 개념들을 제공할 수 있다. 과학은 기능들, 예를 들면 물리학에서의 기능들을 창조할 수 있고, 이는 역사적이거나 문화적인 문맥과 무관하게 어떠한 시점에서 보든 참일 것이다. 예술은 지각과 감정을 가지고 우리에게 단순히 내가 지금 여기에서 보는 것이 아니라, 언제나 거기에서 보여지는 것을 드러낸다. 영원한 것이나 영원회귀에 대한 긍정은, 생명 전체를 이루는 모든 지각작용을 사유하기 위해 자신의 정박된 관점이나 시점을 넘어서는 사유에 의한, 바로 이 중단 없는 투쟁이다. 요컨대 그것은 단순히 우리와 다른 존재들에 대한 지각작용뿐 아니라 과거와 미래의 지각작용이기도 하다.

예술과 윤리학

우리는 이미 들뢰즈의 예술 개념이 (『철학이란 무엇인가?』에서 정의된 것처럼) 비인칭적 감정들의 창조임을 보았다. 들뢰즈가 예술에서 개념에 대립되는 감정을 강조한 것은 예컨대 추상적인 모더니즘(서사와 의미에 결부되지 않은 예술 형식들)과 같은 예술의 특정한 양태를 장려하고 특권화하는 것처럼 보일 수 있다. 그는 그런 결론을 뒷받침하는 듯한 본보기들을 제시하고 있다. 루이스 캐럴의 문학과 E. E. 커밍스의 시는 단어들을 뜻이 아닌 음향, 리듬 또는 '표면 효과'들로서 제시하는 경향이 있다. 그러나 들뢰즈가 모든 예술이 뜻이 없어야 한다거나 의미 없는 순수한 감정과 감성이어야 한다고 주장하는 것은 아니다. 다만 우리가 정말 예술에 대해, 예술에 본질적인 것이 무엇인지 생각해보고자 한다면, 의미가 그 무-의미하고 실재적인 출현의 조건들과 공명하는 방식을 볼 필요가 있다는 것이다. 들뢰즈의 주장에 따르면, 우리가 단순하게 어떤 작품의 뜻을 살펴본다면 우리는 그저 일단의 기호들을 다른 기호들로 대체하는 것에 불과하다. 그것이 무엇을 뜻하는지를 물음으로써 우리는 예술이 어떻게 작동하는지를 고려하지 않게 된다. 즉 뜻이 어떻게 생산되고, 또한 뜻의 과잉 속에 존재하는 것이 예술의 의미를 어떻게 변화시키는지 고려하지 않는 것이다. 커밍스의 시처럼 어떤 경우에서 우리는 음향, 활자, 감각 가능한 감정들을 부여받게 되며 이로부터 뜻이 배치된다. 그러나 들뢰즈가 자신이 '문학기계'라고 부르는 것에 접근하는 또 다른 방식이 있다. 소설가 프루스트의 경우 예술은 유의미한 기호들을 취해, 우리에게 궁극적으로 잠재적 지각작용을 표상하는 방식으로 그 기호들에 접속한다(프루스트는 유년기의 구체적인 사건에 대한 기억들에서 출발하지만, 이어서 우리에게 과거 자체에 대해 사유하도록 해주는 기억들을 기술한다. 이때 과거 자체는 어떠한 지각작용에 의해서라도 환기될 수 있는 잠재적 혹은 비-현전하는 포텐셜이다). 들뢰즈는 비-시각적 예술들조차도 지각의 창조를 허용한다고 본다——그것은 더는 인물들이나 정위된 시점에 결부되지 않은 지각작용이다.

프루스트의 『잃어버린 시간을 찾아서』에서 화자는 유년시절에 마들렌을 맛보고, 나이가 든 후에 그 경험을 반복한다. 첫번째 기억을 되돌려주는 것은 이 두번째 경험으로, 소설에서 상세하게 기술된다. 우선적으로 주목해야 할 것은 기술되거나 서술되는 기억의 유형이다. 습관적이고 일상적인 기억은 대부분 일반적인 형식들에 결부되어 있다. 즉 내가 이 비스킷을 마들렌으로 지각한다면 그것은 내가 하나의 경험과 다른 경험 사이의 모든 미세한 차이들을 제거하고 이 모든 실례들을 '마들렌'이라고 부르기 때문이다. 기억의 형식은 여기서 습관적이고, 일반화하며 자발적이다——그것은 삶의 행동, 기획, 목적에 결부되어 있다. 그러나 만일 이 마들렌을 맛보면서 내가 어떤 구체적이고 독특한 기억——유년기에 콩브레에서 마들렌을 차에 곁들여 먹던 순간——을 상기한다면, 그 기억은 비자발적인것이고 습관-기억과는 종류가 다른 것이다. '나'는 일반적이고 반복 가능한 외부적 형식을 상기하고 있는 것이 아니다. 시간 속의 한 순간이 다른 순간과 공명해 하나의 독특성을, 그 모든 특수성과 본질적 독특성을 간직한 마들렌의 맛을 생산한다. 이 회상은 '나'에게 일어나는 어떤 것으로서, 그 '나'

me 혹은 '내' I가 용해된 것이고 거기에는 다만 과거와의 공명이 있을 뿐이다. 과거가 이런 식으로 일상의 사건들과 의미의 서사에 결부되지 않은 채 되돌아올 때 과거의 본질 자체가 드러난다. 나는 과거의 순간을 그 참된 과거-임pastness 안에서, 어떤 희미하고 일반화된 형태가 아니라 그 자체로서 경험한다. 그것은 더는 나의 인칭적 과거 혹은 시간이 아니라 과거-임 일반이다. 회상된 그 순간은 어떠한 특별한 시점에서도 자유롭다.

들뢰즈는 시간이 진정한 반복 속에서 스스로를 드러낸다고 본다. 이것은 외적 형식들의 반복이 아니다. 우리는 우리가 어린아이였을 때 했던 것을 기계적으로mechanically 반복함으로써 시간의 감각을 얻게 되는 것이 아니다. 시간은 습관이 아닌 기억이 반복될 때 진정으로 감각된다. 왜냐하면 습관은 순간에서 순간으로 매우 동일하게 존재하는 반면, 기억은 과거의 구별되는 순간의 특수성을 상기하기 때문이다. 독특하고 비자발적인 기억이 현재를 침입할 때 반복되는 것은 시간의 힘 자체이다. 시간은 이 근본적이고 독특한 차이에 다름 아니기 때문이다. 습관과 일반화는 시간의 환원이다. 다시 말해 사건들을 일반적으로 동일한 것으로 보는 가운데 우리는 시간의 실재적 반복을 포용하는 데 실패한다.

시간은 오직 차이 안에서만 반복되고 긍정된다. 즉 우리는 한 사건을 진정 차이로서, 근본적으로 현재가 아닌 것으로서 기억할 때 시간의 붕괴시키는 힘을 경험하는 것이다. 이런 종류의 기억은 과거가 참으로 반복될 때, 우리가 어린 시절에 가졌던 생생함과 최초의 느낌을 모두 가지고서 다시 마들렌의 맛을 보는 듯한 순간에만 일어날 수 있다. 과거의 독특성의 반복은 과거의 차이를 보여준다. 그리고 들뢰즈는 시간의 차이와 반복에 대한 윤리학과 정치학, 예술과 철학에 결부된 윤리학이 있다고 본다. 우리가 정말로 철학을 반복한다면, 그때 우리는 옛 논쟁들을 다시 나열하지 않는다. 우리는 철학의 힘들을 거듭해 취함으로써 개념들을 창조하는데, 이때의 철학은 기존의 철학들과 혼동되어서는 안 된다. 우리가 정말로 예술을 반복하고자 할 때, 우리는 모든 실존하는 예술을 새롭게 다시 그려낼 힘을 가지고 감정과 지각을 창조한다. 플라톤을 반복하는 것은 플라톤의 대화편들이 그의 시대에 그랬던 것처럼 우리의 현재를 붕괴시키는 것으로서 철학의 생산을 뜻한다. 또한 피카소를 반복한다는 것은 피카소의 원작들이 가진 것과 같은 힘으로 지각작용을 변형하는 것을 뜻한다.

그런데 어째서 이것이 윤리학인가? 그것은 바로 도덕이 아니기 때문에 윤리학이다. 사유함과 지각함은 이미 주어진 힘들과 상-식의 교의의 예속에서 자유롭다. 내재성의 기획은 사유함에 미리 주어지고 결정된 외부가 있다는 것을 전제하지 않는다. 왜냐하면 '비사유' 혹은 '외부'는 그게 무엇이든 간에 사유함과 지각작용을 부단히 변형할 것이기 때문이다. 내재성은 사유와 지각작용의 해방을 긍정하고 이미 주어지지 않은 것을 향한 생성을 목표로 한다.

내재성의 윤리학이 어떻게 지각작용의 정치학을 변형시키는지 이해하기 위해서 우리는 별로 훌륭하지는 않은 서사 영화 한 편을 예로 들 수 있다. 성욕, 특히 동성애와 에이즈에 '대해' 다루는 「필라델피아」는 전통적인 서사 영화의 장르들인 '버디' 무비와 법정 드라마를 결합한다. 영화는 (톰 행크스와 덴젤 워싱턴이 연기한) 두 남자 주인공의 사적인 관계를 법률상의 차별 사건의 정치적 대결과 나란히 놓고 추적한다. 주인공(행크스)은 백인이자 게이인 고학력의 변호사로서, HIV 바이러스 보균자라는 사실이 알려지자 법률회사에서 해직당한다. 그는 한 흑인 변호사(워싱턴)를 고용하는데, 그는 동성애와 에이즈에 대한 편견을 가진 것으로 표현된다. 서사는 정치학과 억압 사이의 이러한 긴장들 위에서 작동한다. 요컨대 영화는 인종과 성욕이 계급 안의 차이들을 생산하는 모든 방식과 이 모든 차이들이 유사하지만 복잡한 형식들 안에서 배제되고 주변화되는 방식을 다루고 있다. 이성애자 흑인과 중산층의 동성애자 백인 가운데 누가 더 권력을 가지고 있는가? 혹은〔누가 배제되지 않고〕더욱 포함되는가? 서사는 포함과 재인에 대한 요구에 의해 추동된다. 요컨대 단순히 백인 변호사가 법정에서 정의를 구하려 하는 시도만이 아니라, 두 변호사가 나뉘어진 인종과 성을 가로질러 서로를 인식하는 것이 그려진다. 이런 종류의 영화는 경쟁하는 이데올로기적 해석들의 문제를 촉발하고 또 촉발해왔다. 한편으로 우리는 이 영화를 편견과 권력에 대한 비판으로 볼 수 있다. 반면 우리는 이 영화를 편견에 사로잡힌 사회를 한층 구미에 맞게 그려내는 방식으로 읽을 수도 있다. 말하자면 결국 흑인과 동성애자의 권리들은 백인 이성애적 교의에 승리하고, 그럼으로써 세계의 실재적 정의로 가정된 것을 긍정하는 것이다.

　이것은 문화연구 또는 문학비평의 모든 정치적 형식에서 전형적인 해석의 문제다. 우리는 이렇게 물을 수 있다. 이 영화는 인종의 차이와 성차를 표상하고 비평함에 있어 진보적인가, 아니면 정치적 쟁점들을 동정적인 개인들 간의 관계들로 환원함으로써 권력과 정치학을 일종의 미감적 짜깁기로 은폐하고 있는가? 많은 영화와 문학 비평이 이런 종류의 물음들 주변에서 작동하는 경향이 있다. 우리는 한 편의 예술 작품이 지배적인 권력에 도전하거나 그것을 벗어나는지 여부, 혹은 그것이 결코 일어날 수 없는 해답을 제시함으로써 정치적 긴장의 방출에 대한 안전장치를 제공하는지 여부를 묻는다.

들뢰즈·가타리의 접근이 갖는 가치는 엄격한 형식주의에 있다. 우리는 한 작품의 서사적 의미를 고려하기보다 한 작품의 스타일과 구성 요소들을 이루는 것을 살펴볼 필요가 있다. 할리우드는 지속적으로 정치적으로 긍정적인 영화들 —「필라델피아」에서는 게이의 권리,「소년은 울지 않는다」나「델마와 루이스」에서는 여성주의, 디즈니의「포카혼타스」에서는 심지어 반식민주의의 권리를 위한 투쟁 — 을 생산한다. 그러나 이때 할리우드는 언제나 인간주의의 외연적 투여를 활용한다. 정치적 쟁점들은 — 그것들이 서사에서 어떻게 해결되든 — 언제나 인간의 상호관계들로 구성되며, 서사들은 모두 도덕적 개인의 이미지를 구성하도록 작동한다. 그러나 들뢰즈·가타리는 인종주의와 식민주의가 배제가 아닌 포함에 의해 작동한다고 주장한다. 즉 깊이 내려가보면 우리는 모두 인간인 것이다. 성차, 인종차, 정치적 차이들은 모두 우리 전부를 정상화(표준화)하는 인간성의 근거로 환원될 수 있다. 예를 들어「필라델피아」의 결말은 게이 주인공이 자신의 결백과 인간성을 긍정하는 미국 홈무비로 되돌아간다. 영화는 마치 동성애자조차도 한때, 즉 성적 취향의 표시가 드러나기 이전에는 어린아이였다고 말하는 듯하지 않은가(그리고 우리는 몰적 구성체로서의 '미국'이, 무구한 어린아이의 이미지에 투여되어 생산되는 모든 방식들을 고려할 수도 있다. 왜냐하면 '미국'은 바로 정치적 삶의 부패에 앞선 아직 성적으로 분화되지 않은 유아이며 무시간적 인간의 기원이기 때문이다).
이에 반해 들뢰즈·가타리의 정치이론은 인간을 그 다양한 강도들로부터 추적하는 것을 목적으로 한다. '인간'이라는 일반적 개념은 언제나 훨씬 더 복합적인 정치적 강도들의 접속이다. '인간-임' humanness 은 결코 어떤 일반적 형식이나 실체가 아닌데, 왜냐하면 우리가 가진 것은 전부 강도들이기 때문이다. 즉 '인간' man은 언제나 강도들의 코드화인 것이다. 동성애자, 흑인, 에이즈 환자는 그들 역시 부르주아 인간을 조직화하는 그 모든 투여들에 참여한다고 할 때만 인간human 으로 보여질 수 있다. 「필라델피아」의 경우에 동성애자는 모든-미국인으로서 표상됨으로써 인간화된다. 요컨대 그것은 가족 장면과 마지막의 홈무비에서뿐 아니라 그의 동료 관계, 변호사로서의 지위, 심지어 그가 자신의 연인(안토니오 반데라스)과 더불어 고등학교 '댄스 파티' 스타일로 춤을 추며 노는 낭만적인 사랑의 장면에서도 나타난다. 영화의 서사적 뜻이 혁명적인가 반동적인가를 결정하는 것과 무관하게, 들뢰즈·가타리의 접근은 인칭들을 생산하는 선先-정치적 투여들에 초점을 맞출 것을 제안한다. 「필라델피아」에서 모든 시각적·성적 강도들은 인간 드라마로 환원되지만, 인간은 미국 가족 생활의 다양한 이미지들로 구성되는데, 이때 그것은 흑인, 게이, 운동가를 코드화한다. 그러므로 이 영화에 대한 적극적 읽기는 인간 전체로 구성되어 온 강도들을 바라보는 것이 될 것이다. 요컨대 그것은 검은 피부와 흰 피부의 차이, 상이한 계급과 인종 억양들의 음향 간의 차이, 일류 법률 회사의 정교하게 조명된 실내, 게이 커플의 '이성화된' heterosexualised

재현에 반대되는, 결코 보여지지는 않지만 언급되는 동성애 행위들이다.

정치학은 이런 강도들로 이루어진다. 즉 정치학은——백인-임, 미국인-임 혹은 남성-임과 같은——강도들이 인간의 한 이미지로 코드화될 때 일어난다. 스파이크 리의 영화 「썸머 오브 샘」에서 거대한 힘으로 탐구된 정치적인 것은 바로 이런 강도적 본성이다. 여기서 두 집단의 인물들은 상이한 스타일과 투여들로 구분된다. 영화는 1970년대의 이탈리아계 미국인 집단을 폴리에스테르 옷, 디스코, 크게 부풀린 머리, 융통성 없는 데이트 코드로 표상한다. 떠났던 한 인물이 펑크가 되어 집단에 되돌아온다. 그는 유니언잭 티셔츠를 입고, 런던 억양을 흉내 내며, 모호크 헤어스타일을 하고 있다. 여기서 펑크는 이념들의 정치적 입장이 아니다. 즉 그것은 무정부주의나 파시즘과 아무런 상관이 없다. 그럼에도 불구하고 그것은 마찬가지로 정치적인 것으로 드러난다. 집단은 이념을 통해서가 아니라 스타일에의 투여를 통해서 형성된다. 요컨대 부족들이 신체의 일부나 동물 주변에 모여 무리를 짓듯이 특정한 머리 모양을 중심으로 모이는 것이다. 리의 영화는 정치적 집단화와 부족적인 거리의 싸움이 강도들에의 투여로부터 생산됨을 보여준다. 체험된 정치적 풍경은 감정들의 대립으로부터 생산된다. 요컨대 펑크의 디스토션 사운드에 대한 욕망 대 디스코의 명료한 비트, 찢어진 옷과 낙인 찍힌 신체에 대한 투여 대 깨끗한 윤곽과 부드러운 표현의 대립이다. 영화는 인간의 상이하고 분기하는 구성들을 보여준다. 즉 이것은 인간적 합의의 공간을 가로지르는 이념들의 갈등에 관한 영화가 아니다. 이것은 사회적 전체의 특정한 단면을 취해,

그때 계급 및 집단으로 질서 지어지는 의미 없는 투여들을 보여주는 분열분석의 한 사건이다. 갈등(과 인간 집단화)은 스타일을 통해 개방된다. 예컨대 우리는 스타일, 색채, 리듬, 성적 몸짓을 통해 하나의 인칭이 되는 것이다. 이 영화에 공유된 인간성이란 없으며, 다만 통약 불가능한 자아들의 국지화된 생산만이 있을 뿐이다.

들뢰즈의 시각이론은 영화가 구성될 수 있고 그와 같은 정치적 투여들을 '분열화' 할 수 있는 방식들을 보여줌으로써 이 정치적 이론에 추가될 수 있을 것이다. 영화는 서사적 논리를 파괴하는 근본적인 포텐셜을 가진다. 우리는 대부분 영화를 인간 인물들의 행위의 관점에서 보지만, 그런 인물들은 오직 강도들의 생산과 코드화를 통해서만 가능하다. 클로즈업들과 업라이트 조명에 의한 쇼트들에서 흰 피부의 광휘, 전원을 찍은 나른한 패닝에 대비되는 도시 전경을 구성하는 폭력적이고 덜커덕거리며 움직이는 카메라의 움직임, 특정한 서스펜스 영화들의 어두움과 대비를 이루는 특정한 공포 장면들에서 빛과의 대면 등, 이 모든 비-서사적 강도들이 한 영화의 의미 훨씬 이전에 하나의 정치학을 생산한다. 영화의 확장된 단위들은 좀더 동적인 강도들로부터 구축된다. 그러나 들뢰즈는 또한 영화의 구체적인 힘에 대해서도 주장하는데, 그것은 운동-이미지와 시간-이미지의 형태를 취한다. 서양의 사유와 윤리학이 초월성 —어떤 외부 세계가 있어서 그곳에서 조망되고 판단된다는 개념— 에 종속되는 경향을 가진다면, 영화는 조망하는 것을 주체의 고정된 위치에서 해방시킨다. 운동-이미지에서 카메라의 운동성은 다양한 요소들의 운동성과 조우한다. 정적이고 이미 현전하는 세계를 조망하는 대신, 영화-관객은 상이한 운동적 단면들의 계열에 삽입된다. 거기서 시간은 간접적으로, 결코 주어지지 않고 주어질 수 없는 운동들의 계열의 총합으로서 간접적으로 제시된다. 반면 시간-이미지에서 시간은 직접적으로 제시된다. 사유가 행위하기 위해 생명을 고정하는 경향을 가진다면, 영화는 지각작용을 이런 명령에서 해방시켜 생명을 질서 지어진 단면들로 절단하도록 한다. "이것은 보는 사람의 영화이며 더는 행위자의 영화가 아니다"(TI, 2). 현대영화는 비인칭적 흐름 또는 생명의 지속을 행위와 연장된 단위들에서 해방시켜 제시한다.

나는 영화를 실존의 강도적 흐름과 재-조우하는 이런 기획의 유일하거나 완전한 수행으로 보는 것은 오류라고 생각한다. 시각적 강도들을 서사적 단위들로 조직화하려는 많은 영화 형식들뿐만이 아니라, 많은 현대미술의 실천 형식들 또한 시각을 고정된 시점에서 해방시키려 한다. 벽들과 파사드들을 복수화해 방향성 부재 상태를 창조하는 건축 형식들이 있고, 전체로 조망될 수 없는 일련의 카메라들을 구축하는 설치미술 형식도 있으며, 가능한 세계들과 시점들을 복수화하는 소설들이 있고, 음조에 따라 질서 지어진 것도 음조에 반하도록 정향된 것도 아닌 소리의 풍경soundscape 또는 소리의 판sheet들을 창조하는 음악 작곡도 있다. 우리가 미술(과 생명)에서 얻으려고 애쓰는 것은 지각작용의 확장이다. 그것은 우리가 더 많은 것을 보고 더 많은 것을 내포할 필요가 있다는 뜻은 아니다. 그것은 다르게 보는 것 — 우리가 보는 것이 당위적 예술에 대한 도덕적 이미지를 가지는 것이 아니라, 사유함과 시점을 대면하고 변형시키도록 하게 하는 것임을 뜻한다.

들뢰즈가 전성기 모더니즘 혹은 현대영화에서 종종 본보기를 사용했지만, 우리는 그 본보기를 초험적 원리로 여기는 오류를 범해서는 안 된다. 들뢰즈가 긍정했던 것은——버지니아 울프의 글쓰기, 피에르 불레즈의 음악 또는 파울 클레의 미술이——사유를 대면하거나 운동하는 방식이었다. 이런 본보기들을 원형으로서 반복하는 것과 거리가 멀게, 들뢰즈의 저작은 우리가 새로운 대면들을 생산하고 긍정할 필요가 있다고 제안한다. 들뢰즈·가타리는 관점의 주관적 위치로부터의 절대적인 탈영토화나 해방이 결코 있을 수 없음을 인정한다. 따라서 초험적 내재성, 유일무이한 내재면을 사유하려는 시도는 철학이론이라기보다는 새로운 것의 되풀이되는 회귀를 사유하려는 시도이다. 이것만이 하나의 윤리학, 모든 도덕주의로부터의 해방일 수 있다.

생명에 대립되는 지식이 아니라, 생명을 긍정하는 사유. 생명은 사유의 능동적 힘이겠지만, 사유는 생명의 긍정적 힘일 것이다. 그 둘은 서로를 담지한 채 속박을 깨뜨리면서, 서로 발맞추어, 미증유의 창조성의 격발 속에 같은 방향으로 나아갈 것이다. 사유함은 이때 생명의 새로운 가능성들을 발견하기, 그것들을 창안하기를 뜻할 것이다(NP, 101).

옮긴이 후기

『들뢰즈 이해하기』*Understanding Deleuze*는 본래 Allen & Unwin 출판사가 기획한 Understanding 시리즈의 하나이다. 역자는 '~이해하기'라는 제목이 다소 평이하다고 생각해 이 번역본이 출간되기 전 이 책의 저자 클레어 콜브룩에게 새로운 제목을 요청한 바 있다. 그때 그녀가 제안한 제목은 두 가지였는데, 첫번째가 "들뢰즈에서의 차이의 문제"The Problem of Difference in Gilles Deleuze, 두번째가 "차이의 문제: 들뢰즈의 생명철학"The Problem of Difference: Gilles Deleuze's Philosophy of Life이었다. 이 두 제목에서 알 수 있듯 그녀가 이 책에서 강조한 들뢰즈 사상은 바로 '차이'이다. 그녀는 들뢰즈 이전과 이후의 '차이'différence, 즉 변별적 차이와 차이생성적 차이를 구분하고, 그의 존재론으로부터 정치철학과 예술론에 이르는 다양한 범주들에서 '차이'가 어떤 일관성을 가지고 작동하는지를 밝혀내는 데 초점을 맞추고 있다.

사실 '차이'를 말한 철학자가 어디 들뢰즈뿐이겠는가? 가령 변별적 차이를 중심으로 사유를 전개한 구조주의자들, 변증법적이고 부정적인 차이를 부각시킨 헤겔, 존재의 다의성(존재의 다양한 실체성)을 주장한 토마스 아퀴나스, 아리스토텔레스, 두 종류의 가상(유사성의 차이로서의 '모상'과 차이의 차이인 '허상')을 구분한 플라톤 등 거슬러 올라가자면 아마 헤아리기조차 어려울 것이다. 말하자면 철학자치고 차이를 얘기하지 않은 이들도 거의 없고, 그렇게 보면 차이의 철학이 아닌 철학도 없어 보인다. 그런데도 유독 들뢰즈를 '차이의 철학'의 대명사처럼 취급하는 까닭은 무엇인가?

그것은 그가 강조하는 '차이'가 동일성에 포획된 차이나 개념 안에 갇힌 (즉 개념에 의해 표상된) 차이가 아니라 차이자체différence en elle-même를 의미하기 때문이다. 그리고 그런 점에서 이때의 차이는 차이생성différentiation과 동일하다. 우리가 흔히 생각하는 '잡다'와 같은 차이는 (잠재적) 차이생성이 산출해 낸 (현실적) 효과에 다름 아닌 것이다. 능동적이고 현동적인 차이자체의 생성은 동일성의 얼개들을 형성하고, 시간적 구성체로서의 얼개/매듭은 다시 해체와 재구성을 반복한다. 그러므로 그것은 동일성을 전제하거나 그것과 대립하는 차이가 아니라 시간 속에서 반복을 통해 동일성을 형성하는 차이생성으로서 이해되는 것이다.

그리고 우리의 삶의 반복 속에서 차이는 어떤 '기호'signe 내지는 '징후'symptôme의 사건들로 솟아오른다. 그 기호는 주체의 구성이 아닌 우발적인 '마주침'rencontre을 통해 체험된다. 예컨대 프루스트 소설의 주인공 마르셀에게 '마들렌'은 콩브레에서의 유년시절 기억(비자발적 회상)을 강요하는 하나의 기호이다. 이런 마주침의 사건은 새로운 감응적 관계들과 감응태들을 생산하고 우리의 삶을 (벌거벗은 반복이 아닌) 옷 입은 반복의 세계로 다채롭게 수놓는다. 그래서 들뢰즈가 자신의 고유 영역인 철학 뿐 아니라 문학, 예술, 영화 등에 관한 방대한 저술을 남긴 이유도 따지고 보면 이런 차이와 반복의 세계를 삶의 다양한 층위에서 보여주기 위함인 것이다. 그러므로 들뢰즈 사상에 접근할 수 있는 여러 경로들이 있겠지만, 아직까지 차이=차이생성만큼 포괄적이고 효과적으로 담아낼 수 있는 개념도 없어 보인다. 즉 콜브룩이 채택한 '차이' 라는 관점은 이제는 너무 익숙해져 다소 식상해진 감은 있을지라도 '들뢰즈 이해하기'에 여전히 유효한 주제라 할 수 있다.

    그동안 국내에도 들뢰즈 사상에 관한 다양한 수준의 해설서들이 소개되었다. 그중에는 들뢰즈 사상의 단순한 재현이나 요약에 머물지 않고 그야말로 차이의 반복을 보여주는 창의적이고 수준높은 해설서들도 등장해 눈길을 끌고 있다. 이것은 무척 다행스럽고 크게 반길 일이다. 다만 입문자들을 위한 쉬운 해설서가 부족한 현실은 여전히 아쉬운 부분이다. 물론 무조건 쉽다고 능사는 아닐 것이다. 왜냐하면 어떤 복잡한 사상을 쉽게 풀어쓸 때에는 어쩔 수 없이 축소/환원의 위험이 뒤따르기 때문이다. 그러므로 쉬우면서도 제대로 균형잡힌 입문서를 쓴다는 것은 결코 쉬운 일이 아니다. 더욱이 들뢰즈에 관한 입문서를 쓰는 일은 그가 남긴 방대한 저작들과 그의 다양한 관심분야들을 고려할 때 결코 아무나 할 수 있는 작업이 아니다. 그런 점에서 이 책은 들뢰즈의 차이생성과 생명의 철학을 일반 독자들이 쉽고 명확하게 이해하는데 어느 정도 만족할 만한 해설서라 할 수 있을 것이다.

이 책의 저자 콜브룩은 현재 영미권에서 들뢰즈를 가장 쉽고 명쾌하게 소개하는 인물로 정평이 나있다. 그녀는 어떤 복잡한 사유를 군더더기 없는 설명과 적절한 예시를 통해 충분히 이해 가능한 것으로 만드는 남다른 재주를 가지고 있다. 지금까지 영미권에서 출간된 그녀의 책들은 들뢰즈 사상에 입문하고자 하는 이들에게 들뢰즈에 대한 오해를 줄이고 제대로 된 관점과 일관성을 형성할 수 있도록 큰 도움을 주었다. 모쪼록 이 책의 출간이 국내의 들뢰즈 사상 입문자들에게 제대로 된 '들뢰즈 이해하기'에 작은 보탬이나마 될 수 있기를 간절히 바란다.

2012년 8월

옮긴이 한정헌

참고문헌

들뢰즈(와 가타리)의 저작들

Deleuze, Gilles 1953, *Empirisme et subjectivité*, PUF. [trans. Constantin V. Boundas, *Empiricism and Subjectivity: An Essay on Hume's Theory of Human Nature*, Columbia University Press, 1991]

_____1956, "La conception de la différence chez Bergson", *Les Études bergsoniennes* IV, PUF. [trans. Melissa McMahon, "Bergson's concept of difference", ed. John Mullarkey, *The New Bergson*, Manchester University Press, 1999, pp. 42~65]

_____1962, *Nietzsche et la philosophie*, PUF. [trans. H. Tomlinson, *Nietzsche and Philosophy*, Athlone, 1983 ; 이경신 옮김, 『니체와 철학』, 민음사, 1998]

_____1963, *La Philosophie critique de Kant*, PUF. [trans. Hugh Tomlinson and Barbara Habberjam, *Kant's Critical Philosophy : the Doctrine of the Faculties*, Athlone, 1984 ; 서동욱 옮김, 『칸트의 비판철학』, 민음사, 1995]

_____1964, *Proust et les signes*, PUF. [trans. Richard Howard, *Proust and Signs*, Athlone, 2000 ; 서동욱·이충민 옮김, 『프루스트와 기호들』, 민음사, 1997]

_____1966, *Le bergsonisme*, PUF. [trans. H. Tomlinson and B. Habberjam, *Bergsonism*, Zone Books, 1988 ; 김재인 옮김, 『베르그송주의』, 문학과지성사, 1996]

_____1967, *Sacher-Masoch: Presentation de Sacher-Masoch*, Minuit. [trans. Jean McNeil, *Sacher-Masoch: An Interpretation*, Faber, 1971]

_____1967a, *Présentation de Sacher-Masoch, le froide et le cruel*. [trans. J. McNeil, *Masochism: Coldness and Cruelty*, Zone books, 1989 ; 이강훈 옮김, 『매저키즘』, 인간사랑, 1996]

_____1968, *Spinoza et la problème de l'expression*, Minuit. [trans. Martin Joughin, *Expressionism in Philosophy*, Zone Books, 1992 ; 이진경·권순모 옮김,『스피노자와 표현의 문제』, 인간사랑, 2002]

_____1968a, *Différence et répétition*, PUF. [trans. Paul Patton, *Difference and Repetition*, Columbia University Press, 1994 ; 김상환 옮김,『차이와 반복』, 민음사, 2004]

_____1969, *Logique du sens*, Minuit. [trans. M. Lester, ed. C. V. Boundas, *The Logic of Sense*, Columbia University Press, 1990 ; 이정우 옮김,『의미의 논리』, 한길사, 2000]

_____et Félix Guattari 1972, *Capitalisme et schizophrénie 1: L'anti-Oedipe*, Minuit. [trans. Robert Hurley, Mark Seem and Helen R. Lane, *Anti-Oedipus*, University of Minnesota Press, Minneapolis, 1977 ; 최명관 옮김,『앙띠 오이디푸스』, 민음사, 1994]

_____et Félix Guattari 1975, *Kafka: Pour une littérature mineure*, Minuit. [trans. Dana Polan, *Kafka: Toward a Minor Literature*, University of Minnesota Press, 1986 ; 이진경 옮김,『카프카』, 동문선, 2001]

_____et Claire Parnet 1977, *Dialogues*, Flammarion. [trans. H. Tomlinson and B. Habberjam, *Dialogues with Claire Parnet*, Columbia University Press, 1987 ; 허희정 외 옮김,『디알로그』, 동문선, 2005]

_____et Félix Guattari 1980, *Capitalisme et schizophrénie 2: Milles plateaux*, Minuit. [trans. B. Massumi, *A Thousand Plateaus*, University of Minnesota Press, 1987 ; 김재인 옮김,『천 개의 고원』, 새물결, 2004]

_____1981, *Francis Bacon: Logique de la sensation*, Seuil. [하태환 옮김,『감각의 논리』, 민음사, 1995]

_____1981a, *Spinoza: philosophie pratique*, Minuit. [trans. Robert Hurley, *Spinoza: Practical Philosophy*, City Light Books, 1988 ; 박기순 옮김,『스피노자

의 철학』, 민음사, 1999]

_____1983, *Cinéma 1 : L'image-mouvement*, Minuit. [trans. H. Tomlinson and B. Habberjam, *Cinema 1: The Movement-Image*, University of Minnesota Press, 1986 ; 유진상 옮김, 『시네마 1 : 운동-이미지』, 시각과언어, 2003]

_____1985, *Cinéma 2 : L'image-temps*, Minuit. [trans. H. Tomlinson and B. Habberjam, *Cinema 2: The Time-Image*, University of Minnesota Press, 1989 ; 이정하 옮김, 『시네마 2 : 시간-이미지』, 시각과언어, 2004]

_____1986, *Foucault*, Minuit. [trans. Séan Hand, *Foucault*, Athlone, 1988 ; 허경 옮김, 『푸코』, 동문선, 2003]

_____1988, *Le pli : Leibniz et le baroque*, Minuit. [trans. Tom Conley, *The Fold: Leibniz and the Baroque*, Athlone, 1993 ; 이찬웅 옮김, 『주름 : 라이프니츠와 바로크』, 문학과지성사, 2004]

_____1990, *Pourparlers 1972-1990*, Minuit. [trans. M. Joughin, *Negotiations 1972-1990*, Columbia University Press, 1995 ; 김종호 옮김, 『대담 : 1972-1990』, 솔, 2000]

_____et F. Guattari 1991, *Qu'est-ce que la philosophie?*, Minuit. [trans. H. Tomlinson and G. Burchill, *What is Philosophy?*, Verso, 1994 ; 이정임 외 옮김, 『철학이란 무엇인가』, 현대미학사, 1995]

_____1993, *Critique et clinique*, Minuit. [trans. Daniel W. Smith and Michael A. Greco, *Essays Critical and Clinical*, University of Minnesota Press, 1997 ; 김현수 옮김, 『비평과 진단』, 인간사랑, 2000]

_____2001, *Pure Immanence : Essays on a Life*, trans. Anne Boyman, ed. John Rajchman, Zone Books.

그외 참고문헌

Althusser, Louis 1969, *Lénine et la philosophie*, Maspero. [trans. Ben Brewster, *Lenin and Philosophy, and Other Essays*, New Left Books, 1971 ; 이진수 옮김, 『레닌과 철학』, 백의, 1991]

Ansell-Pearson, Keith(ed.) 1997, *Deleuze and Philosophy: The Difference*

     Engineer, Routledge.

_____1999, *Germinal Life: The Difference and Repetition of Deleuze*, Routledge. 〔이정우 옮김, 『싹트는 생명: 들뢰즈의 차이와 반복』, 산해, 2005〕

Badiou, Alain 2000, *Deleuze: La clameur de l'Etre*, Hachette, 1997. 〔trans. Luise Burchill, *Deleuze: The Clamor of Being*, University of Minnesota Press, 2000; 박정태 옮김, 『들뢰즈: 존재의 함성』, 이학사, 2001〕

Barthes, Roland 1968, "La mort de l'auteur", *Manteria* 5, reprint in *Le Bruissment de la langue*, Paris, 1984. 〔"The Death of the Author", ed. Susan Sontag, *A Barthes Reader*, Cape, 1982; 「저자의 죽음」, 박인기 엮음, 『작가란 무엇인가』, 지식산업사, 1997〕

Beauvoir, Simone de 1949, *Le Deuxieme Sexe*, Gallimard. 〔trans. H. M. Parshley, *The Second Sex*, New English Library, 1969; 조홍식 옮김, 『제2의 성』, 을유문화사, 2000〕

Bogue, Ronald 1989, *Deleuze and Guattari*, Routledge. 〔이정우 옮김, 『들뢰즈와 가타리』, 새길, 1995〕

Boundas, Constantin V.(ed.) 1993, *The Deleuze Reader*, Columbia University Press.

Braidotti, Rosi 1994, *Nomidic Subjects*, Columbia University Press. 〔박미선 옮김, 『유목적 주체』, 여이연, 2004〕

Bricmont, Jean and Alan D. Sokal 1999, *Fashionable Nonsense: Postmodern Intellectials' Abuse of Science*, Picador. 〔이희재 옮김, 『지적 사기』, 민음사, 2000〕

Brusseau, James 1998, *Isolated Experiences: Gilles Deleuze and the Solitudes of Reversed Platonism*, University of New York Press.

Bryden, Mary 2000, *Deleuze and Religeon*, Routledge.

Buchanan, Ian(ed.) 1999, *A Deleuzian Century?*, Duke University Press.

_____2000, *Deleuzism: A Metacommentary*, Ediburgh University Press.

_____and Claire Colebrook(eds.) 2000, *Deleuze and Feminist Theory*, Edinburgh University Press.

_____and John Marks(eds.) 2000, *Deleuze and Litterature*, Edinburgh University Press.

Butler, Judith 1993, *Bodies that Matter*, Routledge. [김윤상 옮김, 『의미를 체현하는 육체』, 인간사랑, 2003]

―――― 1997, *The Psychic Life of Power : Theories in Subjection*, Standford University Press.

Descartes, René 1641, *Meditaciones metafísicas*. [trans. F. E. Sutcliffe, *Discourse on Method and the Meditations*, Penguin, 1968; 김진욱 옮김, 『방법서설』, 범우사, 2002]

Descombes, Vincent 1980, *Modern French Philosophy*, Cambridge University Press. [박성창 옮김, 『동일자와 타자: 현대 프랑스 철학』, 인간사랑, 1993]

Foucault, Michel 1969, "Qu'est-ce qu'un auteur?", *Bulletin de la Societe framcaise de philosophie* 63 : 3 (July-September) pp.73~104, reprint *Dits et écrits*, Gallimard, 1994. ["What is an Author?", ed. Paul Rabinow, *The Foucault Reader*, Penguin, 1984; 장진영 옮김, 「저자란 무엇인가」, 김현 엮음, 『미셸 푸코의 문학 비평』, 문학과지성사, 1989]

―――― 1975, *Surveiller et punir : Naissance de la prison*, Gallimard. [trans. Alan Sheridan, *Discipline and Punish : The Birth of the Prison*, Penguin, 1979 ; 오생근 옮김, 『감시와 처벌 : 감옥의 역사』, 나남, 2003]

―――― 1976, *Histoire de la sexualité*, Gallimard. [trans. Robert Hurley, *The History of Sexuality, Volume 1 : An Introduction*, Penguin, 1981; 이규현 옮김, 『성의 역사 1 : 앎의 의지』, 나남, 2004]

Genosko, Gary (ed.) 2000, *Deleuze and Guattari : Critical Assessments of Leading Philosophers*, Routledge.

Goodchild, Philip 1996a, *Gilles Deleuze and the Question of Philosophy*, Associated University Presses.

―――― 1996b, *Deleuze and Guattari : An Introduction to the Politics of Desire*, Sage.

Grosz, Elizabeth 1994a, "A Thousand Tiny Sexes : Feminism and Rhizomatics", eds. Constantin V. Boundas & Dorothea Olkowski, *Gilles Deleuze and the Theater of Philosophy*, Routledge, pp.187~210.

―――― 1994b, *Volatile Bodies : Toward a Corporeal Feminism*, Allen & Unwin. [임옥희 옮김, 『뫼비우스 띠로서의 몸』, 여이연, 2001]

_____1995, *Space, Time and Perversion : Essays on the Politics of Bodies*, Routledge.

Hardt, Michael 1993, *Gilles Deleuze: An Apprenticeship in Philosophy*, University of Minnesota Press. 〔김상운·양창렬 옮김, 『들뢰즈 사상의 진화』, 갈무리, 2004〕

_____and Antonio Negri 1994, *Labor of Dionysus : A Critique of the State-Form*, University of Minnesota Press. 〔이원영 옮김, 『디오니소스의 노동 : 국가형태 비판』, 갈무리, 1996~1997〕

Hayden, Patrick 1998, *Multiplicity and Becoming : The Pluralist Empiricism of Gilles Deleuze*, Peter Lang.

Hegel, G. W. F. 1801, *Die Differenz des Fichteschen und Schellingschen Systems der Philosophie*. 〔trans. W. Cerf and H. S. Harris, *The Difference Between Fichte's and Schelling's System of Philosophy*, University of New York Press, 1977 ; 임석진 옮김, 『피히테와 셸링 철학체제의 차이』, 지식산업사, 1989〕

_____1807, *Phanomenologie des Geistes*. 〔trans. A. V. Miller, *The Phenomenology of Spirit*, Oxford University Press, 1977 ; 임석진 옮김, 『정신현상학』, 한길사, 2005〕

Holland, Eugene W. 1999, *Deleuze and Guattari's Anti-Oedipus: Introduction to Schyzoanalysis*, Routledge. 〔조현일 옮김, 『프로이트의 거짓말』, 접힘/펼침, 2004〕

Husserl, Edmund 1936, *Die Krisis der europaischen Wissenschaften und die transzendentale Phanomenologie : Eine Einleitung in die phanomenologische Philosophie*. 〔trans. David Carr, *The Crisis of European Sciences and Transcendental Phenomenology : An Introduction to Phenomenological Philisophy*, Northwestern University Press, 1970 ; 이종훈 옮김, 『유럽학문의 위기와 선험적 현상학』, 한길사, 1997〕

Jameson, Frederic 1997, "Marxism and Dualism in Deleuze", *South Atlantic Quarterly*, 96 : 3, pp.393~416.

Jardine, Alice 1985, *Gynesis : Configuration of Woman and Modernity*, Cornell University Press.

Kant, Immanuel 1787, *Kritik der reinen Vernunft*. 〔trans. Norman Kemp

Smith, *Critique of Pure Reason*, Macmillan, 1986; 백종현 옮김, 『순수이성비판』, 아카넷, 2006]

Kaufman, Eleanor and Kevin J. Heller(eds.) 1998, *Deleuze and Guattari: New Mappings in Politics, Philosophy and Culture*, University of Minnesota Press.

Kennedy, Barbara M. 2000, *Deleuze and Cinema: The Aesthetics of Sensation*, Edinburgh University Press.

Kojève, Alexandre 1947, *Introduction à la lecture de Hegel*, Gallimard. (trans. James H. Nichols, *Introduction to the Reading of Hegel*, ed. Allan Bloom, Basic Books, 1969; 설헌영 옮김, 『역사와 현실 변증법』, 한벗, 1981]

Lacan, Jacques 1966, *Écrits*, Seuil. (trans. Alan Sheridan, *Écrits: A Selection*, W. W. Norton, 1977]

_____1982, *Feminine Sexuality*, trans. and eds. Jacqueline Rose et al., Macmillan.

Lambert, Greg 2002, *The Non-Philosophy of Gilles Deleuze*, Continuum.

Landa, Manuel de 1991, *War in the Age of Intelligent Machines*, Zone Books.

_____1997, *A Thousand Years of Nonlinear History*, Zone Books.

Lévi-Strauss, Claude 1958, *Anthropologie structurale*, Plon. (trans. Claire Jacobson and Brooke Grundfest Shoepf, *Structural Anthropology*, Allen Lane, 1968]

Lorraine, Tasmin 1999, *Irigaray & Deleuze: Experiments in Visceral Philosophy*, Cornell University Press.

Lucy, Niall 1999, *Postmodern Literary Theory*, Blackwell.

Malpas, J. E. 1999, *Place and Experience: A Philosophical Topography*, Cambridge University Press.

Marks, John 1998, *Gilles Deleuze: Vitalism and Multiplicity*, Pluto Press.

Massumi, Brian 1996, "The Autonomy of Affect", ed. Paul Patton, *Deleuze: A Critical Reader*, Blackwell.

May, Todd G. 1991, "The Politics of Life in the Thought of Gilles Deleuze", *Substance* 20:3, pp.24~35.

_____1994, *The Political Philosophy of Poststructuralist Anarchism*, Pennsylvania State University Press.

_____1997, *Reconsidering Difference: Nancy, Derrida, Levinas, and Deleuze*, Pennsylvania State University Press.

Nietzsche, Friedrich 1887, *Zur Genealogie der Moral : Eine Streitschrift*. [trans. Walter Kaufmann and R. J. Hollingdale, *On the Genealogy of Morals and Ecce Homo*, ed. Walter Kaufmann, Vintage, 1967 ; 김정현 옮김, 『선악의 저편, 도덕의 계보』, 책세상, 2002]

Olkowski, Dorothea 1999, *Gilles Deleuze and the Ruin of Representaiton*, University of California Press.

Patton, Paul(ed.) 1996, "Concept and Event", *Man and World* 29:3, pp. 315~326.

_____1996a, *Deleuze : A Critical Reader*, Blackwell.

_____1997, "The World Seen from Within: Deleuze and the Philosophy of Events", *Theory and Event* 1:1. [http://muse.jhu.edu/journals/theory_and_event/toc/]

_____2000, *Deleuze and the Political*, Routledge. [백민정 옮김, 『들뢰즈와 정치』, 태학사, 2005]

Plath, Sylvia 1981, *Collected Poems*, ed. Ted Hughes, Faber.

Plato 1963, *Collected Dialogues*, ed. Edith Hamilton and Huntingdon Cairns, Princeton University Press.

Protevi, John 2001, *Political Physics: Deleuze, Derrida, and the Body Politic*, Athlone.

Rajchman, John 2000, *The Deleuze Connections*, MIT Press. [김재인 옮김, 『들뢰즈 커넥션』, 현실문화연구, 2005]

Rodowick, D. N. 1997, *Gilles Deleuze's Time Machine*, Duke University Press. [김지훈 옮김, 『질 들뢰즈의 시간기계』, 그린비, 2005]

Sartre, Jean-Paul 1943, *L'Etre et le Neant*, Gallimard. [trans. Hazel Barns, *Being and Nothingness: An Essay of Phenomenological Ontology*, Methuen, 1957 ; 손우성 옮김, 『존재와 무』, 삼성출판사, 1999]

_____1946, *L'existentialisme est un humanisme*, Nagel. [trans. Philip Mairet,

Existentialism and Humanism, Methuen, 1973; 방곤 옮김, 『실존주의는 휴머니즘이다』, 문예출판사, 1999〕

_____1960, *Critique de la raison dialectique I : Theorie des ensembles pratiques precede de Question de methode*, Gallimard. 〔trans. Alan Sheridan Smith, *Critique of Dialectical Reason, Volume One*, 2nd ed, New Left Books, 1976〕

Saussure, Ferdinand de 1913, *Cours de linguistique gérérale*, Payot. 〔trans. Wade Baskin, *Course in General Linguistics*, P. Owen, 1960; 최종언 옮김, 『일반언어학 강의』, 민음사, 2006〕

Stivale, Charles S. 1998, *The Two-Fold Thought Of Deleuze and Guattari*, Routledge.

Sturrock, John 1979, *Structuralism and Since: From Lévi-Strauss to Derrida*, Oxford University Press.

Woolf, Virginia 1989, *The Complete Shorter Fiction of Virginia Woolf*, ed. Susan Dick, The Hogarth Press. 〔유진 옮김, 『버지니아 울프 단편소설전집』, 하늘연못, 2006〕

Wright, Elizabeth 1984, *Psychoanalytic Criticism: Theory in Practice*, Methuen. 〔권택영 옮김, 『정신분석비평: 이론과 실제』, 문예출판사, 1989〕

Žižek, Slavoj 1991, *For They Know Not What They Do: Enjoyment as a Political Factor*, Verso. 〔박정수 옮김, 『그들은 자기가 하는 일을 알지 못하나이다: 정치적 요인으로서의 향락』, 인간사랑, 2004〕

_____1992, *Enjoy your Symptom: Jacques Lacan in Hollywood and Out*, Routledge. 〔주은우 옮김, 『당신의 징후를 즐겨라!』, 한나래, 1997〕

찾아보기

【ㄱ】

가상(illusion) 56, 112~113, 219, 235, 305, 320
가타리, 펠릭스(Guattari, Félix) 21, 25, 50, 173, 179, 184, 187, 213
감각으로 드러나는(sensuous) 200, 202, 205, 209
감각이 일깨우는(sensual) 203
『감시와 처벌』(Surveiller et punir) 230~231
강도(intensity) 131~137, 179, 189, 196, 198, 237, 272, 294, 298
　～높게 되기(becoming-intense) 36
　～높은 배아적 유입(intense germinal influx) 39, 121, 126, 130, 221, 225, 263
　～적 다양체(intensive multiplicity) 31, 156~158
　～적 차이(intensive difference) 187
객관성의 면(plane of objectivity) 182
겉주름(pleat) 150~151
계보학(Genealogy) 28~29, 52
계열(series) 52, 194, 259, 290, 305~307, 318~320
관조(contemplation) 119~120, 124, 148, 194, 197
구경거리(스펙터클, spectacle) 230~231
구조적 차이(structual difference) 80~85
구조주의(structuralism) 48, 51, 53, 58, 60, 80~86, 89, 94~96, 98, 102~104, 106~110, 122~123, 127~128, 130~132, 221, 248, 261
그로츠, 엘리자베스(Grosz, Elizabeth) 59
기계(machine) 38, 248
　～적(machinic) 34, 39, 219, 248, 278, 292

【ㄴ】

낙인(표시, mark) 82, 97, 227, 229~231, 245~246, 251, 265, 282, 322
내재면(plane of immanence) 113~115, 184, 198, 215, 225, 228, 312, 339
내재성(immanence) 29~30, 116, 167, 179, 183, 186, 207, 231, 241, 251~253, 255, 257, 260, 264~266, 275, 305~306, 318, 326, 332, 339
내재적
　～이접(immanently disjunction) 235~236
　～종합(immanently synthesis) 237
　～차이(immanently difference) 172
　～통접(immanently conjunction) 236
노마돌로지(nomadology) 30~31
노마드(nomad) 263

노마디즘(nomadism) 179
니체, 프리드리히(Nietzsche, Friedrich) 17, 29, 177, 319, 325

【ㄷ】
다수성(majority) 36
다수자(majoritarian) 36, 158~159, 161
다양체(multiplicity) 31, 52, 157, 179~181, 237
단일면(single plane) 114, 163, 219, 310
데 란다, 마누엘(de Landa, Manuel) 61
데카르트, 르네(Descartes, Rene) 73
「델마와 루이스」(Thelma & Louise) 334
도스토예프스키, 표도르(Dostoevskii, Fyodor) 74, 179
『지하생활자의 수기』(*Zapiski iz podpol'ya*) 74
동물-되기(Becoming-animal) 37, 297
되기(생성, Becoming) 50, 63, 123, 153, 165, 185, 191, 267, 295, 297~298
들뢰즈, 질(Deleuze, Gilles)
　개념의 창조로서의 철학 27~28, 65~67
　문제의 철학 51~54
　사유함과 사유 48
　삶의 변형(변혁)의 철학 24, 27, 30
　철학, 예술, 과학의 관계 47~49, 181
　~와 라이프니츠 147~151
　~와 헤겔 78~80
　~의 욕망 개념 21~22
　~의 철학사 174~177
등기(inscription) 186, 216, 228, 252, 254

【ㄹ】
라이크먼, 존(Rajchman, John) 164
라이프니츠, 고트프리트 빌헬름 폰(Leibniz, Gottfried Wilhelm von) 33, 149

라캉, 자크(Lacan, Jacques) 91~92, 97, 99~100, 102
　욕구와 요구(need, demand) 99~103
레비-스트로스, 클로드(Lévi-Strauss, Claude) 80, 94~96, 101
루소, 장 자크(Rousseau, Jean-Jacques) 94
리좀(Rhizome) 32, 180
　~적 26, 32~33, 180
　~학 32, 179

【ㅁ】
마수미, 브라이언(Massumi, Brian) 135, 144
맑스, 칼(Marx, Karl) 15, 17~18, 21
　~와 이데올로기 18~19
맑스주의(Marxism) 15, 19, 54~57, 59, 185, 187
먼로, 마릴린(Monroe, Marilyn) 131~133
모나드(Monad) 33, 204, 326
모네, 클로드(Monet, Claude) 203~204
몰적(molar) 57, 196~197
무엇-임(whatness) 275
무차별적 차이(indifferent difference) 76~80
문제(problem) 51~52, 60~61, 64, 117
문학기계(literary machine) 330
미시정치학(micropolitics) 40, 51, 59, 133~134, 136, 194, 197

【ㅂ】
바디우, 알랭(Badiou, Alain) 115
바르트, 롤랑(Barthes, Roland) 81
배치(Assemblage) 33, 156~158, 179, 219, 229, 241, 253, 322
「백 투 더 퓨처」(Back To The Future) 301
버틀러, 주디스(Butler, Judith) 78

베르그손, 앙리(Bergson, Henri) 177, 308~309, 314~316, 319, 328
변곡(inflections) 111, 148, 151, 170
변별화(differentiation) 43, 51, 65, 79, 81~82, 84~85, 87, 90, 95, 99, 104~105, 110, 113~114, 116, 123, 129, 150, 155, 161, 163, 166, 186, 188, 214, 219
「병든 장미」(The Sick Rose) 207, 210
보부아르, 시몬 드(Beauvoir, Simone de) 59
보편사(universal history) 140, 184, 214
부정적 차이(negative difference) 89~95, 122
부캐넌, 이언(Buchanan, Ian) 59, 140
분열분석(Schizoanalysis) 34~35, 197, 237, 263~264, 266~269, 271, 273
분자적(molecular) 52, 196, 275~278, 280, 285~286, 310, 320, 327
　~차이(difference) 125
분화(Differenciation) 35~36
브라이도티, 로지(Braidotti, Rosi) 127, 130
블레이크, 윌리엄(Blake, William) 207, 209~210
　「병든 장미」(The Sick Rose) 207, 210
　『순수의 노래, 경험의 노래』(Song of Innocence and of Experience) 209~210
비변별화 43, 65, 99, 104~106, 108~110, 112, 121~123, 125, 161~162, 172, 226, 236, 254~255, 260, 307

【ㅅ】
사르트르, 장 폴(Sartre, Jean-Paul) 54
사유의 이미지(image of thought) 63, 71, 141, 187
사유함(thinking) 17, 24~28, 37, 48, 51, 61, 63, 72, 75, 82, 118, 155, 163, 166~168, 170~171, 175, 177~178, 194, 196, 198, 246
사회기계(social machine) 23, 133, 137~138, 219, 223, 229, 234~235, 238, 249, 256, 265, 276, 285~286
상상계(the imaginary) 104
상-식(common sense) 17, 21, 24, 48, 65, 69, 71~72, 75~77, 85~88, 107, 110, 166, 171, 185, 192
상징계(the symbolic) 91
생명면(plane of life) 150, 241, 275
생명의 배아적 유입(germinal influx of life) 216
생성 →되기
생성면(plane of becoming) 37, 145, 287
서사 영화(narrative cinema) 287, 291, 333
「섹스 앤 더 시티」(Sex and The City) 129
셰익스피어, 윌리엄(Shakespeare, William) 196
「소년은 울지 않는다」(Boys Don't Cry) 334
소수성(minority) 17, 36
소수자 35, 157, 159~160
　~되기(becoming-minoritarian) 36, 160
　~문학(minor literature) 36, 51
소쉬르, 페르디낭 드(Saussure, Ferdinand de) 89
수목(수목성, arborescent) 32~33, 180, 284
수축(contract) 109, 119, 124, 150
『순수의 노래, 경험의 노래』(Song of Innocence and of Experience) 209~210
스타일(style) 143, 149, 151, 170~171, 177, 198, 205~206, 208, 210, 336
스피노자, 베네딕트 데(Spinoza, Benedict de) 17, 25, 162, 177, 323
시간-이미지(time-image) 288, 291, 294, 301~304, 309, 337~338

시뮬라크르(simulacre) 307~308, 320
시퀀스(sequence) 52, 292~293, 301~302, 305~307, 318, 320
실재계(the real) 69, 110
실존주의(realism) 54~56, 60, 63
실체적 다양체(substantive multiplicity) 156, 236
「썸머 오브 샘」(Summer of Sam) 336

【ㅇ】

안셀-피어슨, 키스(Ansell-Pearson, Keith) 70
알튀세, 루이(Althusser, Louis) 81
「앨리 맥빌」(Ally McBeal) 129
어리석음(stupidity) 40, 69, 71~72, 74~75, 179
에피파니(현현, epiphany) 296~299
여성-되기(Becoming-woman) 37, 191, 267, 297~298
연접(connection) 228~229, 233~236, 242, 247~248, 250, 252~253, 255
　~적 종합(connective synthesis) 249
영원회귀(eternal return) 325~326, 328
영토(territory) 31, 43, 121, 137
　~화(territorialisation) 43, 121, 125, 151, 219, 227, 249, 254, 256, 276, 278, 284
오이디푸스(Oedipus) 24, 37~38, 103, 105~106, 126, 222~225, 231, 245, 254, 261, 266~267
오이디푸스 콤플렉스(Oedipus complex) 37, 104, 125, 223
외상(trauma) 38, 93, 302
요구(demand) 99, 101
욕구(need) 55, 99
욕망하는 기계(Desiring machines) 38~39, 219~220

운동-이미지(movement-image) 288~290, 292~293, 337
울프, 버지니아(Woolf, Adeline Virginia) 297, 300, 339
「행복」(happiness) 298
「위험한 정사」(Fatal Attraction) 129
이-것(haecceity) 185, 275~276
이데올로기(ideology) 18~20, 56, 127, 130, 134~135, 139, 194, 255, 258, 269, 333
이접(disjunction) 224, 227, 234, 242, 247, 250~253, 255
　~적 종합 225, 229, 250
인간(human)
　~되기(becoming human) 191~192
　~성(humanity) 20, 126, 232, 263
　~주의(humanism) 84, 126, 215, 267
일의면(univocal plane) 69, 112, 115, 187, 278, 306, 309
일의성(univocity) 115~118, 186, 188, 207, 241
『잃어버린 시간을 찾아서』(la recherche du temps perdu) 330
잉여가치(surplus value) 242~244, 250~251, 255, 257, 265~266

【ㅈ】

잠세성(potentialty) 39, 200
잠재성(virtuality) 150, 170, 190
　~의 면面(잠재면, plane of virtuality) 304, 312
잠재적(virtual)
　~다양체 63
　~힘 71
　~차이 39, 154, 228
　~포텐셜 146, 191

재영토화(reterritorialization) 43, 255
재현주의(representationalism) 307
접속(연접, connection) 23, 39, 43~44, 123, 156, 214, 217, 220, 227, 239~240, 285, 290
제임슨, 프레드릭(Jameson, Fredric) 78
조이스, 제임스(Joyce, James A.) 297
존재면(plane of being) 145, 182, 306, 313
종합(syntheses) 60, 123, 217, 225, 229, 234, 236~240, 242, 247, 253, 258, 279
주름(pli) 145~151, 154, 165, 170, 192
즉자적 차이(차이 자체) 63, 72, 120, 188, 193, 205
지젝, 슬라보예(Žižek, Slavoj) 78, 93
지질학(Geology) 28~29, 52, 121
『지하생활자의 수기』(Zapiski iz podpol'ya) 74

【ㅊ】

차이(difference)
　~생성(Differentiation) 35, 61, 109, 111, 116, 120, 151, 153, 155, 161, 164, 190, 201, 206, 216, 227, 237, 264, 276
　~생성적 힘(differential power) 65
　~자체(즉자적 차이) 63, 72, 82, 87, 187, 193, 206, 217, 241
천 개의 작은 성들(a thousand tiny sexes) 60, 130, 134
초험적 가상(transcendental illusion) 70
초험적 경험론(transcendental empiricism) 41, 154
초월면(plane of transcendence) 113, 154, 163, 166, 219
초월성(Transcendence) 41~42, 71, 112, 114, 138, 145, 154, 219, 230~231, 235, 239, 251, 257, 264, 266, 305, 320

초코드화(overcoding) 132~133, 227~229, 244~246, 254, 263, 280, 282, 284
추상기계(abstract machine) 63

【ㅋ】

카프카, 프란츠(Kafka, Franz) 51
칸트, 임마누엘(Kant, Immanuel) 41~42, 73, 175, 177, 225
코드화(coding) 46, 62, 102, 122, 130~133, 136~138, 163, 198, 200, 227, 237, 244, 253, 259, 263~264, 271, 276, 278~280, 286, 337

【ㅌ】

탈기관체(Body without organs) 42, 62, 161~162, 225~226, 228, 236, 241, 249, 252, 254, 259, 264
탈시대적(untimely) 176, 319
탈식민주의(postcolonialism) 257
탈영토화(Deterritorialisation) 43~44, 136, 219, 227, 254~257, 259, 266, 277~278, 282, 285, 304
탈인간(inhuman) 164, 169, 192
　~되기(becoming-inhuman) 191, 217
　~적 29, 34, 58, 75, 77, 186, 197, 238, 275, 315, 325
탈주선(Line of flight) 44, 160, 278, 307
탈코드화(decoding) 136~139, 228, 246~247, 254, 257~261, 263, 279
통접(conjunction) 196, 228, 236~237, 242, 247, 253~254, 259
투여(집중, investment) 131, 137, 163, 196~197, 234, 270~271, 273, 322, 337

【ㅍ】

팔루스(phallus) 42, 98, 100~102, 105~

106, 131, 194, 235, 261, 265
패튼, 폴(Patton, Paul) 135, 160, 204, 321
페미니즘(feminism) 50, 59, 77, 127~128, 131, 246, 257~258, 273
편집증(paranoia) 34, 251, 266, 271, 273
　~적 사회기계 34
포텐셜(potential) 16, 39, 70, 140, 146, 153, 178, 189, 217~218, 303, 318, 337
『폭풍의 언덕』(Wuthering Heights) 196
푸도프킨, 브세볼로드(Pudovkin, Vsevolod) 288
푸코, 미셸(Foucault, Michel) 18~21, 49, 229~231
　『감시와 처벌』(Surveiller et punir) 230~231
　　~의 권력 19~22
　　~의 종합 229~233
프레슬리, 엘비스(Presley, Elvis) 196, 203~204
「프렌즈」(Friends) 129
프로이트, 지그문트(Freud, Sigmund) 17, 37, 179, 214, 222
프루스트, 마르셀(Proust, Marcel) 198~199, 203~204, 208, 297, 329
　『잃어버린 시간을 찾아서』(la recherche du temps perdu) 330
플라스, 실비아(Plath, Sylvia) 268, 271

「아빠」(Daddy) 268, 270
플라톤(Platon) 73~74, 175, 214, 332
「필라델피아」(Philadelphia) 332~335

【ㅎ】
하이데거, 마르틴(Heidegger, Martin) 178
하트, 마이클(Hardt, Michael) 140
학제적(inter-disciplinary) 183~184
「행복」(happiness) 298
향락(enjoyment) 29, 93, 230~231, 251~252, 266, 282
헤겔, 게오르크 빌헬름(Hegel, Georg Wilhelm) 73, 76~82, 85, 87, 89, 92, 107, 215
현동성(positivity) 87, 123, 253, 306, 321
현동적(positive) 19, 21~23, 58, 62, 65, 72, 88~89, 104, 109~110, 117, 120, 123, 139, 161, 254, 262, 265, 300, 321
　~힘(positive power) 28
　~욕망(positive desire) 93
　~차이(positive difference) 88, 93, 107, 123, 152, 162, 206, 213~214
홀랜드, 유진(Holland, Eugene) 140
후기구조주의(post-structuralism) 49, 53~54, 57, 77, 81, 94
후설, 에드문트(Husserl, Edmund) 41~42
흄, 데이비드(Hume, David) 174, 177, 225